RUDOLF STEINER GESAMTAUSGABE
VORTRÄGE

VORTRÄGE ÜBER ERZIEHUNG

RUDOLF STEINER

Anthroposophische Menschenkunde und Pädagogik

Neun öffentliche Vorträge,
gehalten zwischen dem 25. März 1923
und dem 30. August 1924
in verschiedenen Städten

1979

RUDOLF STEINER VERLAG
DORNACH/SCHWEIZ

Nach vom Vortragenden nicht durchgesehenen Nachschriften
herausgegeben von der Rudolf Steiner-Nachlaßverwaltung
Die Herausgabe besorgte H. R. Niederhäuser

1. Auflage Gesamtausgabe Dornach 1979

Frühere Einzelausgaben:

Stuttgart, 25. und 26. März 1923:
«Pädagogik und Kunst, Pädagogik und Moral», Stuttgart 1957

Veröffentlichungen in Zeitschriften siehe Seite 183

Bibliographie-Nr. 304a

Printed in Germany. Gesamtherstellung Greiserdruck Rastatt

ISBN 3-7274-3045-1 (Ln) 3-7274-3046-X (Kt)

Zu den Veröffentlichungen
aus dem Vortragswerk von Rudolf Steiner

Die Grundlage der anthroposophisch orientierten Geisteswissenschaft bilden die von Rudolf Steiner (1861–1925) geschriebenen und veröffentlichten Werke. Daneben hielt er in den Jahren 1900 bis 1924 zahlreiche Vorträge und Kurse, sowohl öffentlich wie auch für die Mitglieder der Theosophischen, später Anthroposophischen Gesellschaft. Er selbst wollte ursprünglich, daß seine durchwegs frei gehaltenen Vorträge nicht schriftlich festgehalten würden, da sie als «mündliche, nicht zum Druck bestimmte Mitteilungen» gedacht waren. Nachdem aber zunehmend unvollständige und fehlerhafte Hörernachschriften angefertigt und verbreitet wurden, sah er sich veranlaßt, das Nachschreiben zu regeln. Mit dieser Aufgabe betraute er Marie Steiner-von Sivers. Ihr oblag die Bestimmung der Stenographierenden, die Verwaltung der Nachschriften und die für die Herausgabe notwendige Durchsicht der Texte. Da Rudolf Steiner aus Zeitmangel nur in ganz wenigen Fällen die Nachschriften selbst korrigieren konnte, muß gegenüber allen Vortragsveröffentlichungen sein Vorbehalt berücksichtigt werden: «Es wird eben nur hingenommen werden müssen, daß in den von mir nicht nachgesehenen Vorlagen sich Fehlerhaftes findet.»

Nach dem Tode von Marie Steiner (1867–1948) wurde gemäß ihren Richtlinien mit der Herausgabe einer *Rudolf Steiner Gesamtausgabe* begonnen. Der vorliegende Band bildet einen Bestandteil dieser Gesamtausgabe. Soweit erforderlich, finden sich nähere Angaben zu den Textunterlagen am Beginn der Hinweise.

INHALT

Pädagogik und Kunst
Stuttgart, 25. März 1923 9

Pädagogik und Moral
Stuttgart, 26. März 1923 31

Einleitende Worte zu einer Eurythmieaufführung der Schüler
Stuttgart, 27. März 1923 55

Warum eine anthroposophische Pädagogik?
Erster Vortrag, Dornach, 30. Juni 1923 60
Zweiter Vortrag, Dornach, 1. Juli 1923 77

Die Waldorfschul-Pädagogik
Ilkley, 10. August 1923 94

Anthroposophie und Pädagogik
Den Haag, 14. November 1923 105

Die Kunst der moralischen und physischen Erziehung
Den Haag, 19. November 1923 124

Über Erziehungsfragen
Erster Vortrag, London, 29. August 1924 147
Zweiter Vortrag, London, 30. August 1924 163

Hinweise 183

Übersicht über die Rudolf Steiner Gesamtausgabe 187

PÄDAGOGIK UND KUNST

Stuttgart, 25. März 1923

Meine sehr verehrten Anwesenden, ein vielbekannter und vielbesprochener Satz klingt aus dem grauen Altertume Griechenlands herauf zu der Menschheit wie ein in die Tiefen der Seele tönender Mahnspruch: «Mensch, erkenne dich selbst.» Eine oftmals nicht als gewaltig empfundene, doch gewaltige Forderung ist damit an den Menschen gestellt; man möchte sagen, die Forderung, der Mensch solle sich durch seine wertvollste seelische und geistige Tätigkeit mit seinem wahren, wirklichen Sein und seiner wahren, wirklichen Weltbedeutung bekanntmachen.

Nun, es ist in der Regel so, daß wenn eine solche Forderung innerhalb eines Zeitalters, von bedeutsamer Stelle ausgegeben, der Menschheit erklingt, dann weist sie gewöhnlich nicht auf etwas hin, das man leicht haben kann, das leicht erfüllt werden kann, sondern sie weist eher auf den besonderen Mangel eines Zeitalters hin, auf etwas, dessen Erfüllung schwierig ist. Und wer nicht äußerlich, theoretisch geschichtlich, sondern empfindend geschichtlich zurückblickt in alte Zeitepochen der Menschheit, der wird schon fühlen, daß das Auftreten dieser Forderung im alten Griechenland im Grunde bedeutet ein Abnehmen, nicht ein Zunehmen der Kraft menschlicher Selbsterkenntnis, der Kraft wirklicher, in die Tiefen gehender Menschenerkenntnis. Sieht man nämlich zurück in diejenigen Zeiten der Menschheitsentwickelung, in denen religiöses Empfinden, künstlerisches Anschauen, ideelles und ideales Erkennen noch in eins zusammenklangen, so fühlt man, wie in jenen Zeiten harmonischer Einheit von Religion, Kunst und Wissenschaft der Mensch sich wie selbstverständlich fühlte als das Abbild, als das Ebenbild des die Welt durchlebenden und durchwebenden göttlichen Geistes. Als gottgegebene Wesenheit auf der Erde fühlte sich der Mensch. Und im Grunde genommen war es selbstverständlich in alten, grauen Zeiten der Menschheit, daß menschliche Selbsterkenntnis in Gotteserkenntnis gesucht worden ist, in der Erkenntnis des göttlichen, im Menschen waltenden geistigen Urgrundes, der zu gleicher Zeit als der Weltengrund empfunden und gedacht worden ist. Wenn in recht alten Zeiten der

Mensch dasjenige ausgesprochen hat, was etwa in unserer Sprache erklingen würde wie das «Ich», so sprach er damit zu gleicher Zeit aus die Summe aller Zentralkräfte des Weltenseins, und er ließ ertönen in jenem Worte, das auf sein eigenes Selbst hindeutete, zugleich die Bedeutung für dasjenige, was das schöpferisch Wirksame im Universum ist. Denn er fühlte sich selber in seinem innersten Wesen als eins mit diesem Universum. Dasjenige, was einstmals selbstverständlich war, was dem Menschen vor Augen trat, wie ihm die Farben der äußeren Natur vor das sinnliche Auge treten, das wurde in einer späteren Zeit etwas schwer Erringbares. Und hätte man etwa in der alten Zeit, wenn die Forderung nach Selbsterkenntnis hätte auftreten können, den Spruch gehört – von einem Erdenwesen hätte man ihn kaum hören können –, hätte man von einem außerirdischen Wesen gehört: «Erkenne dich selbst», so hätte man erwidert: Wozu die Anstrengung der Selbsterkenntnis? – Wir Menschen sind das Abbild des überall in der Welt leuchtenden und tönenden und wärmenden und segnenden Gottesgeistes. Erkennt man dasjenige, was der Wind durch die Bäume trägt, was der Blitz durch die Luft sendet, was im Donner rollt, was in der Wolke sich wandelt, was im Grashalm lebt, was in der Blume blüht, dann erkennt man auch das menschliche Selbst.

Als solche Welterkenntnis, als göttliche Geist-Erkenntnis mit der fortschreitenden Entwickelung der menschlichen Selbständigkeit nicht mehr möglich war, da kam der Mensch darauf, aus den Tiefen seines Wesens das «Erkenne dich selbst» ertönen zu lassen, hindeutend auf etwas, was einstmals selbstverständlich eine Gegebenheit war des in der Welt webenden Menschen, was immer mehr und mehr eine Anstrengung wurde.

Zwischen dem Entstehen dieser Forderung «Erkenne dich selbst» und einem anderen Ausspruch, der erst in unserem Zeitalter, im letzten Drittel des 19. Jahrhunderts getan wurde, liegt eine wichtige Epoche der Menschheitsentwickelung. Dieser andere Spruch erklingt gewissermaßen wie eine Antwort auf den apollinischen Spruch «Erkenne dich selbst». Dieser andere Spruch erklang von einem ausgezeichneten Naturforscher im letzten Drittel des 19. Jahrhunderts: «Wir werden niemals erkennen – Ignorabimus!» Und eine Antwort auf das uralte apollinische

Wort muß man dieses «Ignorabimus» nennen aus dem Grunde, weil derjenige, der den Ausspruch getan hat, *Du Bois-Reymond,* ja gemeint hat, daß die moderne Erkenntnis der Natur, die so ungeheure Fortschritte gemacht hat, stille stehen müsse an bestimmten Grenzen: auf der einen Seite an der Grenze des Bewußtseins des Menschen, auf der anderen Seite an der Grenze der Materie. Was zwischen Bewußtsein und Materie enthalten ist, die Menschheit wird es erkennen, so erklang es aus dem Munde des Naturforschers, der wohl verstand, was Naturforschung, gerade wenn sie groß wird, vermag. Aber was als Bewußtseinswelt in der menschlichen Leibesmaterie lebt, und wie dasjenige, was im menschlichen Leibe auf physische Art vorgeht, sich wandelt in das innere Erleben der Seele, das im Bewußtsein waltet, das sollte der Mensch nach dieser Meinung niemals erkennen können. Aber das Leben des Bewußtseins in der menschlichen Materie, das Durchgeistigen der menschlichen Leibesmaterie durch die Impulse des Bewußtseins, das ist gerade der Mensch. Und derjenige, der nicht zu einer Erkenntnis kommen kann, wie Bewußtsein die menschliche Leibesmaterie durchströmt, durchwellt, durchlebt, wie die Materie in sich selber zu jenem Licht aufgerufen werden kann, in dem das Bewußtsein erscheinen kann, der kann nicht daran denken, was immer für Anstrengungen er macht, die Forderung zu erfüllen: «Mensch, erkenne dich selbst.»

Zwischen diesen beiden welthistorischen Aussprüchen: «Mensch, erkenne dich selbst» und «Wir werden als Menschen niemals das Walten des Bewußtseins in der Materie erkennen», liegt ein bedeutungsvoller Zeitraum der menschlichen Seelenentwickelung. In jenem Zeitraum war noch so viel innere Menschenkraft aus alten Zeiten vorhanden, daß man dasjenige, was früher eine Selbstverständlichkeit war, die menschliche Wesenheit in der erscheinenden Gotteswesenheit zu suchen, so erfühlte: Nach und nach wird der Mensch, indem er durch innere Kraft sich anstrengt, Selbsterkenntnis erwerben. – Aber immer schwächer und schwächer wurde diese selbsterkennende Kraft. Und sie war bis zum letzten Drittel des 19. Jahrhunderts so schwach geworden, daß, nachdem die Sonne der Selbsterkenntnis eben untergegangen war, das Negativ jenes apollinischen Positivs ertönte: «Mensch, du kannst dich nicht selber erkennen.»

Nun, wenn das so ist, wenn Naturerkenntnis – und Naturerkenntnis, wie sie in der neueren Zeit getrieben worden ist, führt tatsächlich restlos auf jene Art in die Naturgeheimnisse hinein, die den modernen Menschheitsbedürfnissen entspricht –, wenn Naturerkenntnis zuletzt das Bekenntnis ablegen muß: man kann das Walten des Bewußtseins in der Materie nicht erkennen, dann ist es nur eine andere Fassung dieses Bekenntnisses, zu sagen: Menschenerkenntnis ist unmöglich. Allerdings muß man jetzt wiederum ein anderes sagen: gerade so wie die Selbsterkenntnis als Gotteserkenntnis bereits in der Abenddämmerung war, als der Spruch ertönte: «Mensch, erkenne dich selbst», so war der Verzicht auf Selbsterkenntnis, das heißt Menschenerkenntnis, bereits in der Abenddämmerung, als die Forderung erhoben wurde: Resigniere, o Mensch, auf jegliche Selbsterkenntnis, auf jegliche Menschenerkenntnis. – Wiederum deutet auch dieser Spruch nicht auf dasjenige hin, was in ihm enthalten ist, sondern auf das in der Menschheit erlebte Gegenteil. Denn schon war wiederum, weil die Kraft der Selbsterkenntnis immer schwächer und schwächer geworden war, jetzt nicht aus theoretischen Verstandesbedürfnissen, jetzt nicht aus irgendwelchen wissenschaftlichen Impulsen, aber aus den Impulsen des menschlichen Herzens, aus den tiefsten Impulsen der menschlichen Seele heraufgekommen der Drang, den Menschen zu erkennen. Denn man fühlte schon: dringt man noch so stark in die glänzende Art der Naturerkenntnis hinein, die der modernen Menschheit so viel gegeben hat, so dringt man eben mit dieser Naturerkenntnis in das Wesen des Menschen nicht ein. Es muß aber einen Weg geben, um in das Wesen des Menschen einzudringen.

Beteiligt an dem Entstehen dieser neuen Forderung nach Menschenerkenntnis, die von dem Naturerkennen ausgedrückt wurde, indem man das Gegenteil der Möglichkeit der Menschenerkenntnis aussprach, beteiligt ist im wesentlichen auch neben anderen menschlichen Lebenszweigen der pädagogische Drang der Menschheit, der Drang, ein richtiges Verhältnis des Menschen zum werdenden Menschen, zu dem Menschen, der erzogen und unterrichtet werden soll, zu entwickeln. Gerade in dem Zeitalter, das in der angedeuteten Weise den Verzicht auf jede Menschenerkenntnis aussprechen wollte – wenn man den Ausspruch nur in der richtigen Weise versteht, so liegt darin ein Verzicht auf jede

Menschenerkenntnis –, gerade in diesem Zeitalter kam auch immer mehr und mehr herauf, aus um das Erziehungs- und Unterrichtswesen besorgten Menschenseelen die Überzeugung: der Intellektualismus, die äußere Sinnes- und Verstandeserkenntnis, die sich auch dem Menschen nähern will, sie ist ungeeignet dazu, dem Menschen etwas zu geben, wodurch er den werdenden Menschen, das Kind, den heranwachsenden Jüngling, die heranwachsende Jungfrau erzieherisch und unterrichtend behandeln kann. Daher vernehmen wir in diesem Zeitalter zugleich überall die Überzeugung: man muß von der Ausbildung des Verstandes, der so große Leistungen in bezug auf die in der neueren Zeit gewünschte Erkenntnis hinter sich hat, an die Empfindungs-, an die Gemüts- und Willenskräfte des Menschen appellieren; man muß am Kinde nicht das Intellektuelle vor allen Dingen pflegen, es nicht bloß zum Wissenden, sondern zum Könnenden machen.

Aber ein Merkwürdiges macht sich gerade in dieser pädagogischen Forderung geltend: man verzichtet auf ein wirkliches Hineinschauen in die menschliche Wesenheit, auch in die Wesenheit des werdenden Menschen, des Kindes, man zweifelt daran, daß in derselben Weise, wie die Natur erkannt wird, über den Menschen etwas erkannt werden kann, was einem dann hilft, ihn in der Erziehung und im Unterrichte auch in der rechten Weise zu behandeln. Und da macht sich ein besonderer Zug, eine besondere Strömung in der modernen Erziehungskunst geltend, innerhalb welcher man eigentlich nichts wissen will von dem besonnenen, bewußten Ausgehen von wirklicher Menschenerkenntnis. Man will viel mehr als auf bewußte Impulse sich auf die Erziehungsinstinkte verlassen, auf unbestimmte unterbewußte Impulse, die nun in dem Lehrer, in dem Erzieher wirken sollen. Derjenige, der solche Dinge beurteilen kann, wird finden, daß in den so vielen und so mannigfaltigen, zum Teil außerordentlich löblichen Bestrebungen auf dem Gebiete des Erziehungswesens in der Gegenwart gerade dieser Zug waltet, daß man aus dem Elementarischen der Menschennatur, aus dem bloß instinktiv Triebartigen heraus, überall die pädagogisch-didaktischen Ideale aufstellen will. Man ist eben heute der Meinung, eine in die Tiefen der Menschenwesenheit dringende, vollbewußte Erkenntnis sei doch nicht möglich, also muß man sich da, wo man an die Wesenheit des Menschen als Behandelnder selbst herantreten soll, auf unbestimmte, instinktive Impulse verlassen.

Nur wer in diesen also charakterisierten Zug des neuesten Geisteslebens mit innigem menschlichen Anteil hineinsieht, der wird die Bedeutung dessen ermessen, was gesucht wird durch jene Geisteswissenschaft, die hier gemeint ist, für die Pflege des pädagogischen Sinnes, der didaktischen Schaffenskraft in der Schule und überhaupt dem Kinde gegenüber. Denn diejenige Geisteswissenschaft, Geisteserkenntnis, welche auch allen den Bestrebungen zugrunde liegt, die ihren Ausdruck in dieser künstlerisch-pädagogischen Tagung finden sollen, sie geht aus Quellen hervor, die zwar nicht die alten sind, aus denen in den Zeiten geschöpft wurde, als Menschenerkenntnis noch unmittelbar Gotteserkenntnis war, aber sie geht aus Quellen hervor, welche den löblichen naturwissenschaftlichen Drang ins Geistige hinein so fortsetzen, daß eine wirkliche, wahre Geisteswissenschaft als Erkenntnis der Menschenwesenheit wiederum möglich wird. Und eine solche Erkenntnis der Menschenwesenheit ist notwendig, wenn man bewußt an die Unterrichts- und Erziehungsaufgaben herantreten will. Wir sind einmal innerhalb der Entwickelung der Menschheit über das bloß instinktive Leben hinausgeschritten. Wir müssen, ohne die Instinktivität, ohne das Elementarisch-Ursprüngliche zu verlieren, zum bewußten Eindringen in alle jene Wesenheiten kommen, mit denen wir als Menschen im Leben zu tun haben.

Man kann es als schön empfinden, wenn davon geredet wird, der Mensch solle nicht allzuviel auf dasjenige geben, was er klar erkennt, er solle sich den wunderbar wirkenden instinktiven Impulsen überlassen. Aber solches Schönempfinden taugt aus dem Grunde nicht für unser Zeitalter, weil wir einfach als Menschen innerhalb der Entwickelungsströmung der ganzen Menschheit die alte Sicherheit des instinktiven Erlebens, des Trieblebens verloren haben und uns eine neue Sicherheit erobern müssen, die nicht weniger ursprünglich, nicht weniger elementar ist als das frühere Erleben, die aber einzutauchen vermag in die Sphäre voller Bewußtheit.

Gerade derjenige, welcher sich, ich möchte sagen, mit dem Enthusiasmus der Erkenntnis auf die ganze Art und Weise einläßt, wie man heute in berechtigter Art die Natur erforscht, der kommt darauf, daß mit dieser besonderen Art, die Sinne zu gebrauchen, die Instrumente in den Dienst der Experimentalforschung zu stellen, und aus der Art der Verstandesurteile über die Sinneserkenntnis, daß aus dieser Eigenart, die Natur zu erkennen, Menschenerkenntnis nicht kommen kann. Er kommt dazu, einzusehen, daß es eine Menschenerkenntnis geben muß, welche aus ganz anderen Kräften fließt, als diejenigen sind, durch die man auf die heutige Art in das Wesen der äußeren Naturerscheinungen eindringt.

Zu welchen Kräften der Mensch dann vordringen muß in seinem eigenen Wesen, das habe ich geschildert in meinem Buche «Wie erlangt man Erkenntnisse der höheren Welten?» und in meiner «Geheimwissenschaft im Umriß». Ich habe darauf hingewiesen, wie der Mensch rege machen kann in seinem Seelenleben solche Kräfte, durch die er erkennen kann, auch durch die Naturerscheinungen hindurch, etwas, was ihm im reinen Geisteslichte erscheint, wie er, indem er seine in ihm schlummernden Kräfte sich offenbaren läßt, erkennen kann das rein Geistige, das alles Materielle durchwaltet. Diese zwei Dinge sind es, die heute innerhalb unserer Geisteswissenschaft voll verständlich sein müssen: erstens, daß man mit Naturerkenntnis an den Menschen nicht herankommt; zweitens, daß es eine besondere Geisteserkenntnis geben muß, die ebenso sicher in das Geistige der Welt eindringt, wie die sogenannt sinnlich-empirische Naturforschung in das rein Natürliche eindringt. Aber nur, ich möchte sagen, aus der Erkenntnispraxis heraus kann man die ganze Bedeutung des Gesagten wirklich empfindend einsehen.

Wer da versucht – und das ist ja immer wieder versucht worden, ist für viele Leute ein selbstverständlicher Versuch –, die Erkenntnismethoden, die wir als die heute sicheren in der Experimentalforschung, in der Beobachtungsforschung anwenden, diese besondere Art der Seelenverfassung auch anzuwenden, um den Menschen zu erkennen: er dringt nicht bis zum Wesen des Menschen, das man in sich selber lebend erfährt und erfühlend erlebt. Man weiß, man bleibt außerhalb des Menschen, und ich möchte den paradoxen Ausspruch tun: Wenn jemand die Art der Naturforschung auf den Menschen anwenden und dann nachschauen will, wie läßt sich als Mensch in sich selbst das erleben, wovon man jetzt glaubt, daß man es ist –, dann wird einem sehr bald, gerade wenn man Erkenntnisenthusiasmus hat, vor die Seele treten: Du erfühlst dich durch diese der Naturerkenntnis nachgebildete Menschenerkenntnis so, wie sich ein Mensch fühlen müßte, der von sich selber durch seine Sinne, durch alles das, was er an Erkenntniskräften an sich hat, nichts anderes bemerken könnte als sein eigenes Skelett. Das ist im Grunde genommen das Niederschmetternde, das innerlich Niederschmetternde, was als eine Art Ergebnis, als Gemüts- und Gefühlsergebnis gerade aus der ernsthaft empfundenen Naturerkenntnis herausquillt. Man skelettiert sich als Mensch durch diese Naturerkenntnis. Und erlebt man das Niederschmetternde dieser inneren Empfindung, dann hat man auch den Impuls in sich ergriffen, der wirklich heute zur Geisteswissenschaft treibt. Denn diese Geisteswissenschaft, sie sagt sich eben: du mußt auf eine andere Weise zum Wesen des Menschen vordringen, als diejenige ist, durch die du zu der leblosen Natur vordringst.

Und welcher Art muß denn diese Menschenerkenntnis sein, die uns wirklich ins menschliche Leben einführt? Sie darf eben nicht so sein, daß man, sich selbst bemerkend, sich vorkommt wie ein seelisch-geistiges Skelett; sie muß mit etwas anderem vergleichbar sein. Dasjenige, was wir als physischer Mensch etwa in der Blutzirkulation und in der Atmung sind, wir fühlen es, wir bemerken es nicht im einzelnen, aber wir haben es doch als unser Sein in uns. Die Art und Weise, wie wir im normalen Leben unsere Atmung, unsere Blutzirkulation erleben, die faßt sich zusammen, ohne daß wir es aussprechen, aber eben indem wir es erleben, darin, daß wir uns als gesunde Menschen erleben. So etwas muß es auch geben, daß man eine Menschenerkenntnis, daß man Ideen, Anschauungen über das Menschenwesen erringt, die man im Innerlich-Seelischen so verarbeiten kann, daß man sie als das selbstverständliche menschliche Sein so erlebt, wie man seine Atmung und seine Blutzirkulation als seine Gesundheit erlebt. Da frägt es sich aber: Ja, welches kann der Weg zu einer solchen Menschenerkenntnis sein, zu einer Menschenerkenntnis, die uns dann auch in das Wesen des Kindes hineinführt, das wir als Erzieher und Unterrichtender zu behandeln haben?

Wodurch kommen wir denn an die äußere sinnliche Natur heran? Dadurch, daß wir Sinne haben. Unser Auge ist es, durch das wir in den

Erkenntnisbesitz der mannigfaltigen Licht- und Farbenwelt kommen. Wir müssen das Organ haben, um in den Erkenntnisbesitz, in den inneren seelischen Besitz irgendeines Gebietes der Welt zu kommen. Wir müssen Sinne haben für dasjenige, was unser seelischer Besitz werden soll. Und derjenige, der solchen Dingen nachgehend, für die äußere Sinneserkenntnis, den Wunderbau des menschlichen Auges, seinen Zusammenhang mit dem menschlichen Gehirn studiert, der wird tief empfinden, was *Goethe* empfand, als er den Spruch eines alten Mystikers wiederholte:

Wär' nicht das Auge sonnenhaft,
Wie könnten wir das Licht erblicken,
Läg' nicht in uns des Gottes eigene Kraft,
Wie könnt' uns Göttliches entzücken!

Dieses Sonnenhafte des Auges, das ist es, was im Inneren wirkt als ein schaffendes Licht, um das äußere Licht zu empfangen.

Auf das Organ muß man hinschauen, wenn man verstehen will, welches Verhältnis der Mensch zur Welt haben muß, wenn er irgendeinen seelischen Besitz sich zu eigen machen soll. Auf das Organ müssen wir hinschauen, welches uns zur wahren Menschenerkenntnis führt. Welcher Sinn führt zur wahren Menschenerkenntnis? Zur Erkenntnis der äußeren Natur führt uns unser Auge, unser Ohr, die anderen Sinne. Zu der Erkenntnis der geistigen Welt führt uns das innerlich geistig durchleuchtete Menschenwesen, wie es erworben werden kann auf den Wegen, die ich beschrieben habe in «Wie erlangt man Erkenntnisse der höheren Welten?» Da finden wir gewissermaßen die beiden Gegensätze des menschlichen Erkenntnisstrebens: auf der einen Seite die Sinneserkenntnis, vermittelt durch die dem Leib des Menschen eingesetzten Organe; auf der anderen Seite die Erkenntnis jenes Geistes, der als ein Einheitliches die Natur und die Menschenwesenheit zugleich durchflutet und durchwebt, jene Geist-Erkenntnis, welche erworben wird, wenn wir uns als ganzer Mensch gewissermaßen zu einem geistigen Sinnesorgan machen, wenn wir alle unsere Kräfte, unsere Vollmenschheit zu einem erkennenden Organ für das Geistige der Welt machen.

Aber gerade zwischen diesen beiden Gegensätzen liegt die Menschenerkenntnis darinnen. Wenn wir bloß die äußere Natur durch unsere Sinne erkennen, kommen wir aus den schon angedeuteten Gründen nicht an den Menschen heran. Wenn wir bloß das Geistige erkennen – Sie können das nachlesen in meinem Buche «Geheimwissenschaft» und in anderen Schriften aus dem Gebiete der Geisteswissenschaft, die ich hier meine –, so müssen wir gewissermaßen den Sinn hinaufführen in solche Geist- und seelischen Höhen, daß das Unmittelbare des Menschen, wie er vor uns in der Welt steht, dahinschwindet. Wir brauchen etwas, was uns noch intimer in den Menschen hineinführt als dasjenige, wodurch wir ihn als einen Angehörigen der die Welt durchwebenden Geistigkeit anzuschauen vermögen. Ein Sinn muß da sein, wie für die Farben das Auge, für das unmittelbare Erkennen der Menschenwesenheit. Welches ist dieser Sinn für das gegenwärtige Zeitalter der menschlichen Entwickelung? Wodurch dringen wir zur Menschenwesenheit, die unmittelbar vor uns in der Welt steht, ebenso vor, wie wir durch die wunderbare Einrichtung unseres Auges zu der Mannigfaltigkeit der Farben vordringen, wie wir durch unser Ohr vordringen zu der Mannigfaltigkeit der Töne? Wo ist der Sinn für die Menschenauffassung und Menschenerkenntnis?

Nun, kein anderer ist dieser Sinn als derjenige, der uns als Menschen auch verliehen ist für das Auffassen der Kunst, der künstlerische Sinn, der Sinn, der uns überliefern kann jenes Scheinen des Geistes in der Materie, das uns als Schönes sich offenbart, das uns in der Kunst entgegentritt. Dieser künstlerische Sinn ist zu gleicher Zeit der Sinn, der uns den Menschen unmittelbar in der Gegenwart in seiner Wesenheit erkennend ergreifen läßt, so daß diese Erkenntnis auch unmittelbare Lebenspraxis werden kann. Ich weiß, wie sehr paradox solch ein Ausspruch, wie ich ihn eben getan habe, für die gegenwärtige Menschheit noch klingt. Aber derjenige, der nun wirklich den Mut hat, jene Ideen und Begriffe, durch die wir das Äußere der Natur erfassen, zu Ende zu denken, und namentlich mit seiner ganzen menschlichen Wesenheit in diese Ideen und Begriffe der Naturerkenntnis sich hineinzufühlen, der wird da an der Grenze, wo er sich sagen kann: Da bist du durch deine Ideen, durch deine Begriffe der Natur besonders nahe gekommen –, der wird da fühlen, wie ihn etwas reißt an dieser Grenze, zu verlassen jene Konturen der Begriffe, der Ideen, durch die wir die Natur erfassen, und sich aufzuschwingen zu einem künstlerischen Gestalten dieser Ideen.

Das war der Grund, warum ich in der Einleitung der 1894 geschriebenen «Philosophie der Freiheit» gesagt habe: Um den Menschen zu begreifen, braucht man eine Kunst der Ideen, nicht bloß ein abstraktes Erfassen der Ideen. – Man muß sich hineinleben in diesen Ruck, die Abstraktheit der Begriffe, durch die man die Natur erfaßt, in lebendige künstlerische Schau umzugestalten. Das kann man. Man muß die Erkenntnis in die Kunst auslaufen lassen, dann langt man an beim Gebrauch des künstlerischen Sinnes. Und während man, wenn man bloß Naturerkenntnis walten läßt, sagen muß: Niemals wird man begreifen, wie Bewußtsein an die Materie gebunden ist –, fällt es einem plötzlich wie Schuppen von den Augen, wenn man auslaufen läßt die naturerkennenden Begriffe und Ideen in künstlerische Konzeption. Da geht alles vom Ideenhaften in inneres künstlerisches Schauen über, und das, was man da sieht, das deckt sich gewissermaßen über die Wesenheit des Menschen so darüber, wie die vom Auge konzipierten Farben sich über die Pflanzen, über die anderen Naturwesen hinüberdecken. Wie der Körpersinn des Auges in der Erfassung der Farben zusammenwächst mit dem Wesen der farbigen Naturerscheinungen, so wächst der künstlerische Sinn nach innen zusammen mit dem Wesen des Menschen. Und erst wenn wir die Farbe durch das Auge gesehen haben, können wir über die Farbe nachdenken. Erst wenn wir das Wesen des Menschen durch den künstlerischen Sinn angeschaut haben, erst dann können wir mit unseren abstrakten Begriffen und Ideen nachkommen.

Und wenn so Wissenschaft zur Kunst wird, dann wird alles Wissen, das wir von dem Menschen haben, dann wird alles dasjenige, was wir auch über das erst künstlerisch am Menschen angeschaute Außenbild nachdenken, nun nicht solch ein Eigenbesitz der Seele, durch den man sich wie als Skelett erfühlt; sondern mit dem, was man sich so an künstlerisch fortgesetzten Ideen und Begriffen über die Menschenwesenheit erwirbt, kann man eins werden, so daß es einem in die Seele sich so ergießt, wie der Blut- und Atemstrom sich in den Körper ergießt.

Und dann wird etwas leben in dem Menschen, was so lebensvoll ist, wie das lebensvoll ist, was man als Ausdruck des normalen Atmens, der normalen Blutzirkulation in dem Gefühl entwickelt: ich bin gesund. Eine Gesamtempfindung, in der die Menschenwesenheit enthalten ist wie die Gesundheit im physischen Leibe, zu der drängt sich hin dasjenige, was durch eine solche Menschenerkenntnis möglich ist, die durch den künstlerischen Sinn zuerst sich die Anschauung in intimer Weise von dem unmittelbar in der Gegenwart lebenden, nicht erst bis zum Geiste erhobenen Menschen erwirbt.

Und wenn man in dieser Weise sich überlegt, daß nun solch wahre Menschenerkenntnis, die in jeder ihrer Anschauungen zu gleicher Zeit Wille, Tätigkeit wird, wie der Atem in uns, die Blutzirkulation Wille und Tätigkeit werden, wenn man sich überlegt, was eine solche Menschenerkenntnis zuletzt ergeben muß – nun, man kommt auch hier durch den Vergleich weiter. Der Vergleich bedeutet in diesem Falle mehr als einen bloßen Vergleich; er ist nicht aus der Abstraktion herausgenommen, er ist aus der Wirklichkeit herausgenommen. Worinnen faßt sich denn das aus dem ganzen Wesen des Menschen hervorgehende Gesundsein zusammen? Was wird denn aus dem, was sich hereinlebt in die Grundempfindung, die gar nicht ausgesprochen, die nur dumpf erlebt zu werden braucht, was drückt sich aus in dieser Grundempfindung: Ich bin so organisiert, daß ich mich als in der Welt darin stehender gesunder Mensch ansehen darf –, was drückt sich denn aus in diesem gesunden Menschen?

Es drückt sich die Krone des menschlichen Lebens aus. Und diese Krone des menschlichen Lebens, das ist die Kraft der Liebe. Zuletzt strömt die Gesundheit, zuletzt strömen aber auch alle gesunden Seelenkräfte in jene Empfindung, in jenes Gefühl zusammen, das in Liebe den anderen Menschen, der neben uns steht, erfassen kann, weil wir den Menschen in uns gesund erkennen. So sprießt aus dieser gesunden Menschenerkenntnis die Liebe zum anderen Menschen, den wir als dasselbe erkennen, wie wir es sind. Wir finden uns wieder in dem anderen Menschen. Eine solche Menschenerkenntnis wird nicht eine theoretische Anweisung, wie sie etwa der Techniker hat, die man dann in äußerlicher Weise umwandeln muß: so soll dieses oder jenes geschehen;

nein, eine solche Menschenerkenntnis wird unmittelbares inneres Erleben, wird unmittelbare Lebenspraxis. Denn in ihrer Verwandlung strömt sie ein in die Kraft der Liebe. Sie wird tätige Menschenerkenntnis. Stehe ich als Erzieher, als Unterrichtender dem Kinde gegenüber, so sprießt mir aus meiner Menschenerkenntnis in der sich entfaltenden seelisch-geistigen Liebe die Erkenntnis des Kindes. Ich brauche keine Anweisungen, theoretische Menschenanschauungen, wie sie etwa der Naturwissenschaft nachgebildet sind, erst in die Pädagogik hineinzutragen, ich brauche nur die Menschenerkenntnis zu fühlen, wie ich das gesunde Atmen, die gesunde Blutzirkulation als meine totale Gesundheit erlebe. Dann wird richtige Menschenerkenntnis, in richtiger Weise belebt, pädagogische Kunst.

Was muß diese Menschenerkenntnis werden? Das ergibt sich nun schon aus demjenigen, was dargestellt worden ist. Möglich muß es dem Menschen sein, seine Menschenerkenntnis auf den Flügeln der Liebe wirken zu lassen, auf die andere menschliche Umgebung, vor allen Dingen auf die menschliche Umgebung des Kindes. Übergehen muß können dasjenige, was als Menschenerkenntnis erworben wird in Gesinnung, in jene Gesinnung, in der diese Menschenerkenntnis als Liebe lebt. Das ist die wichtigste Grundlage heute für die Pädagogik, daß diese Pädagogik als eine Gesinnungssache des Lehrenden und Erziehenden angesehen wird, daß man nicht bloß darüber doziert, man solle nicht den Verstand allein ausbilden beim Kinde, und dann recht verständig damit zu Werke geht, nur ja nicht den Verstand auszubilden. Dem Lehrer gestattet man, recht verständig, nur den Verstand gebrauchend, zu Werke zu gehen, damit er das Kind nicht bloß verständig erziehe! Darum handelt es sich, daß wir die Fortbildung der Pädagogik beim Lehrer beginnen, daß beim Lehrer nicht der bloße Intellektualismus, der unkünstlerisch ist, wirkt, daß wir beim Lehrer beginnen, überzugehen aus der Menschenerkenntnis in künstlerisch-pädagogisch-didaktische Gesinnung, die unmittelbar in dem Kinde lebt, wodurch der Kontakt hergestellt wird zwischen Lehrer und Kind, zwischen Erziehendem und Kind, wodurch Menschenerkenntnis in waltender Liebe zu Unterricht, zu Erziehung unmittelbar wird.

Bloße Naturerkenntnis kann nicht einsehen, wie Bewußtsein in der

Leibesmaterie wirkt. Warum nicht? Weil Naturerkenntnis nicht einsehen kann, was Künstlerisches formt, Künstlerisches gestaltet. Menschenerkenntnis führt uns eben dazu, daß das Bewußtsein ein Künstler ist, der an der menschlichen Leibesmaterie eben künstlerisch vorgeht. Solange man nicht Menschenerkenntnis durch den künstlerischen Sinn sucht, solange wird man beim Ignorabimus gegenüber dem Menschen stehenbleiben müssen. Erst wenn man beginnt zu erkennen, daß das Bewußtsein im Menschen in der Materie selber ein künstlerisch Schaffender ist, daß man einen künstlerisch Schaffenden ergreifen muß, wenn man die Menschenwesenheit ergreifen will, erst dann wird man über das Ignorabimus hinauskommen. Zugleich aber wird man zu einer Menschenerkenntnis kommen, die unmittelbar, indem man sie hat, nicht nur theoretische Erkenntnis, sondern das innerlich Wirkende, im Willen Tätige ist – zu einer Menschenerkenntnis, die Lebenspraxis ist, eins ist mit der Lebenspraxis.

Wer in dieser Weise dem heranreifenden Menschen, dem sich entwikkelnden Kinde gegenübersteht, der schaut dann hinein durch diese vom künstlerischen Sinn gewirkte, auf den Flügeln der Liebe getragene Menschenerkenntnis, in dasjenige, was im Kinde heranwächst; der sieht vieles. – Ich will eines besonders charakterisieren. Er sieht jene merkwürdige Entwickelung im Kinde heranreifen, die sozusagen sich bewegt vom Spiel zur Arbeit. Das Kind spielt; es spielt selbstverständlich. Der erwachsene Mensch muß arbeiten. Er ist in die Notwendigkeit des Arbeitens versetzt. Wenn wir heute im sozialen Leben uns umsehen, dann müssen wir den Gegensatz zwischen dem kindlichen Spiel und der sozial-notwendigen Arbeit für die meisten Menschen so charakterisieren, daß wir sagen: Wir sehen auf das Kind hin; was es im Spiel vollbringt, ist verbunden mit einem befreienden Frohsinn über die Entwickelung der im menschlichen Wesen notwendigen Tätigkeit. Man sehe sich das spielende Kind an. Man kann sich gar nicht vorstellen, daß es das nicht tun will, was es im Spiele tut. Warum? Weil das Spiel die Befreiung ist von einer Tätigkeit, die heraus will aus dem menschlichen Wesen. Befreiender Frohsinn im Ausleben einer im Menschen sitzenden menschlichen Tätigkeit, das ist das Spielen des Kindes.

Und was wird unter der heutigen Menschheitsentwickelung oftmals, ja, man darf schon sagen zumeist – und das wird gegen die Zukunft hin immer weiter und weiter um sich greifen, immer mehr und mehr der Fall sein –, was wird die Arbeit? Die Arbeit wird die erdrückende Last des Lebens. Es wächst das Kind aus dem befreienden Frohsinn des Spieles heraus in die erdrückende Last der Lebensarbeit. Wenn wir uns diesen Gegensatz so recht vor die Seele stellen, dann werden wir vor die große Frage geführt: Wie schaffen wir die Brücke zwischen dem befreienden Frohsinn des Spielens und der erdrückenden Last der Lebensarbeit? – Und wer mit jener künstlerischen Menschenerkenntnis, von der ich eben gesprochen habe, das sich entwickelnde Kind verfolgt, der findet diese Brücke in der Anwendung des Künstlerischen in der Schule. Kunst, in richtiger Weise in der Schule betätigt, führt auch in richtiger Weise von dem befreienden Frohsinn des Spieles in die Arbeit hinein, die als eine Notwendigkeit des Lebens hingenommen wird, die aber dann, wenn die richtige Brücke geschaffen wird, nicht mehr als erdrückende Last empfunden zu werden braucht. Und ohne daß wir der Arbeit ihre erdrükkende Last nehmen, werden wir niemals die soziale Frage lösen. Sie wird immer in einer anderen Gestalt wieder auftreten, wenn der Gegensatz im Leben nicht durch Erziehung hinweggeschafft wird, der Gegensatz zwischen dem befreienden Frohsinn des Spieles und der erdrückenden Last der Lebensarbeit.

Was kann da gemeint sein mit dem Hineinstellen des Künstlerischen in das Pädagogische, in die Erziehungs- und Unterrichtspraxis? Man kann leicht zu ganz schiefen Anschauungen kommen gerade über die Verwendung des Künstlerischen, namentlich in der Schule. Daß der Verstand in einer gewissen Weise ausgebildet werden muß, das sieht jeder ein. Denn wie tief hat sich in unser modernes Bewußtsein die Notwendigkeit eingegraben, daß der Mensch sich eine gewisse Verstandesbildung zur Aufrechterhaltung des heutigen Lebens erwerben muß. Und so wird nicht leicht eine Gleichgültigkeit eintreten gegenüber der Notwendigkeit der Verstandesausbildung in der Schule. Daß die Menschenwürde, das heißt, überhaupt der ganze Vollmensch nicht erreicht werden kann ohne die moralische Erziehung, das sieht auch jeder ein. Denn jeder hat mehr oder weniger das Gefühl, daß ein nicht moralischer Mensch kein ganzer Mensch ist, daß er etwas ist wie ein seelisch-geistiger

Krüppel. Und so liegt auf der einen Seite wohl die Aufmerksamkeit vor auf die Entwickelung der Verstandestätigkeit, auf der anderen Seite die Aufmerksamkeit auf die Pflege wirklicher Menschenwürde, die Aufmerksamkeit auf den heiligen Pflichtbegriff, den heiligen Tugendbegriff. Aber nicht in der gleichen Weise wird überall die Aufmerksamkeit auf dasjenige gewendet, was nur in voller Freiheit und in Liebe an den Menschen herangebracht werden kann, auf das Künstlerische.

Man muß jene hohe Achtung vor dem Menschenwesen und jene einzigartige Liebe zu dem Menschenwesen auch in seinem Heranreifen in der Kinderzeit haben, wie sie *Schiller* hatte, der diese Achtung diese Liebe in einer so wunderbaren Weise zur Grundlage seiner Darstellung in den leider viel zu wenig gewürdigten Briefen zur Förderung der ästhetischen Erziehung des Menschen gemacht hat. Da haben wir einmal gerade aus dem deutschen Geistesleben heraus eine echte Würdigung des Künstlerischen im Erziehungswesen. Davon kann schon der Ausgangspunkt genommen werden. Vertieft kann dann diese Schillersche Anschauung werden durch dasjenige, was aus Geisteswissenschaft gewonnen werden kann. Man sehe nur hin auf das kindliche Spiel, wie es herausquillt, weil die menschliche Natur nicht anders als tätig sein kann. Man sehe hin, wie das Kind aus seiner Organisation, aus seiner menschlichen Wesenheit das herausschafft, auf das sich sein Spiel erstreckt. Man sehe hin auf die Art, wie uns aus den äußeren Lebensnotwendigkeiten der Inhalt der Arbeit gegeben wird, wie wir an der Arbeit so angreifen müssen, daß dasjenige, was wir da vollbringen, nicht unmittelbar aus der menschlichen Natur heraus erfolgt, wenigstens nicht in seiner Ganzheit, bei keinem Menschen aus der vollen Natur heraus erfolgen kann. Und man wird sehen, wie die menschliche Entwickelung in dieser Beziehung von dem kindlichen Lebensalter zu dem erwachsenen Lebensalter ist.

Aber eines sollte man niemals aus dem Auge verlieren. Man sieht gewöhnlich dasjenige, was das Kind im Spiele vollbringt, so an, daß man dabei den Gesichtspunkt des Erwachsenen einnimmt. Ja, es ist so, man sieht das kindliche Spiel so an, daß man dabei den Gesichtspunkt des Erwachsenen einnimmt. Wenn das nicht der Fall wäre, würden wir niemals die dilettantische Redensart hören, die immer wiederholt, man solle es in der Schule dahin bringen, daß das Kind «spielend lernt». Man kann nichts Schlimmeres machen, als daß man es dahin bringt, daß das Kind spielend lernt. Wenn man es wirklich künstlich darauf anlegt, daß die Kinder spielend lernen, dann wird man nichts anderes erreichen, als daß die Kinder als erwachsene Menschen zuletzt aus dem Leben doch ein Spiel machen. Derjenige, der in so dilettantischer Weise spricht, das Lernen solle nur eine Freude sein, das Lernen solle spielend geschehen, der schaut das Spielen des Kindes vom Gesichtspunkte des Erwachsenen an. Er glaubt, das Kind spielt in derselben Seelenverfassung, wie der Erwachsene spielt. Für den Erwachsenen ist das Spiel Spaß, eine Lust, die hinzukommt zum Leben. Für das Kind ist das Spiel der ernste Inhalt des Lebens. Das Kind meint es durchaus ernst mit seinem Spiele, und das ist die Wesenheit des kindlichen Spieles, daß dieses kindliche Spiel vom Ernst getragen ist. Nur derjenige, der den Ernst des Spieles begreift, der versteht das Spiel in der richtigen Weise. Derjenige aber, der hinschaut auf das kindliche Spiel, wie sich in vollem Ernst die menschliche Natur hinausgießt in die Behandlung der äußeren Gegenstände, in die Behandlung der äußeren Welt, der ist imstande, wenn das Kind in die Schule hereinkommt, überzuführen die Kraft, die Begabung, die Fähigkeit zum Spielen, namentlich in die Fähigkeit, in jeder möglichen Weise zu künstlerischer Betätigung überzugehen, wo wir noch die Freiheit der inneren Betätigung haben, aber zu gleicher Zeit wie bei der Arbeit kämpfen müssen mit dem äußeren Stoff. Dann werden wir sehen, wie gerade in jenem Künstlerischen, das wir an das Kind heranbringen, es durchaus möglich ist, die Erziehung so zu leiten, daß der Frohsinn in der Ausbildung vom Künstlerischen mit Ernst verbunden sein kann, daß selbst dasjenige, was in der Schule dem Kinde Lust, Freude machen darf, daß das verbunden sein kann mit Charaktervollheit.

Wenn man in der Lage ist, die Kunst namentlich in den ersten Schuljahren zwischen dem Schuleintritt und dem neunten, zehnten Lebensjahre nicht im Märchenerzählgetändel bloß, sondern in einer solchen Weise zu betreiben, daß man alles, was man treibt, aus der sich entwickelnden Menschennatur, die man erkennt, herausholt, dann leitet man die spielende Tätigkeit, die das Kind bisher ausgeübt hat, über in die künstlerische Tätigkeit, und zu einem solchen Überleiten ist auch das

Kind, wenn es erst die Schule betritt, durchaus fähig. Es mag das Kind, das einem im sechsten, siebenten Lebensjahre in die Schule hereingebracht wird, noch so ungeschickt plastisch sich betätigen, noch so ungeschickt mit Farben auf dem Papier malen, mit noch so großen inneren Schwierigkeiten in Gesanglich-Musikalisches, in Dichterisch-Künstlerisches sich einleben, wenn man – hinnehmend alles dasjenige, was aus den Anlagen des Kindes an Ungeschicklichkeiten kommt – versteht, das Künstlerische in der richtigen Weise an das Kind heranzubringen, dann wird man finden, daß trotz aller Ungeschicklichkeiten im plastischen und im malerischen Elemente das ganz kleine Kind schon als kindlicher Plastiker, als kindlicher Maler fühlt, innig fühlt, wie ein tieferes menschliches Wesen nicht bei den Fingerspitzen, nicht an der Grenze der menschlichen Haut aufhört, sondern hinausfließt in die Welt. Der Mensch wächst schon als Kind, wenn er in die Behandlung des Tones, des Holzes, der Farben hineinwächst, so, daß er in die Welt hineinwächst. Er wird größer, er lernt eine Empfindung haben von dem intimen, innigen Verwobensein der Menschenwesenheit mit der Weltwesenheit. Man gewinnt als Mensch durch das von der Welt Empfangene schon als Kind, wenn man in der richtigen Weise zur plastischen, zur malerischen Tätigkeit, wenn sie auch noch so ungeschickt vorhanden ist, angeleitet wird, und wird das Kind in der richtigen Weise in die musikalische, in die dichterische Empfänglichkeit eingeführt, erlebt das Kind das Musikalisch-Poetische in seiner eigenen Wesenheit, dann ist es so, als ob das Kind eine himmlische Gabe empfinge, um einen zweiten Menschen in seinem gewöhnlichen Menschen zu ergreifen. Mit den Tönen, mit der dichterischen Sprachgestaltung haben wir ungefähr etwas, wie wenn sich ein Wesen zu uns senkte gnadenvoll, das uns aufmerksam macht schon als Kinder: in dir lebt etwas, was aus geistigen Höhen herunter deine enge Menschenwesenheit ergreift.

Lebt man so selber künstlerisch anschauend, künstlerisch empfindend und künstlerisch erziehend und unterrichtend mit dem Kinde, dann offenbart sich einem, wenn das Kind, ungeschickt meinetwillen, mit dem Tone, mit dem Holze, mit der Farbe hantiert, an der plastischen, an der malerischen Tätigkeit des Kindes, welche Anlagen aus dieser besonderen Lebens- und Seelenanlage herauszuholen sind. Man lernt das Kind intim kennen, man lernt seine Grenzen, man lernt seine Begabungen kennen, indem man sieht, wie aus seinen Händen das Künstlerische der bildenden Künste fließt, und man lernt erkennen, zusammenlebend mit dem Kinde, wie stark das Kind fähig ist, zu geistigen Welten hin seinen ganzen Sinn, seine ganze Kraft zu lenken, und damit auch wiederum Kräfte herunterzutragen aus den geistigen Welten in die physische Sinneswelt. Man lernt erkennen die ganze Beziehung des Menschenkindes zu einer höheren, zu einer geistigen Welt. Man lernt erkennen die Kraft, die einstmals das Kind im Leben haben wird, wenn man mit ihm als Erziehender und Unterrichtender zusammen lebt, indem man das Musikalisch-Dichterische an das Kind heranbringt.

Dann, wenn man diese Künste, die plastische, die dichterische, die musikalische Kunst unmittelbar an den Menschen herangezogen, in den eurythmischen Bewegungen an dem Kinde heranbildet, wenn man unmittelbar dasjenige, was sonst im Worte abstrakt erscheint, in dem Menschenleib lebendig erweckt durch die Eurythmie, dann bildet man in dem Menschen die innere Harmonie aus zwischen dem geistgetragenen Musikalisch-Dichterischen und dem vom Geiste durchdrungenen Materiellen des Plastisch-Malerischen. Das Bewußtsein des Menschen, das geistdurchleuchtet ist, webt sich seelenvoll künstlerisch in das Leiblich-Physische hinein. Man lernt unterrichten, indem man Geist und Seele in dem Kinde erweckt, man lernt unterrichten so, daß der Unterricht zu gleicher Zeit gesundheitfördernd, wachstumfördernd, gesunde Kraft befördernd für das ganze Leben ist. Man wird, indem man über solches nachdenkt, an einen schönen, für das Künstlerische verständnisvollen griechischen Ausspruch erinnert. Die alten Griechen nannten die Zeusstatue des Phidias ein heilbringendes Zaubermittel. Echte Kunst ist eben nicht etwas, was bloß an den Menschen herankommt so, daß er es in Seele und Geist ergreifen kann, echte Kunst ist etwas, was den Menschen wachsen, gesunden und gedeihen macht. Echte Kunst war immer ein heilbringendes Zaubermittel.

Derjenige, der so als Erzieher und Unterrichtender die Kunst zu lieben versteht, und der die nötige Achtung hat vor der menschlichen Wesenheit, der wird Kunst als ein heilbringendes Zaubermittel all seinem Unterrichte und seiner Erziehung einzupflanzen in der Lage sein.

Dann wird wie von selber einfließen auch in dasjenige, was wir als Verstandesbildung in der Schule zu treiben haben, was wir an Herzensbildung, an religiöser Bildung heranzuentwickeln haben, es wird das eindringen, was auf der einen Seite getragen ist von der menschlichen Freiheit, auf der anderen Seite getragen ist von menschlicher Liebe. Es wird von der Kunst ausstrahlen, wenn der Lehrer selber künstlerisch ist und an das künstlerische Empfinden der Kinder appelliert, mit dem künstlerischen Empfinden der Kinder künstlerisch lehrend und unterrichtend lebt, es wird ausstrahlen von dem künstlerischen Sinn im Unterrichte und im Erziehen das richtige pädagogische, das richtige menschliche Wirken für alle übrige Erziehung, für allen übrigen Unterricht. Man wird nicht Künstlerisches sparen wollen für die anderen Lehrgegenstände, sondern man wird das Künstlerische einreihen in den Organismus des ganzen Unterrichtes und der ganzen Erziehung, so daß es nicht gewissermaßen nebenhergeht: da sind die Hauptgegenstände, das ist für den Verstand, das für Gemüt und Pflicht, und dann abgesondert im Stundenplan, so halb unobligatorisch ist dasjenige, was das Kind künstlerisch sich aneignen soll. Nein, richtig steht die Kunst in der Schule darinnen, wenn aller andere Unterricht, alle andere Erziehung so angelegt sind, daß im rechten Augenblicke das kindliche Gemüt aus dem übrigen Unterricht nach der Kunst verlangt, und wenn die Kunst so getrieben wird in der Schule, daß ihm in der künstlerischen Betätigung der Sinn aufgeht, dasjenige auch mit dem Verstande zu begreifen, das auch mit der Pflicht zu durchdringen, was es in der Kunst als das Schöne, als das rein frei Menschliche anschauen gelernt hat. Das sollte hindeuten darauf, wie die Kunst wirklich in den ganzen Organismus des Erziehens und des Unterrichtens eindringen kann, wie die Kunst durchleuchten und durchwärmen kann alles pädagogisch-didaktische Wesen. Kunst und der künstlerische Sinn sind dasjenige, was die Menschenerkenntnis hineinstellt zwischen die reine Geisteserkenntnis und die naturgemäße Sinneserkenntnis. Kunst ist auch dasjenige, was uns in die Erziehungslebenspraxis in der schönsten Weise hineinführen kann.

Derjenige, der Kunst liebt, der den Menschen achtet, wird aus solcher Gesinnungspädagogik, wie ich sie versuchte skizzenhaft anzudeuten, der Kunst in der Schule den richtigen Platz anweisen. Er wird der Kunst den richtigen Platz anweisen aus seiner ganzen, totalen Menschenempfindung heraus, die sich dann konzentriert durch den Umgang mit der Schülerschaft selber zur pädagogischen Gesinnung und zu pädagogischem Leben. Denn dasjenige, was er tut, das wird nicht auf der einen Seite vernachlässigen diejenige Bildung, die mehr nach dem Geiste hingeht, auch nicht diejenige Bildung, die mehr nach dem Körper hingeht. Indem die Kunst in der richtigen Weise in die Schule hineingestellt wird, empfängt die Schule auch den richtigen Geist für die richtige Leibesentwickelung der Kinder. Denn Kunst, wo sie hingestellt wird, wirkt so im Leben, daß sie auf der einen Seite empfänglich ist für das geistige Licht, das der Mensch zu seiner Entwickelung für seine eigene Wesenheit braucht. Kunst kann sich durchdringen durch ihre eigene Wesenheit mit dem geistigen Lichte, und Kunst, durchdrungen mit diesem geistigen Licht, bewahrt dieses Licht. Wo sie wieder ausströmt ihr Wesen, da durchtränkt sie dasjenige, in das sie sich ergießt, mit dem Lichte, das sie von der Geistessonne selbst empfangen hat, durchtränkt auch das Materielle mit dem Lichte, so daß das Materielle Geistiges ausdrücken darf, seelisch-glänzend, leuchtend an seiner Außenseite wird. Kunst ist imstande, das Licht des Weltenalls in sich zu versammeln. Kunst ist aber auch imstande, allem Irdisch-Materiellen Lichtglanz zu geben. Daher ist Kunst imstande, die Geheimnisse der geistigen Welt in die Schule hereinzuholen und der kindlichen Seele jenen geistig-seelischen Glanz zu verleihen, durch den dann diese kindliche Seele in das Leben so eintreten kann, daß es die Arbeit nicht mehr bloß als drückende Last zu empfinden braucht, sondern daß allmählich im sozialen Zusammenwirken der Menschheit die Arbeit ihres bloß Lastenden entkleidet werden kann. Und das soziale Leben, es kann gerade dadurch eine Vertiefung, zu gleicher Zeit eine Befreiung für die Menschheit erfahren, daß wir, so paradox das klingt, die Kunst in der richtigen Weise in die Schule hineinzustellen vermögen.

Die weiteren Ausführungen werden sich dann ergeben, wenn ich morgen vorzutragen habe über die Stellung der Moral, der sittlichen Anschauung und sittlichen Empfindung innerhalb des Schul- und Erziehungswesens. Heute wollte ich nur zeigen, daß der Geist, der für die Schule notwendig ist, durch die Kunst, durch das Zaubermittel Kunst hereingezaubert wird in die Schule, daß bei der richtigen Behandlung der Kunst diese lichtgeistdurchtränkte Kunst in den Seelen der Kinder jenen Glanz zu erzeugen vermag, durch den die Seele sich wiederum in den Leib und damit in die ganze Welt für das ganze folgende Leben in der richtigen Weise hineinstellen kann.

PÄDAGOGIK UND MORAL

Stuttgart, 26. März 1923

Es empfindet wohl jeder Mensch, der irgendwie mit dem Leben mitlebt, daß die sittliche Erziehung das allerwichtigste Gebiet der gesamten Erziehungs- und Unterrichtspraxis ist. Aber zu gleicher Zeit kann man auch empfinden, und man muß es empfinden gerade aus der Erziehungspraxis heraus, daß diese sittliche Erziehung das schwierigste und, ich möchte sagen, auch das intimste Gebiet des gesamten Erziehungs- und Unterrichtswesens ist. Wir haben ja betonen müssen, wie Erziehungspraxis aufzubauen ist auf wirklicher, echter und wahrer Menschenerkenntnis.

Nun, Menschenerkenntnis, die es dazu bringt, sich an die erkennenden Fähigkeiten des Kindes zu richten, sie kann ja gewonnen werden, wenn man wirklich in jener Art sich zum Menschen hinbewegt, erfassend, wahrnehmend, beobachtend, wie ich das gestern versucht habe zu charakterisieren. Und man wird finden, daß man mit einer Erziehungspraxis, die auf einer solchen geisteswissenschaftlich getragenen Menschenerkenntnis beruht, dem Kinde im allgemeinen mit Bezug auf die Erkenntniskräfte mehr oder weniger leicht nahe kommen wird. Man wird den Zugang zum Kinde finden. Will man sich allerdings, was ebenso wesentlich ist, in Gemäßheit der gestrigen Ausführungen künstlerisch an die künstlerische Empfänglichkeit des Kindes richten, dann muß man schon einen gewissen Sinn dafür haben, individuell auf das einzelne Kind einzugehen. Dann muß man einen Sinn dafür haben, wie das eine und das andere Kind gerade mit Bezug auf die künstlerische Erfassung der Welt sich äußert. Mit Beziehung auf die Heranentwickelung des sittlichen Charakters ist es aber notwendig, daß man durch eine feine psychologische Beobachtungsgabe und durch ein intimes psychologisches Interesse in der Lage ist, dasjenige, was man im allgemeinen sich angeeignet hat über Menschenwesen und Menschennatur, ganz in den Dienst desjenigen zu stellen, was jedes einzelne Kind an einen individuell heranbringt. Sittlich beikommen kann man nur dem einzelnen Kinde. Dabei gibt es noch eine andere Schwierigkeit, gerade mit

Bezug auf die sittliche Erziehung. Sie besteht darinnen, daß der sittliche Charakter des Menschen ja nur dann vorhanden ist, wenn der Mensch das Sittliche aus seinem innersten Wesen als freier Mensch hervorbringt.

Das fordert von dem Erzieher, daß er vor allen Dingen die sittliche Erziehung so zu richten versteht, daß der Mensch, wenn er einmal der Erziehung entwachsen ist, sich nach allen Seiten hin als ein völlig freies Wesen erleben, erfühlen könne. Wir dürfen keine Reste desjenigen, was wir selber etwa der Welt als Gebote geben wollen, wir dürfen keine Reste desjenigen, was wir selber als besonders sympathisch oder antipathisch empfinden, dem werdenden Menschen auf seinen Lebensweg so mitgeben, daß wir ihn unter den Zwang unserer eigenen sittlichen Anschauungen, unserer eigenen sittlichen Impulse, unseres eigenen sittlichen Charakters stellen. Wir müssen ihn gerade in sittlicher Beziehung ganz und gar in seine eigene Freiheit stellen. Das erfordert gerade für die sittliche Erziehung eine ungeheuer weitgehende Selbstlosigkeit und Selbstentäußerung des Erziehenden und Unterrichtenden. Und man hat ja auch nicht Gelegenheit, so wie irgendein anderes Gebiet, ein Erkenntnisgebiet, ein Kunstgebiet, das sittliche Gebiet als besonderes Lehrgebiet zu behandeln; es würde auch nicht besonders viel fruchten. Man muß das Sittliche hineintragen in den ganzen Unterricht, in alle Praxis des Unterrichtes und der Erziehung.

Das sind drei Schwierigkeiten, die aber dann überwunden werden können, wenn man nun doch im Sinne desjenigen, was man in sich selber erzeugt durch eine geisteswissenschaftlich geartete Menschenerkenntnis, an die zu erziehenden Kinder heranzugehen weiß. Ja, Menschenerkenntnis ist gerade auf diesem Gebiete bis zur Einsicht in das Individuelle des einzelnen Menschen dringend notwendig. Man müßte eigentlich, wollte man das Gebiet der sittlichen Erziehung ganz erschöpfen, beim ersten Atemzug des Kindes in dieser physischen Welt beginnen. Ja, man muß es in einem gewissen Sinne auch. Denn wenn, allerdings hinblickend mehr auf das Erkenntnisgebiet und auf gewisse ästhetische Gebiete, auf gewisse Gebiete der weiteren Lebenspraxis, *Jean Paul*, der ein wirklich großer Pädagoge war, was leider heute auch noch viel zuwenig gewürdigt ist, in bezug auf dieses Gebiet der Pädagogik gesagt hat: der Mensch lernt in den drei ersten Jahren seines Lebens mehr für dieses ganze Leben als in den drei akademischen, so muß für die sittliche Erziehung wenigstens gesagt werden: die Art und Weise, wie man sich als erziehender Mensch neben dem Kinde verhält, ist vor allen Dingen wichtig in den ersten Jahren der kindlichen Entwickelung bis etwa zum Zahnwechsel hin, also gerade bis zu jenem Lebensabschnitte, in dem wir das Kind in die allgemeine Volksschule hereinbekommen.

Man muß schon etwas hinsehen auf diese erste Lebensepoche des werdenden Menschen. Da wird man sich dann, wenn man auf dem Wege echter Menschenerkenntnis vorgeschritten ist, an drei Erscheinungen zu halten haben, die zunächst beim Kinde noch nicht für die äußere Beobachtung mit der sittlichen Färbung hervortreten, die aber auch ihre moralischen Lichter auf das ganze übrige Leben des Menschen bis zum Tode hin werfen. Die ersten Entwickelungskräfte des Kindes sind ja solche, in denen das Moralische eng mit dem bloß Natürlichen verbunden ist. Und man merkt gewöhnlich in einer gröberen Psychologie gar nicht, wie in den ersten kindlichen Lebensjahren die spätere moralische Entwickelung an die wichtigsten Stadien der natürlichen Entwickelung des Kindes gebunden ist. Man nimmt gewöhnlich drei Dinge im kindlichen Lebensalter nicht wichtig genug. Und doch hängt von diesen drei Dingen mehr oder weniger die ganze Artung ab, wie wir als Erdenmensch dann werden. Das erste, wodurch das Kind sozusagen aus einem noch tierähnlichen Dasein in das menschliche Dasein heraufrückt, ist das, was man gewöhnlich mit einem populären Ausdruck das Gehenlernen nennt. Aber in diesem Gehenlernen liegt die Möglichkeit, seinen Bewegungsapparat als Mensch, die ganze Summe seiner Bewegungsglieder gebrauchen, sie hineinstellen zu lernen in die Welt so, daß sie in ihr in einer gewissen Gleichgewichtslage darinnen stehen. Das zweite, was der Mensch in den ersten kindlichen Jahren mitbekommt für seinen ganzen Erdenlebensweg, ist das Sprechenlernen. Es ist diejenige Kraft, durch die sich der Mensch in seine menschliche Umgebung hineinorganisiert, während er sich durch das Gehenlernen mit Bezug auf seinen Bewegungsapparat in die ganze Welt hineinorganisieren lernt. Das geht alles aus den unbewußten Untergründen des menschlichen Seelenwesens hervor. Und das dritte, das dann der Mensch sich aneignet, ist das Denkenlernen. So unbestimmt, so kindlich es in der ersten Lebensepoche auftritt, es entwickelt sich aus dem Sprechenlernen bei dem Kinde allmählich das Vorstellungsbilden zunächst in primitiver Weise heraus.

Und wenn wir dann fragen: In welcher Weise bildet das Kind aus sein Gehenlernen, sein Sprechenlernen, sein Denkenlernen, in welcher Weise bildet es diese drei Fähigkeiten weiter bis zum Abschluß der ersten Lebensepoche, bis zum Zahnwechsel hin? – dann bekommen wir für eine wirkliche Menschenbeobachtung das Ergebnis, das scheinbar recht einfach klingt, das aber, wenn es in aller Tiefe erfaßt wird, ungeheures Licht über das gesamte Menschenwesen verbreitet, dann bekommen wir das Ergebnis, daß der Mensch in dieser ersten Lebensepoche bis zum Zahnwechsel hin im wesentlichen ein nachahmendes Wesen ist, daß er durch Nachahmen, durch Probieren in vollständig unbewußter Weise sich hineinorganisieren lernt in die Welt. Das Kind lebt bis zu seinem siebenten Lebensjahre etwa ganz hingegeben an seine Umgebung. Man möchte sagen: wie wenn ich dasjenige einatme, was in meiner Umgebung als Luft, als Sauerstoff ist, die ich im nächsten Augenblick mit meinem eigenen leiblichen Wesen verbinde, ein Stück Außenwelt zu meiner Innenwelt mache, zu demjenigen, was in mir dann arbeitet, lebt und webt, so mache ich als Siebenjähriger mit jedem Atemzug, seelischen Atemzug dasjenige, was ich beobachte in jeder Geste, in jeder Miene, in jeder Tat, in jedem Worte, ja, in gewisser Beziehung in jedem Gedanken meiner Umgebung zu meinem eigenen Wesen. Wie es der Sauerstoff meiner Umgebung ist, der nachher in meiner Lunge, in meinen Atmungs- und Zirkulationswerkzeugen pulsiert, so pulsiert in mir als kleines Kind alles dasjenige, was in meiner Umgebung vorhanden ist, was in meiner Umgebung sich vollzieht.

Diese Wahrheit, sie muß vor allen Dingen nicht nur in oberflächlicher Weise, sondern mit aller psychologischen Tiefe vor unser Seelenauge treten. Denn es ist ganz merkwürdig, welche Ergebnisse da herauskommen, wenn man genügend fein aufmerksam ist auf die Art und Weise, wie sich das Kind seiner Umgebung anschmiegt. Man wird finden, daß es ganz erstaunlich ist, wie ein Gedanke, der unausgesprochen bleibt, der nur in einem feinen Mienenspiel fortlebt, der vielleicht nur dadurch fortlebt, daß ich einmal unter dem Einfluß eines Gedankens mich schneller oder langsamer bewege bei dem Kinde, man wird erstaunen, wie die Feinheiten der Lebensäußerung, die beim Erwachsenen sonst in der Seele bleiben, in der Seele des Kindes ihre Fortsetzung finden; wie das Kind sich ganz einlebt, nicht nur in das physische, sondern in das seelisch-geistige Offenbaren seiner Umgebung. Wer sich eine feine Empfindung erwirbt für diese Tatsache des Lebens, der wird dazu kommen, in der Nähe des kleinen Kindes sich auch nicht einen unreinen oder unkeuschen oder unmoralischen Gedanken zu gestatten, weil er weiß, daß es Imponderabilien gibt in der Wirkungsweise des Erwachsenen, die durch die Kraft der Nachahmung vom Erwachsenen aus im ganz kleinen Kinde weiterleben. Das Gefühl von dieser Tatsache und die Gesinnung, zu der dieses Gefühl wird, macht eigentlich den Erzieher.

Aber die allerwichtigsten Bilder, die aus der Umgebung der Erwachsenen auf das Kind einen tiefen, unbewußten Eindruck machen, aber in der Wesenheit des Menschen wie eingeprägt, eingesiegelt erhalten bleiben, das sind die Bilder, die sich auf das Moralische beziehen. In einer außerordentlich charakteristischen, wenn auch feinen und intimen Weise wird sich dasjenige, was sich beim Vater ausdrückt im Gebrauch seiner Energie, seines Lebensmutes, wie er sich in allen seinen Lebensäußerungen offenbart, in das Kind hinein fortpflanzen und fortsetzen. Was beim Vater Energie ist, wird die ganze Organisation des Kindes durchenergisieren. Was bei der Mutter Wohlwollen und Liebe ist, was das Kind von der Mutter aus mit Wärme umgibt und umhüllt, das wird das Innere des Kindes mit sittlicher Empfänglichkeit und sittlichem Interesse zunächst in ganz unbewußter Weise durchsetzen.

Und wissen muß man, von wo aus eigentlich alle Kräfte der kindlichen Organisation gehen. Alle Kräfte der kindlichen Organisation, so sonderbar und paradox das für den heutigen Menschen klingt, gehen aus, gerade beim Kinde, von dem Nerven-Sinnessystem. Weil die Beobachtungsgabe, die Wahrnehmungsgabe des Kindes unbewußt ist, bemerkt man nicht, in welch intensiver Weise, nicht so sehr durch den einzelnen Sinn als durch die allgemeine Sinnlichkeit des Kindes, das, was in der Umgebung ist, in die ganze Organisation untertaucht. Man weiß ja, daß mit dem Zahnwechsel, wenigstens im wesentlichen, die Gehirn- und Nervenbildung des Menschen eigentlich erst abgeschlossen ist. In den ersten sieben Lebensjahren läßt sich die Sinnes-Nervenorganisation in bezug auf ihre Plastizität vergleichen mit Wachs. Nicht nur daß das Kind die feinsten und intimsten Eindrücke von seiner Umgebung bekommt, sondern durch die energische Wirkungsweise seines Sinnes-Nervensystems strömt ein und fließt ein dasjenige, was es beobachtet, was es wahrnimmt, unbewußt in die ganze Zirkulation des Blutes, in die Festigkeit und Sicherheit des Atmungsprozesses, in das Wachsen der Gewebe, in das Heranbilden der Muskeln, in das Heranbilden des Knochensystems. Der Leib des Kindes wird durch die Vermittlung des Sinnes-Nervensystems ein Abdruck von der Umgebung, insbesondere von der moralischen Umgebung. Und bekommen wir das Kind mit dem Zahnwechsel in die Schule herein, dann haben wir es so, daß wir in seinem Leibe, ich möchte sagen, wie in Siegelabdrücken in der Muskelbildung, in der Gewebebildung, selbst in dem Rhythmus des Atmungs- und Blutsystems, in dem Rhythmus des Verdauungssystems, in der Zuverlässigkeit und Trägheit des Verdauungssystems, kurz, in der leiblichen Organisation des Kindes das darin stecken haben, was als moralische Eindrücke in den ersten sieben Jahren auf das Kind gewirkt hat.

Man hat heute eine Anthropologie, man hat eine Psychologie. Die Anthropologie beobachtet abstrakt die Leiblichkeit des Menschen, die Psychologie beobachtet abstrakt, abgesondert von der Leiblichkeit, die Seele und den Geist; aber man hat keine Anthroposophie, die darinnen besteht, daß Leib, Seele und Geist in ihrer Einheit betrachtet werden, daß man überall sieht, wo das Geistige hineinrinnt, hineinfließt, hineinkraftet in das Physische, in das Materielle. Es ist ja das Eigentümliche der Zeit des Materialismus, daß der Materialismus gerade die Materie nicht kennt. Er glaubt, die Materie mit seinen äußeren Mitteln beobachten zu können. Der allein kennt die Materie, der schauen kann, wie überall in das materielle Geschehen das seelisch-geistige Geschehen hineinströmt, hineinkraftet. Gerade durch die Geist-Erkenntnis lernt man die Wirkungsweise, das Wesen des Materiellen kennen. Und man könnte sagen: Was ist Materialismus? – Materialismus ist diejenige Weltanschauung, die von der Materie nichts versteht.

Nun, bis in die Einzelheiten läßt sich das erfassen. Derjenige, der das Wesen des Menschen dadurch schauen gelernt hat, daß er Geist, Seele und Leib zusammenschauen kann, der sieht in der Muskelbildung, in der

Gewebebildung, in dem Atmungsprozeß den sittlichen Mut, an den sich das Kind in den ersten sieben Lebensjahren angeschmiegt hat. Er sieht beim Kinde die sittliche Liebe, an der sich das Kind erwärmt hat, in der ganzen harmonischen Ausbildung, oder auch in der unharmonischen Ausbildung die sittliche Unliebe der Umgebung. Da hat man in einer gewissen Weise dann als Erziehender das Gefühl, du bekommst das Kind sittlich vorbestimmt in die Schule herein, und man könnte schon an etwas außerordentlich Tragisches denken, wenn man an diese Tatsache allein denkt. Man könnte sich sagen, ja, dann wäre es eigentlich vor allen Dingen notwendig, daß man gegenüber den moralisch schwierigen und ungeordneten, chaotischen sozialen Verhältnissen der Gegenwart das Kind von ganz klein auf gerade wegen der sittlichen Erziehung zur Erziehung bekomme. Denn derjenige, der mit feiner Psychologie das Menschenwesen wirklich kennt, für den ist es ernst, daß das Kind in einer gewissen Weise im Momente namentlich seines Zahnwechsels sittlich vorbestimmt ist. Aber auf der anderen Seite liefert gerade diese feine Psychologie wiederum die Möglichkeit, diese sittliche Vorbestimmung in ihrer besonderen Eigenart zu erkennen.

Das Kind nimmt wie traumhaft – denn es ist eine Art träumerischer Tätigkeit – die Eindrücke seiner Umgebung, insbesondere die moralischen, auf. Die Träume setzen sich organisierend im Leibe fort. Indem das Kind Lebensmut in seiner Umgebung, sittliche Bravheit, Keuschheit, Wahrhaftigkeit unbewußt empfunden und wahrgenommen hat, lebt das in ihm. Aber es lebt so in ihm, daß es dennoch in einer gewissen Richtung nun in der zweiten Lebensepoche, in der wir das Kind gerade in der Schule herinnen haben, weiter bestimmbar ist. Ich möchte das an einem besonderen Beispiel erläutern. Nehmen wir an, ein Kind habe sich im früheren Lebensalter mit seiner Umgebung so entwickelt, daß in ihm eine gewisse Anlage dazu vorhanden ist, seine gesamten Organisationskräfte nicht so sehr nach außen zu wenden, sondern nach innen zusammenzuziehen. Das kann insbesondere dann geschehen, wenn das Kind vieles in seiner Umgebung gesehen hat von unmutigen, vielleicht feigen Taten. Wenn das Kind vieles in seiner Umgebung gesehen hat von Zurückweichen vor dem Leben, wenn es vieles empfunden hat von Lebensüberdruß, von Lebensunzufriedenheit und Unbefriedigtheit mit der Umgebung, dann hat das Kind so etwas in sich, was, ich möchte sagen, ein fortwährendes verhaltenes Erblassen beim Kinde bedeutet.

Wenn man auf solche Dinge als Erziehender nicht aufmerksam sein kann, dann allerdings stellt sich das heraus, daß das Kind immer intensiver und intensiver die Wirkung aufnimmt, die es von dem Mutlosen, Unenergischen, Feigen, Zweifelnden seiner Umgebung in sich herein ergossen hat, und das Kind wird in einer gewissen Weise ebenso. Aber wenn man in diese Dinge tiefer hineinsieht, dann wird man finden, daß das, was als eine bestimmte Charakterrichtung sich beim Kinde in den ersten sieben Lebensjahren festgesetzt hat, nun gebraucht werden kann, um es in einer ganz anderen Weise zu orientieren. Man kann, was sonst Ängstlichkeit, Mutlosigkeit, Schüchternheit, zu große Schüchternheit vor dem Leben ist, so dirigieren, daß dieselbe Kraft sich ausbildet als Besonnenheit, als Urteilsfähigkeit, wenn man solche Gelegenheiten gerade im schulpflichtigen Alter an das Kind heranbringt, an denen eben Besonnenheit, Urteilsfähigkeit – allerdings für dieses Lebensalter empfindungsgemäß – ausgebildet werden können.

Oder nehmen wir an, das Kind hat vieles in seiner Umgebung gesehen, was ihm unsympathisch war, vor dem es zurückgeschreckt ist. Das trägt es nun wiederum in einer gewissen Weise in seinem ganzen Charakter in die Schule herein, bis in seine leibliche Organisation hinein. Läßt man einen solchen Charakterzug unbemerkt, dann wird er sich im Sinne dessen, was das Kind aus der Umgebung aufgenommen hat, weiterentwickeln. Versteht man aus echter Menschenerkenntnis heraus solch einen Charakter in der entsprechenden Weise zu richten, dann wird man gerade diesen Charakterzug so dirigieren können, daß er zur edelsten Keuschheit, zum edelsten Fühlen einer gewissen Schamhaftigkeit beim Kinde führt.

Ich wollte durch diese Beispiele, welche gerade ganz bestimmte sind, andeuten, daß man zwar in dem Kinde, in der kindlichen Organisation, wenn man es in die Schule hereinbekommt, bis in den Leib hinein einen echten Abdruck des sittlichen Geschehens seiner Umgebung hat, daß aber die Kräfte, die das Kind so aus seiner Umgebung aufgenommen hat, nach den verschiedensten Richtungen hin zu dirigieren sind.

Das ist eine ungeheuer bedeutungsvolle, aus echter, innerlich intimer, aber auch innerlich praktischer Psychologie hervorgehende Tätigkeit, in die man sich hineinversetzen kann als Erziehender, wenn man so das Kind vor sich hat und diese verschiedenen Charakter-, Willens-, Gemütsrichtungen empfindend erfaßt, liebevoll mit seiner Aufmerksamkeit an die Offenbarungen der kindlichen Natur hingegeben, und nun damit beschäftigt sein kann, dasjenige, was sich vielleicht an Schlechtem, an Schadhaftem herangebildet hat als eine gewisse Menschenkräfterichtung, ins Gute zu lenken. Denn, bestimmt ausgesprochen: es gibt in der kindlichen sittlichen Vorbestimmtheit nichts Schlechtes, das in diesem Lebensalter, wenn man als Erziehender die nötige Einsicht und Energie hat, nicht, wenigstens in den meisten Fällen, auch ins Gute gewendet werden könnte.

Man hat in bezug auf solche Dinge in der heutigen Zeit viel zuwenig Vertrauen in die sittlich-moralischen, seelisch-geistigen Kräfte der menschlichen Wesenheit. Man weiß nicht, wie intensiv die sittlich-geistige, die moralisch-seelische Kraft in die leibliche Gesundheit des Kindes eingreifen kann, wieviel gerade durch eine echte, wahre Erziehungspraxis an Mängeln des Leiblichen ausgebessert werden kann. Aber weiß man einmal, daß, sagen wir zum Beispiel eine Eigenschaft, die, schlecht geleitet, den Menschen im Leben zu einem jähzornigen Wesen macht, gut geleitet, den Menschen zu einem kühn vorgehenden, die Lebensaufgaben rasch ergreifenden Menschen machen kann, weiß man solche Dinge aus einer innerlich intimen und zu gleicher Zeit praktischen Psychologie, die im Leben zum Handeln übergeht, dann entsteht erst noch die Frage: Wie soll nun die sittliche Erziehung des Kindes gerade im volksschulmäßigen Alter geleitet werden? Welche Mittel stehen einem da zur Verfügung? – Nun, da muß man, um das zu verstehen, wiederum zurückblicken auf die drei bedeutsamsten Tatsachen in der kindlichen Entwickelung.

Das was sich das Kind angeeignet hat als Vorstellungskraft, als Denkkraft, das entwickelt sich gewissermaßen kontinuierlich weiter fort, da bemerkt man keinen so außerordentlich starken Übergang; höchstens, daß mit dem Zahnwechsel jene Seite des Vorstellungswesens, die nach dem Gedächtnisse hin liegt, eine etwas andere Gestalt annimmt, als sie früher gehabt hat. Dagegen wird man bemerken, daß gerade diejenigen seelisch-leiblichen Kräfte, die so eng an das Atmungssystem, an das ganze rhythmische System des Menschen gebunden sind, die sich in der Sprache äußern, in einer metamorphosierten, verwandelten Gestalt, zwischen dem Jahre, in dem der Zahnwechsel eintritt, und den Jahren der Geschlechtsreife wiederum hervorkommen. Sein erstes Verhältnis zu alledem, was in der Sprache liegt – und in der Sprache liegt nicht nur die Sprache, in der Sprache liegt der ganze Mensch nach Leib, Seele und Geist, Sprache ist nur ein Symptom für den ganzen Menschen –, erhält der Mensch eben dann, wenn er in den ersten Kinderjahren sprechen lernt.

Aber dieses ganze Verhältnis zur Sprache tritt von der ganz anderen Seite, von der umgekehrten Seite an den Menschen neuerdings heran ungefähr zwischen dem siebenten und vierzehnten Lebensjahre. Da werden alle Dinge der Seele, die in der Sprache ihre äußere Offenbarung haben, in ein anderes Stadium ihrer Entwickelung kommen, einen anderen Charakter annehmen. Ja, es ist so – zum größten Teile gehen diese Dinge noch im Unterbewußtsein vor sich, aber sie bestimmen die ganze Entwickelung des Kindes –, daß der Mensch zwischen seinem siebenten und vierzehnten Jahre ringt gerade mit dem, was in der Sprache, oder auch, wenn er mehrere Sprachen beherrscht, was in den Sprachen liegt. Er weiß nicht viel von diesem Ringen, weil es unbewußt ist. Allein er ringt damit, daß dasjenige, was sich als Laut aus seinem rhythmischen System herausbewegt, immer intensiver und intensiver mit seinen Gedanken, mit seinem Empfinden, mit seinem Wollen sich zusammengliedert. Und es ist ein Erfassen des Menschen gegenüber dem eigenen Selbst, was sich da in dieser Lebensepoche gerade an der Sprache herausbildet.

Daher ist es von so ungeheurer Wichtigkeit, daß wir verstehen, welch feine Charakternuancen in der Art und Weise, wie das Kind uns seine Sprache in die Schule hereinbringt, sich ausdrücken. Das, was ich als allgemeine Richtungen in den Ergebnissen der moralischen Beobachtung der Umgebung des Kindes angegeben habe, das tönt uns ja, wenn wir dafür Empfindungsvermögen haben, aus dem Timbre, aus den Lauten der Sprache entgegen. Das Kind trägt uns, ich möchte sagen, seinen kindlichen moralischen Urcharakter durch die Art entgegen, wie es sich der Sprache bedient. Und wir haben es gerade an der Behandlung der Sprache, des Sprechens beim Kinde während des Unterrichts jede Stunde, jede Minute in der Hand, das, was in der Sprache sich offenbart, überzuleiten in diejenige Richtung, die wir für die angemessene halten. Da ist ungeheuer viel zu tun, wenn man weiß, wie dasjenige, was in dem Kinde als Sprache sich herausringt bis zum Zahnwechsel, heranerzogen werden muß während des volksschulmäßigen Zeitalters.

Da kommt uns dann entgegen, was jetzt während dieses volksschulmäßigen Zeitalters das eigentliche Prinzip des menschlichen Wachstums ist. In den ersten Lebensjahren bis zum Zahnwechsel hin ist alles beherrscht von dem Nachahmungsprinzip. Der Mensch ist da ein nachahmendes Wesen. In der zweiten Lebensepoche, zwischen dem Zahnwechsel und der Geschlechtsreife, ist der Mensch durchaus darauf angelegt, sich hinzugeben, wenn ich mich so ausdrücken darf, der Autorität seiner nächsten, ihn erziehenden und unterrichtenden Umgebung. – Sie werden mir nicht zumuten, der ich die «Philosophie der Freiheit» geschrieben habe, daß ich etwa für das Autoritätsprinzip in einer ungerechtfertigten Weise eintreten wollte. Aber für die Zeit zwischen dem Zahnwechsel und der Geschlechtsreife muß man für das Autoritätsprinzip eintreten aus dem Grunde, weil die kindliche Natur in diesen Lebensjahren verlangt, hinaufblicken zu können zu dem, was als Offenbarung von der Autorität herkommt.

Das ganz kleine Kind schaut sich seine Umgebung unbewußt an und atmet gewissermaßen den ganzen Charakter seiner Umgebung in sein eigenes Wesen während sieben Jahren ein. Die nächsten sieben Lebensjahre verwendet der Mensch darauf, nun nicht sich die Umgebung anzuschauen, sondern auf die Umgebung hinzuhorchen. Das Wort mit seinem Sinn, das wird nun das Richtunggebende. Einfach durch die Wesenheit des Menschen wird das Wort mit seinem Sinn das Richtunggebende. Der Mensch lernt in dieser Lebensepoche die ganze Welt, den Kosmos durch die Vermittlung seiner Erzieher kennen. Er sieht nicht unmittelbar in den Kosmos hinaus. Ihm ist das wahr, was aus dem Worte seiner Autoritäten ihm entgegenklingt. Ihm ist das schön, was aus den Gesten, aus dem ganzen Verhalten und wiederum aus dem Worte seiner Umgebung ihm entgegenkommt. Ihm wird das gut, an dem es bemerken kann, daß es, indem es die Autorität ausspricht, sympathisch oder antipathisch nuanciert wird.

Damit aber ist die ganze Richtung der sittlichen Erziehung des Kindes zwischen dem Zahnwechsel und der Geschlechtsreife gegeben. Wenn wir dem Kinde abstrakte Sittenregeln mit auf den Weg geben wollen, dann werden wir eine Ablehnung bemerken, nicht durch die Nichtsnutzigkeit des Kindes, sondern durch das Menschenwesen selber. Wenn wir imstande sind, sittliche Bilder vor dem Kinde zu entwerfen, sittliche Bilder meinetwillen schon aus dem Tierreiche, wenn wir die Tiere gegeneinander in symbolischen sittlichen Beziehungen auftreten lassen, wenn wir das vielleicht auf die ganze Natur ausdehnen, werden wir, insbesondere für das siebente, achte, neunte Lebensjahr, außerordentlich Gutes an dem Kinde tun können. Wenn wir selbst aus unserer Phantasie heraus lebendig gestaltete Menschenbilder vorführen, wenn wir merken lassen, was wir an diesen lebendig gestalteten Menschenbildern selber als sympathisch oder antipathisch empfinden und das Sympathische oder Antipathische so überleiten, daß es für das unmittelbare Gefühl, für die Empfindung zu einem moralischen Urteile über das Gute und Böse wird, da entwickeln wir für dieses Lebensalter das empfindende, das fühlende sittliche Urteil heran an der Schilderung der Welt. Aber diese Schilderung der Welt muß es sein. In den ersten Lebensjahren ist es die unmittelbare Anschauung. Jetzt muß das, was an das Kind herantritt, um sein moralisch empfindendes, fühlendes Urteil zu erkräftigen, durch das Mittel des autoritativen menschlichen Fühlens und Empfindens durchgegangen sein. Jetzt muß der erziehende Mensch, der Unterrichtende dastehen als Repräsentant der Weltenordnung. Das Kind muß aus seinem instinktiven Leben heraus einfach durch die Empfindung, die es dem Lehrenden, Erziehenden entgegenbringt, die Welt empfangen in seinen Sympathien und Antipathien, die sich ausbilden zu dem: das ist gut, das ist böse. Es muß die Welt empfangen durch den Menschen. Und wohl dem Kinde, das durch Vermittlung des menschlichen Wesens im Erziehenden, im Unterrichtenden selber zunächst sein eigenes Verhältnis zur Welt bilden kann.

Wer in diesem kindlichen Lebensalter diese Art, zum Erziehenden, zum Unterrichtenden zu stehen, wirklich genossen hat, der hat davon sein ganzes Leben hindurch etwas. Die da sagen, das Kind solle nicht auf Autorität hin lernen, es solle lernen dadurch, daß alle Autorität ausgeschlossen wird, daß es gewissermaßen nur intellektualistisch durch eigene Beobachtung lernt, die sprechen eigentlich dilettantisch in der Erziehungs- und Unterrichtspraxis. Denn man hat nicht allein für diejenigen Jahre zu unterrichten, in denen das Kind vor uns steht. Das was wir in dem Kinde zu erbilden haben, ist für das ganze Leben hindurch. Und die Lebensalter bis zum Tode hin stehen beim Menschen in einer merkwürdigen Beziehung zueinander.

Hat man einmal, rein unter dem Eindrucke: Das hat die verehrte Autorität zu ihrem Glauben –, etwas aufgenommen, was man nicht mit dem Verstande schon durchdringt, weil der Verstand, wenn er beim Kinde so weit gebracht wird, ruiniert wird, weil das Durchdringen mit dem Verstande in eine spätere Lebensepoche gehört, hat man da etwas aufgenommen, einfach in der rechten Liebe zur Autorität, dann setzt sich ein so Aufgenommenes tief in die Seele hinein. Und vielleicht geschieht es dann im fünfunddreißigsten, im vierzigsten, vielleicht in einem noch späteren Lebensjahre, daß man einmal dieses sonderbare Erlebnis hat: Ja, jetzt, nachdem du so und so viele Erfahrungen gemacht hast, nachdem du so und so viele Leiden und Freuden, so und so viele Enttäuschungen im Leben erfahren hast, jetzt geht dir ein Licht auf über das, was du im achten Lebensjahre hingenommen hast aus Liebe zu deiner Autorität. – Das steigt wieder herauf, was man dazumal rein auf Autorität hin aufgenommen hat. Das steigt jetzt herauf, indem es beim Aufsteigen eintaucht in die ganze Lebenserfahrung und Lebenserweiterung, die man mittlerweile durchgemacht hat. Was bedeutet dann im späteren Leben so etwas? Was in einem einmal empfangen ist und im Geist erst später, wenn die Lebenserfahrung reif geworden ist, seine volle Bedeutung für das Leben erhält, das – man weiß es aus einer feineren intimeren Psychologie heraus –, das sind im späteren Alter noch erfrischende Lebenskräfte.

Wer weiß, daß man eine neue Anregung des Lebens, ein Aufnehmen neuer Lebenskräfte in einem solchen Herüberwirken des kindlichen Lebensalters in die spätere Lebenszeit hat, der weiß, was es heißt, so erziehen, daß das, was herangezogen wird, nicht bloß abgelauscht ist den

Jahren, in denen das Kind vor uns steht, sondern abgelauscht ist dem ganzen Leben des Menschen. Was als Keim in die kindliche Seele hineingelegt ist, das muß mit dem Kinde heranwachsen können. Daher müssen wir auch durchaus wissen, daß dasjenige, was wir dem Kinde beibringen, ein Wachstumskräftiges sein muß. Nichts schlimmer, als wenn wir in pedantisch-philiströser Weise darauf halten, daß das Kind ganz scharf abgezirkelte Begriffe bildet. Das ist so, wie wenn wir seine noch zarten Hände in irgendwelche Maschinen hineinpressen würden, so daß die Hände nicht wachsen können. Nicht fertige Begriffe dürfen wir dem Kinde übermitteln; wachstumsfähige Begriffe müssen wir dem Kinde entwickeln. Die Seele muß mit solchen Keimen ausgerüstet werden, die das ganze Leben hindurch wachsen können. Dazu ist notwendig, daß man das Kind nicht nur nach Grundsätzen unterrichtet; dazu ist eben notwendig, daß man mit dem Kinde zu leben versteht.

Und das ist insbesondere notwendig für die moralische, für die sittliche Erziehung. In der sittlichen Erziehung erreicht man im volksschulmäßigen Alter nur durch Schilderungen des Wesenhaften, an dem man das Sittliche anschaulich macht, das empfindende, das gefühlte sittliche Urteil. Und darauf kommt es an, daß das Kind in diesem Lebensalter Sympathie für das Moralische, Antipathie für das Unmoralische in unmittelbar mitgeteilter Anschauung in sich heranentwickelt. Nicht darauf kommt es an, daß man dem Kinde eine Gebotsdirektive gibt. Die geht nicht hinein in die Seele. Das was auf dem Wege der Sympathien und Antipathien sich als moralisch empfindendes Urteil in der kindlichen Seele festsetzt, bestimmt die ganze moralische Bildung des Kindes. Und wie sehr man selbst ein richtiges moralisches Verhältnis zum Kinde haben muß, das geht aus einer einzelnen Tatsache noch ganz besonders hervor. Man wird, wenn man aus einer wirklichen, innerlich praktischen Psychologie heraus unterrichten und erziehen kann, bemerken, daß das Kind bis zu einem bestimmten Zeitpunkte, der so um das neunte, zehnte Lebensjahr liegt – für die einzelnen Kinder ist das verschieden –, auch mit seinem moralischen Urteile, moralischen Sympathien und Antipathien, die man bei ihm heranbilden kann, mehr so in der Welt lebt, daß es, trotzdem es noch, ich möchte sagen, einen «leiblichen» Egoismus hat, sich selber vergißt, mit der Welt zusammenhängt, noch in der Welt aufgeht. Und wie man, sagen wir zum Beispiel für den Anschauungsunterricht, eine genaue Einsicht der Entwickelungsepoche des Kindes zwischen dem neunten und zehnten Lebensjahre braucht, so auch namentlich für die moralische Erziehung. Da ergibt sich zwischen dem neunten und zehnten Lebensjahre eine merkwürdige Tatsache am sich entwickelnden Menschen – man muß nur ganz aufmerksam sein können auf das Individuelle, das herauskommt in den verschiedenen Kindern –, da ergibt sich diese merkwürdige Tatsache, daß einen das Kind gerade ganz besonders in diesem Zeitpunkte braucht. Manchmal sind es ein paar Worte, an denen man bemerkt, daß man gerade selber an diesem Lebenspunkte ein paar Worte finden muß, die dem Kinde weiterhelfen. Das Kind überschreitet in diesen Augenblicken einen Lebensmoment, bei dem alles davon abhängen kann, ob man das richtige Wort, das richtige Verhalten zu dem Kinde findet.

Welcher ist dieser Lebensmoment? Dieser Lebensmoment ist der, wo das Kind durch sein Ringen mit der Sprache, durch dieses Ringen nach dem Zusammenfallen des ganzen Seelenlebens mit der Sprache, zum ersten Male nicht so unbewußt wie in den ersten Lebensjahren, wo es ganz unbewußt nur lernt zu sich «Ich» sagen, sondern in ganz bewußter Weise aufmerksam wird: es ist ein Unterschied zwischen mir und der Welt. Das Kind fordert intensiv eine Orientierung für Leib, Seele und Geist in der Welt. Das tritt gerade zwischen dem neunten und zehnten Lebensjahre auf. Das Kind hat nun da wiederum ganz unbewußt ein merkwürdiges Erlebnis. Aber dieses unbewußte Erlebnis ist in allerlei Empfindungen und Gefühlen, in allerlei Willensimpulsen, in allerlei Gedanken, die vielleicht äußerlich gar nichts damit zu tun haben, im Kinde vorhanden. Es hat nämlich das Erlebnis: da ist die Autorität, die gibt mir die Welt. Ich schaue in den Kosmos durch die Autorität. Ist die Autorität auch die richtige? Gibt mir die auch ein wahres Bild von der Welt? Merken Sie wohl, ich sage nicht, daß das eine bewußte Überlegung ist. Das alles spielt sich in intimer, feiner Weise in der Empfindungswelt ab. Es entscheidet sich aber in diesem Lebenspunkte, ob das Kind weiter das rechte Vertrauen fassen kann zu der Autorität, jenes Vertrauen, das es haben muß bis zur Geschlechtsreife, wenn es gedeihen soll, oder ob es dieses Vertrauen nicht haben kann. Das macht die innere

Unruhe, die Nervosität des Kindes aus. Man muß für diesen Lebenspunkt als Lehrer, als Erzieher diejenigen Worte finden, die das Vertrauen weiter befestigen. Denn mit dieser Befestigung des Vertrauens festigt sich auch der moralische Charakter des Kindes, der zunächst noch ganz latent in der Anlage vorhanden ist. Aber er festigt sich. Das Kind wird innerlich fest. Es ergreift bis in den Leib hinein dasjenige, was es bisher in der geschilderten Weise aufgenommen hat durch sein eigenes Selbst.

Die heutige Physiologie, die auf der einen Seite nur Anthropologie und auf der anderen Seite eine abstrakte Psychologie hat, weiß ja die wichtigsten Tatsachen nicht. Man kann sagen, bis zum Zahnwechsel hin gehen alle organischen Bildungen, alles organische Funktionieren vom Nerven-Sinnessystem aus. Zwischen dem Zahnwechsel und der Geschlechtsreife wird das Kind stark und kräftig oder auch schwach und krank durch dasjenige, was in seinem rhythmischen System, in Atmung und Blutzirkulation, vor sich geht. Zwischen dem neunten und zehnten Lebensjahre liegt der Lebenspunkt, wo das, was vorher in der Atmung lag, was vorher im oberen Menschen noch verankert war, im wesentlichen übergeht auf die Blutzirkulation, wo innerlich-organisch in dem Kinde jene großartige Richtung ausgeführt wird zwischen eins und vier, zwischen den ungefähr achtzehn Atemzügen in der Minute und den zweiundsiebzig Pulsschlägen. Dieses Verhältnis wischen Atmung und Blutzirkulation richtet sich in diesem Lebenspunkte ein. Das ist aber nur der Ausdruck für tiefe seelische Vorgänge. Und in diese tiefen seelischen Vorgänge muß hineinfallen die Befestigung des Vertrauens zwischen Kind und Erziehendem. Denn dadurch tritt auch die Festigung im inneren Menschenwesen des Kindes selber ein.

Das ist es, was man als Einzelheit schildern muß, wenn man von der moralischen Erziehung, von der Beziehung der Pädagogik zum Moralischen sprechen will. Denn da in diesem Lebenspunkte hat man eine der Tatsachen, durch die man in der Lage ist, auf das ganze irdische Leben des Menschen einen segensvollen oder einen nachteilvollen Einfluß zu nehmen.

Ich möchte noch vergleichsweise anführen, wie das, was man in dieser Lebensepoche heranerzieht, im ganzen späteren Leben fortwirkt. Sie werden es vielleicht schon bemerkt haben, wie es Menschen gibt, die, wenn sie alt geworden sind, in einer merkwürdigen Weise auf ihre Umgebung wirken. Es dürfte die Tatsache bekannt sein, daß es solche Menschen gibt. Sie brauchen gar nicht viel zu reden in einer Gesellschaft, sie brauchen nur da zu sein; die Art und Weise, wie sie da sind, wirkt, man darf sagen, segnend für die Umgebung. Sie wirkt beruhigend, ausgleichend. Es ist etwas gnadenvoll Segnendes, was von solchen Menschen in einem solchen Alter ausgeht. Hat man die Geduld, die Energie, zu prüfen, wovon diese Gabe des Segnens im späteren Lebensalter kommt, dann kommt man darauf, daß der Mensch sie als Entwickelung eines früher gelegten Keimes hat, daß dieser Keim darin bestanden hat, daß er in tiefster Verehrung zu einer Autorität in berechtigter Weise aufgeschaut hat, oder daß, ich könnte auch sagen, das sittliche Urteil übergegangen ist in das Gebiet der Verehrung, wo es sich allmählich in das Religiöse erhebt. Hat man als Kind zwischen dem Zahnwechsel und der Geschlechtsreife verehren gelernt, hat man gar gelernt, nun sich voll ins Religiöse erhebend, das Moralische ganz in das Licht des Religiösen erhebend, die Verehrung in wahrem Gebet zum Ausdruck zu bringen, dann resultiert aus diesem kindlichen Beten im erwachsenen Lebensalter die Gabe zu segnen, Gnade zu verbreiten im späteren Lebensalter. Bildlich darf man durchaus sagen: die Hände, die beten gelernt haben als Kind, die haben in einem späteren Lebensalter die Gabe, sich auszustrecken zum Segnen. Das ist symbolisch bildlich gesprochen, aber es entspricht das der Tatsache, wie die im kindlichen Lebensalter gelegten Keime in das ganze spätere Leben hineinwirken.

Nun ein Beispiel, wie die Lebensalter des Menschen zusammenhängen. Ein solches Beispiel haben wir schon gerade mit Bezug auf das Moralische darinnen, daß wir sagen können, was ich schon aussprach: das Vorstellen, das Denken entwickelt sich kontinuierlich. Nur das Gedächtnis wird mit dem Zahnwechsel einen anderen Charakter annehmen. Die Sprache aber kehrt sich gewissermaßen um. Das Kind bekommt zwischen dem Zahnwechsel und der Geschlechtsreife ein ganz anderes Verhältnis zur Sprache. Man kann dieses Verhältnis zur Sprache beim Kinde dadurch in der richtigen Weise treffen, daß man in vernünftiger Weise Grammatik und Sprachlogik treibt. Man kann alles treiben, wenn man nicht in unvernünftiger Weise das Unbewußte der Sprache der ersten Kinderjahre ins Bewußtsein heraufhebt, sondern in einer Weise, die eben rechnet mit dem Kind.

Wie ist es mit dem dritten Verhältnis, mit dem ins Gleichgewichtsetzen mit der Welt durch das Gebrauchen seines ganzen Bewegungsapparates? Dieser Bewegungsapparat ist den meisten Menschen überhaupt nur etwas, was sie in äußerlich mechanischer Weise deuten. Die Menschen wissen zum Beispiel nicht, daß unser ganzes Raumvorstellen, unser ganzes mathematisches Vorstellen die Heraufprojektion unserer Bewegungen in den Gliedern, unserer Bewegungsmöglichkeiten in den Intellekt ist, daß da der Kopf dasjenige erlebt, was wir als Bewegungen erleben in unserer Menschlichkeit. Gerade im Bewegungsmechanismus lebt ein tiefes Seelisches des Menschen. Da ist ein tiefes Seelisches an die äußeren materiellen Kräfte gebunden. Und dasjenige, was der Mensch vollzieht im kindlichen Lebensalter, indem er von dem Sich-Fortbewegen auf allen vieren sich aufrichtet, indem er die Körperachse, die beim Tiere parallel liegt zu der Oberfläche der Erde, indem er diese senkrecht stellt auf die Oberfläche der Erde, indem er sich heraufhebt aus der Tierheit, ist dieses Heraufheben die physische Offenbarung für seine moralischen Anlagen, für seine moralischen Willenskräfte.

Das ist etwas, was eine ganze Physiologie, die zu gleicher Zeit Anthroposophie ist, einmal verstehen wird, daß in der Art und Weise, wie der Mensch seine Bewegungen physisch in die Welt hineinstellt, der Ausdruck liegt für seine moralischen Willenskräfte. Der Mensch, der sich heraushebt aus den Kräften, die das tierische Rückgrat parallel der Erdoberfläche machen – es handelt sich hier um die Organisation, es könnte jemand sagen, wenn der Mensch schläft, liegt auch er parallel zur Erdoberfläche, es handelt sich darum, wie die Richtungen in den Organismus hineinorganisiert sind –, das, was da der Mensch vollzieht, indem er sich aufstellt, indem er seinen ganzen Bewegungsorganismus hineinorientiert gleichgewichtsgemäß in die Welt, das ist dasjenige, was physischer Ausdruck seiner moralischen Willensenergie, seiner moralischen Qualität ist. Das macht ihn als Menschen zum moralischen Wesen. In dem aufrechten Menschen, der mit seinem Antlitz hinaussieht in die

Welt, sieht derjenige, der solche Dinge ganz exakt beurteilen kann, den physischen Ausdruck der Moralität des Menschen.

Nun ist es so, daß ich dasjenige, was damit eigentlich geschieht, vergleichen möchte mit einer gewissen Naturerscheinung. Es gibt zum Beispiel in den südlichen Gebieten des ehemaligen Österreich, die jetzt italienisch sind, einen Fluß, der entspringt im Gebirge, heißt Poik. Dann verschwindet er, ist nicht mehr zu sehen, dann taucht er wiederum auf. Es ist nicht eine neue Quelle, es ist derselbe Fluß, er heißt dann Unz. Dann verschwindet er wieder und taucht wieder auf. Er heißt dann Laibach. Der Fluß verläuft ein Stückchen seines Weges unsichtbar in den Tiefen der Erde. So verläuft dasjenige, was der Mensch seelisch-geistig im Kindestraum, im Kindesschlaf hineinlegt aus dem Anblicke seiner Umgebung in die Art und Weise, wie er sich aufrichtet, das fließt als Kräfte zwischen dem Zahnwechsel und der Geschlechtsreife, ich möchte sagen «untermenschlich», «unterirdisch» im Menschen weiter, das wird da nicht bemerkt. Das ist nicht sichtbar in der Zeit, von der ich eben jetzt gesprochen habe. Das liegt im Kinde und kommt wiederum zum Vorschein gerade mit der Geschlechtsreife.

Was das Kind in den ersten Lebensjahren, in denen es unbewußt hingegeben war der Moralität seiner Umgebung, hineingelegt hat in die Art und Weise, wie es geschickt geworden ist, seinen aufrechten Gang, die Beweglichkeit seiner Glieder zu gebrauchen, das es sich angebildet hat, indem es sich freigemacht hat als Mensch gegenüber dem Tierischen, das ist nicht da zwischen dem Zahnwechsel und der Geschlechtsreife, das erscheint wieder als die Freiheit des moralischen Urteils, als die Freiheit des moralischen Menschenwillens.

Und hat man nun, ohne, ich möchte sagen, dem Kinde nahezutreten, die richtigen moralischen Sympathien und Antipathien ausgebildet in der Zeit, wo das wichtigste für den Willen unterirdisch verlaufen ist, dann darf der Wille, der eigene, auf die Freiheit gebaute Wille, der in die volle Verantwortlichkeit im Menschen eintritt, der darf so erscheinen, daß man den Menschen – nachdem man ihm nicht Gebote gegeben hat, sondern in sein Gemüt hinein moralische Sympathien und Antipathien gepflanzt hat, daß man, ich möchte sagen, seinem moralischen Willen, der jetzt erscheint, nicht zu nahetritt –, daß man empfängt den Menschen, nachdem er geschlechtsreif geworden ist, als einen freien Genossen neben sich. Dann ist der Mensch imstande, umzuwandeln, zu metamorphosieren dasjenige, was man ihm als die Gabe moralischer Sympathien und Antipathien gegeben hat, für die er hinorganisiert war; was man ihm da gegeben hat, ist er imstande umzuorientieren in seine moralischen Impulse, die nun aus seinem eigenen Wesen kommen.

So entwickelt man aus wirklicher Menschenerkenntnis heraus, aus wahrer Erkenntnis der Menschenwesenheit dasjenige, was man für jedes einzelne Lebensalter zu tun hat. Verfährt man zwischen dem siebenten und vierzehnten Jahre richtig, indem man das empfindende, fühlende moralische Urteil heranreifen läßt, dann taucht unter in den freien menschlichen Willen in der richtigen Weise dasjenige, was man dem Kinde damals, als es Autorität verlangt hat, übergeben hat. Frei wird nur in der richtigen Weise dasjenige Menschenwesen, das in der richtigen Weise moralisch in die moralischen Sympathien und Antipathien eingeführt worden ist. Erzieht man so in sittlicher Beziehung, dann steht man eben so neben dem Menschen, daß man gewissermaßen nur die Veranlassung ist, daß der Mensch sich eigentlich selber erzieht. Man gibt dem Menschen immer dasjenige, was er unbewußt will, und man gibt ihm so viel, daß er ungefährdet frei und verantwortlich wird für sich im richtigen Lebensalter.

Dadurch löst sich die Schwierigkeit, auf die ich im Anfange der heutigen Betrachtung aufmerksam gemacht habe, daß man eigentlich für die Moral den Menschen so zu erziehen hat, daß man in selbstloser und selbstentäußerter Weise neben ihm steht; daß man also durchaus das als Ziel, als Ideal vor Augen hat, daß man keine Reste in ihm läßt von demjenigen, wie man selber seine Anschauungen hat, sondern daß man ihm nur zur Seite steht, um ihn seine eigenen Sympathien und Antipathien entwickeln zu lassen für das Moralische, damit er dann in der rechten Weise in die moralischen Impulse hineinwächst und so diese Befreiung im richtigen Lebensalter erreicht.

So handelt es sich eben darum, aus einer intimen Seelenkunde und Seelenkunst heraus, die aber zu gleicher Zeit Lebenskunst und Geisteskunst ist, neben dem Kinde zu stehen. Dann wird man außer der künstlerischen Erziehung auch mit der sittlichen Erziehung zurechtkommen. Aber man muß für den Menschen die richtige Achtung haben, für dasjenige, was im Kinde als Mensch heranwächst, die richtige Schätzung haben. Dann wird werden die Pädagogik der Moral eine moralische Pädagogik. Das heißt, das höchste Verlangen, die höchste Forderung bezüglich der Frage Pädagogik und Moral ist diese, die zur Antwort gibt: das Verhältnis, das rechte Verhältnis der Pädagogik zur Moral wird gegeben durch eine moralische Pädagogik, wenn die ganze Erziehung, die ganze Erziehungskunst selber eine pädagogisch-moralische Tat ist. Moralität der Pädagogik ist die Grundlage der Pädagogik der Moral.

Nun, wenn dasjenige, was ich auseinandergesetzt habe, eigentlich für alle Pädagogik gilt, so geht es einem ganz besonders zu Herzen in unseren Tagen, wo heraufwächst eine ja in so vieler Beziehung begreifliche und berechtigte Jugendbewegung. Ich kann natürlich in ein paar Worten nicht den Charakter dieser Jugendbewegung hier entwickeln. Für viele derjenigen, die hier sitzen, habe ich es an verschiedenen Orten schon getan. Aber die Überzeugung möchte ich aussprechen, daß wenn das Alter, das erziehende und unterrichtende Alter, gerade mit Bezug auf die sittlichen Impulse, der Jugend wird wissen so entgegenzutreten, wie es aus einer solchen Erziehungs- und Unterrichtskunst folgt, wie sie hier skizziert worden ist, dann wird, soweit das möglich ist, diese Jugendfrage ihre menschliche Beantwortung finden. Denn letzten Grundes will die Jugend nicht auf sich selbst gestellt sein, sie will neben das Alter hingestellt sein. Aber sie soll neben das Alter so hingestellt sein, daß dasjenige, was vom Alter kommt, ihr etwas ist, was ihr erstens fremd erscheint, was sie in sich selber nicht finden kann; zweitens, was ihr den Eindruck macht: es entspricht etwas, was ich brauche, was ich hereinbringen muß in die eigene Seele.

In dieser Beziehung hat unser soziales Leben Verhältnisse heraufgebracht, die ich heute in der folgenden Weise charakterisieren möchte. Man redet so sehr häufig davon, daß das Alter jugendfrisch bleiben soll, damit es mit der Jugend auskommt. Heute – selbstverständlich die Anwesenden sind ja immer ausgenommen –, heute ist das Alter zu jugendfrisch, nämlich, man versteht nicht, richtig alt zu werden. Man versteht nicht, hineinzuwachsen mit seinem Seelisch-Geistigen in den im

Laufe des Lebens veränderten Leib. Man trägt hinein dasjenige, was man schon als Kind oder wenigstens als junger Mensch getan hat, in den alten Leib. Da paßt es nicht hinein, passen die Leibeskleider nicht. Und wenn dann die Jugend herankommt, so ist es nicht deshalb, daß man sich mit ihr nicht versteht, weil man zu alt geworden ist, sondern im Gegenteil, man versteht sich mit der Jugend nicht, weil man nicht hineingewachsen ist in das Alter und in dem Alter dadurch wertvoll geworden ist. Die Jugend will das ins Alter hineingewachsene Alter haben, nicht ein kindsköpfiges Alter. Und wenn so die Jugend heute unter das Alter kommt: Ja, diese Alten unterscheiden sich ja nicht von uns, sind ja gerade wie wir selber; sie haben zwar mehr gelernt, aber sie wissen nicht mehr; sie haben nicht verwendet das Altern dazu, die Dinge reif zu machen; die sind geradeso wie wir. – Die Jugend will das Alter richtig alt haben.

Dazu ist aber notwendig, wenn das wirklich in die soziale Ordnung übergehen soll, daß wir eine Erziehungskunst, eine Erziehungspraxis haben, die es eben darauf anlegt, daß dasjenige, was als Keim in der Erziehung gelegt wird, bis ins späteste Alter nachwirkt, wie ich es geschildert habe an Beispielen. Man muß in der richtigen Weise für jedes Lebensalter die richtigen Lebenskräfte entfalten können; man muß verstehen, alt zu werden. Das Alter ist nämlich, wenn es richtig verstanden hat, alt zu werden, gerade als Alter recht frisch. Währenddem, wenn ich grau geworden, runzelig geworden bin, und bin noch so ein Kindskopf, dann weiß ich ja der Jugend nichts zu sagen, als was sie schon selber hat.

Das gibt ungefähr auch einen Lichtstrahl auf dasjenige, was heute vorhanden ist. Man muß nur die Dinge objektiv sehen; im Grunde genommen sind ja alle diejenigen, die hineingestellt sind in diese Dinge, höchst unschuldig daran. Aber es handelt sich darum, daß wir anfassen diese wichtige, die größte Menschheitsfrage bei dem Erziehungswesen der Gegenwart, und insbesondere die heute berührte Frage, die sittliche Erziehungsfrage, als besonders wichtig und wesentlich nicht nur für das Erziehen selbst, sondern für das ganze menschliche Leben ansehen.

Und die Krone alles Erziehungswesens, die Krone alles Unterrichtes ist dennoch die sittliche Erziehung des Menschenkindes. *Goethe* hat einmal in seinem «Faust» sogar den Schöpfer-Gott selbst ein merkwürdiges Wort aussprechen lassen: «Ein guter Mensch in seinem dunklen Drange ist sich des rechten Weges wohl bewußt.» Merkwürdig, obwohl Goethe dieses Wort wirklich in einen würdigen Mund gelegt hat, haben dennoch die Pedanten viel herumzunörgeln gewußt gerade an diesem Worte. Sie sagten: Das ist ein Widerspruch «Ein guter Mensch in seinem dunklen Drange ...» Der dunkle Drang ist ja gerade instinktiv, der ist ja kein bewußter Drang. «Ein guter Mensch in seinem dunklen Drange ist sich des rechten Weges wohl bewußt», wie konnte das der Goethe hinschreiben! So haben Philister, Pedanten gesagt. – Nun, ich denke aber, Goethe hat wohl gewußt, was er in diesem Satz hingeschrieben hat. Er hat wollen ausdrücken, daß für denjenigen, der unbefangen gerade auf die sittlichen Verhältnisse hinschaut, das Sittliche mit den dunkelsten inneren Tiefen des Menschenwesens verbunden ist, daß man da an das Schwerste herankommt. Wir konnten uns heute überzeugen, wie schwer man an dieses sittliche Wesen in der Erziehungspraxis herantritt. Da tritt man heran an die dunkelsten Gebiete des menschlichen Wesens. Das hat Goethe erkannt, aber er hat auch erkannt, daß dasjenige, was man nur durch die hellsten Gebiete des geistigen Lichtes erlangt, daß man das erlangen muß als sittlicher Mensch in den dunkelsten Tiefen der Seele. Und ich möchte sagen, geradezu ein Weihewort für sittliche Erziehungskunst könnte dieses Goethesche Wort werden. Denn, was sagt es im Grunde? Eine tiefe, tiefe Lebenswahrheit sagt es. Eine Lebenswahrheit, in der ich gefühls- und empfindungsgemäß alles zusammenfassen möchte über die Bedeutung des sittlichen Erziehens, des Gutseins, des Nichtböseseins als Mensch im Leben und über die Erziehungskunst zum Gutsein, zum Nichtbösesein; zusammenfassen möchte ich deshalb gerade im Sinne des Goetheschen Wortes dasjenige, was ich heute in skizzenhafter Weise zum Ausdrucke habe bringen wollen, indem ich sage: Willst du dringen in der Erkenntnis Land, du mußt folgen dem geistigen Lichte des Tages, du mußt dich aus der Finsternis in das Licht hineinarbeiten. Willst du dringen in der Kunst Land, du mußt dich hinarbeiten, wenn auch nicht bis zum blendenden Sonnenlichte, so doch bis zum Glanze, den das Geisteslicht auf die Dinge strahlt, denn in diesem Lichtglanze allein werden die Dinge zu künstlerischen Dingen.

Traurig aber wäre es, wenn wir nach diesen beiden Zielpunkten hin erst arbeiten müßten, um ein guter Mensch zu werden. Um ein guter Mensch zu werden, muß gerade der allerinnerste Wesenskern des Menschen in seinen Tiefen erfaßt werden, muß da die richtige Richtung empfangen. Und gesagt werden muß: Ebenso wahr wie es ist, daß die Erkenntnis sich ans Licht, daß die Kunst sich an den Glanz des Tages arbeiten muß, ebenso muß für die Sittlichkeit gelten, daß der Mensch, wenn er die richtige Richtung empfangen hat, ein guter Mensch sein kann, ohne Licht und ohne Glanz, daß er ein guter Mensch sein kann durch alle Dunkelheit und alle Finsternisse des Lebens. Dann wird, wenn man «ein guter Mensch des rechten Weges sich bewußt» sein kann durch Finsternis und Dunkelheit, dann wird man durch alle Welten, zu allen Lichtern und zu allen Glänzen den rechten Lebensweg finden.

EINLEITENDE WORTE
ZUR EURYTHMIEAUFFÜHRUNG DER SCHÜLER

Stuttgart, 27. März 1923

Zu dem Künstlerischen, das wir Ihnen durch die schon gegebenen Vorstellungen in bezug auf Eurythmie darbieten wollten, wird heute die pädagogisch-didaktische Seite der Eurythmie kommen.

Wir haben in den Lehrplan der Waldorfschule diese Eurythmie organisch eingefügt. Und ich mußte öfters sagen, wenn ich die Aufgabe hatte, diese Eurythmie als einen obligatorischen Lehrgegenstand in dem Lehrplan der Waldorfschule zu rechtfertigen, daß in ihr zu sehen ist nach dieser Seite hin eine Art beseelten und durchgeistigten Turnens. Ich betone ausdrücklich, daß damit nicht irgend etwas Abträgliches gegen das Turnen vorgebracht werden soll, daß es lediglich der Mangel eines Turnsaales war, der uns verhindert hat, in der rechten Weise das Turnen neben der Eurythmie in den Lehrplan von Anfang an einzufügen. Jetzt, wo wir einen Turnsaal haben, fügen wir durchaus in sachgemäßer Weise das Turnen in den Lehrplan der Schule obligatorisch ein.

Ich stehe durchaus nicht auf dem Standpunkt, auf den einmal ein sehr berühmter Physiologe der Gegenwart sich gestellt hat, als er eine solche Einleitung, wie ich sie sonst vor eurythmischen Vorstellungen halte, gehört hatte. Ich hatte in meiner Einleitung gesagt, Eurythmie sollte als durchseeltes und durchgeistigtes Turnen neben das mehr körperliche Turnen hingestellt werden, und dem Turnen sollte durchaus sein Recht widerfahren. Dieser berühmte Physiologe kam dann an mich heran und sagte: Sie erklären, daß das Turnen, so wie es heute betrieben wird, eine gewisse Berechtigung hätte; ich aber sage Ihnen, daß das Turnen eine Barbarei ist. Vielleicht haben Sie einen gewissen Rest von Berechtigung, der sich darin äußern könnte, daß man auch in die Gestaltung des Turnens eingreifen müsse, da das Turnen der materialistischen Weltanschauung zum Opfer gefallen ist. Aber das ist eine ganz andere Frage. Es handelt sich darum, daß das Turnen, auch wenn es sachgemäß ist, ja mehr zu tun hat mit den Bewegungen, mit den Anstrengungen des menschlichen Organismus, durch die sich der menschliche Körper in die

Gleichgewichtslage der Welt gegenüber hineinstellt. Man hat es zu tun mit dem Suchen der Beziehung des menschlichen Zirkulations- und Bewegungssystems zum Raum und seiner inneren Formung, seiner inneren Dynamik. Die Anpassung der inneren Dynamik, des Bewegungs- und Zirkulationssystems an die des Weltraumsystems ist dasjenige, was im Turnen in Betracht kommt. Findet man sowohl in den Freiübungen wie in den Geräteübungen die richtige Hineinorientierung des Menschen in die Weltdynamik, die zu gleicher Zeit seine Dynamik ist – der Mensch steht ja im Makrokosmos als Mikrokosmos drinnen –, dann wird das Turnen seine berechtigte Gestalt gerade auch im Unterricht annehmen können.

Die Eurythmie als Kindererziehungsmittel ist aber noch etwas anderes, etwas, was sich als in geradliniger Fortsetzung dessen, was im Turnen geschieht, mehr nach dem Inneren des menschlichen Organismus von selbst ergibt. In der Eurythmie hat man es mehr zu tun mit jener qualitativen inneren Dynamik, die sich abspielt zwischen Atmungs- und Zirkulationssystem. Der Mensch ist, indem er sich leiblich in der Eurythmie betätigt, mehr daraufhin orientiert, dasjenige, was sich abspielt zwischen Atmung und Zirkulation, in die Bewegung des menschlichen Organismus überzuführen. Dadurch bekommt der Mensch gerade durch die Eurythmie ein inniges, leiblich-seelisches Verhältnis zu sich selber, und er bekommt ein Erlebnis von der inneren Harmonie des ganzen menschlichen Wesens. Ein solches Erlebnis von der inneren Harmonie des ganzen menschlichen Wesens wirkt wiederum festigend auf den ganzen Menschen zurück, indem das Wesentliche dieses beseelten, durchgeistigten Turnens auf den ganzen Menschen wirkt. Während beim gewöhnlichen Turnen mehr das Leibliche betätigt ist, das allerdings dann in das Seelisch-Geistige sehr stark hineinwirkt, ist in der Eurythmie der ganze Mensch nach Leib, Seele und Geist betätigt. Überall fließt das Geistig-Seelische in das Physisch-Leibliche beim eurythmischen Bewegen über. Und dadurch wiederum, weil ja diese Eurythmie eigentlich eine ebenso gesetzmäßige Äußerung des ganzen Menschen ist wie Sprache und Gesang diejenige eines Teiles der menschlichen Organisation, dadurch wirkt tatsächlich auf das Kind das Eurythmisieren, das Hineinkommen in das Eurythmisieren, mit einer

Selbstverständlichkeit, wie auf das kleinere Kind mit einer Selbstverständlichkeit das Hineinströmenlassen der organischen Kräfte in die Sprache wirkt.

Und man kann eben die Erfahrung machen, daß Kinder, indem sie im richtigen Lebensalter zur Eurythmie herangeführt werden, sich selber in der eurythmischen Betätigung geradeso selbstverständlich drinnen fühlen, wie das ganz kleine Kind in der Erregung des Lautlichen und des lautlich zu Gestaltenden in der Sprache. Dadurch erweitert man im wesentlichen das ganze Menschliche, ich möchte sagen das Menschlichste im Menschen, und das berechtigt dazu, weil aller Unterricht und alle Erziehung ein Ergreifen des Menschen durch den Menschen selber sein muß, die Eurythmie, die zunächst innerhalb der anthroposophischen Bewegung ausgebildet worden ist als eine Kunst, auch in der Form des durchseelten, durchgeistigten Turnens im Unterricht zu verwenden. Sie wirkt ja auch auf den ganzen Menschen zurück.

Das ist ja allerdings heute noch für eine äußerliche Betrachtung schwer einzusehen; aber derjenige, der hineinschauen kann in die menschliche Natur, der namentlich durch solches Hineinschauen beobachten kann, wie sich organisch eingliedert dasjenige, was das Kind in sich ausbildet durch den Unterricht, durch die Erziehung im Eurythmischen, dem sich angliedert diejenige im Musikalischen und Plastischen, wer da sieht, wie sich das im Kinde heranbildet, der merkt auch, wie es wiederum zurückwirkt auf den ganzen Menschen im Kinde. Die Erkenntnisfähigkeit sieht man unter der Einwirkung der eurythmischen Übungen in der Schule beweglicher, empfänglicher werden, und man wird sehen – in der Erziehung muß ja so und so viel, ich möchte sagen, aus dem Unterbewußten herausgeholt werden –, wie die ganze Vorstellungswelt des Kindes plastischer und von Interesse mehr erfüllt wird als sonst. Das Kind entwickelt ein beweglicheres, mehr zu den Dingen in Liebe sich hinwendendes Vorstellungsleben, so daß man im Eurythmischen die Möglichkeit hat, auf das Vorstellungsleben so zu wirken, daß das Kind einzugehen vermag auf dasjenige, was man ihm im Unterrichte gerade beizubringen hat.

Auf der anderen Seite wirkt das eurythmische Üben sehr stark auf den Willen zurück, und zwar auf die intimsten Eigenschaften des menschlichen Willens. Man kann zwar mit Worten lügen, und das bloße Sprechen bietet viele Anhaltspunkte, um die Kinder über das Lügen hinwegzubringen, man kann aber das Eurythmische in der richtigen Weise gerade bei einem solchen kindlichen Schaden wie dem Lügen, benützen. Dann macht sich das stark geltend, daß, wenn man die Worte ausströmen läßt in die körperlichen Bewegungen, man eurythmisch, sichtbar sprechend, nicht lügen kann. Es hört auf die Möglichkeit zu lügen, wenn man das Gefühl bekommt, was alles dabei ist, wenn man die Seelenäußerung offenbar werden lassen muß durch das, was in den ganzen Leib hineingeht. Daher wird man sehen, daß die Eigenschaft des menschlichen Willens, die ethisch von so großer Bedeutung ist, die Wahrhaftigkeit, sich besonders heranbilden kann aus dem richtigen eurythmischen Üben.

Und so kann man sagen: Die Eurythmie ist ein aus der Seele herausgeholtes Turnen für das Kind; aber sie gibt der Seele wiederum unendlich viel zurück. Das ist das Wirkliche und Wesentliche; das wird schon einmal machen, daß man die Eurythmie als etwas ganz Selbstverständliches im Unterricht und in der Erziehung ansehen wird. Derjenige, der in die Dinge hineinguckt, ist ganz beruhigt, daß das so ist. Die Dinge gehen ja nicht schnell. Man kommt nur langsam über Vorurteile hinweg. Man sagt: Da sind ein paar Narren! – Nun ja, so ging es immer. Es war ja auch einmal eine kleine Gesellschaft, da war auch so ein Narr, der sagte, daß die Sonne im Mittelpunkt stehe, und die Planeten mit der Erde sich um sie drehen; auf so ein närrisches Ding kann man ja nicht eingehen. Aber man hat dann etwa im ersten Drittel des 19. Jahrhunderts gefunden, daß sich doch eine ziemlich große Gesellschaft in dieses närrische Ding hineingefunden hat, hineingefunden hat in dasjenige, was *Kopernikus* gewollt hat. Warum sollte man nicht auch warten können, bis sich das hineinstellt in die Welt, was sich nicht so leicht beweisen läßt wie das kopernikanische Weltensystem!

So wird Eurythmie auf die Erkenntnisfähigkeit und Willensfähigkeit – in der Richtung nach Beweglichkeit, Interessefähigkeit und Wahrhaftigkeit – zurückwirken und auf das Gemüt, das zwischen der Erkenntnisfähigkeit und Willensfähigkeit liegt. Es kommt so unendlich viel darauf an, daß der Mensch sich eurythmisierend als Ganzes ergreift, daß er nicht den Leib auf der einen Seite und die Seele, den Geist, auf der anderen Seite hat.

Da kann man lange fragen: Welche Beziehung ist zwischen Leib und Seele? – Es ist so unendlich komisch, wie da oft gefragt wird. Man will oft theoretisch konstruieren, wie das eine im anderen wirkt; wenn man es erlebt – und erlebt wird es in Eurythmie –, dann nimmt die Frage einen ganz anderen Charakter an. Dann fragt man: Wie wirkt dasjenige, was Leib- und Seeleneinheit ist, einseitig als Seelisches und einseitig als Leibliches? Die Fragestellung wird sich ganz anders gestalten, wenn die Dinge durchgreifend eingesehen werden. Hier ist nichts Theoretisches, nichts Theoretisierendes, alles ist praktisch und wirklichkeitsgemäß. Und das ist es, was dem, was hier geschieht, entgegensteht, daß man sagt: Die Anthroposophie will etwas sein im Wolkenkuckucksheim. Im Gegenteil: Anthroposophie will hineingreifen ins unmittelbar praktische Leben. Gerade die Materie versteht man nicht im heutigen Leben, weil man den Geist in der Materie nicht mehr wahrnehmen kann. Da ist aber etwas, was nur im Tun wirklich erfaßt werden kann. Daher kann man schon sehen, was eigentlich dieses Eurythmische aus dem Kinde macht. Und so kann man sagen, daß durch dieses Ergreifen der inneren Harmonie zwischen dem oberen, dem mehr geistigen, und dem unteren, mehr leiblichen Menschen, wie es das Kind praktisch wollend erfaßt im Eurythmisieren, namentlich Willensinitiative geschaffen wird. Und das ist etwas, was wir heute vor allen Dingen heranerziehen müssen. Wer die Seelengeschichte der Gegenwart beobachten kann, weiß, daß es an Willensinitiative fehlt. Die brauchen wir als etwas, was dem sozialen Leben eingefügt werden muß. Und die Kunst, zur Willensinitiative zu führen, die ist es, die wir vor allen Dingen in der Erziehungspraxis nötig haben.

Das, was ich mit ein paar Worten andeuten wollte, werden Sie in der eurythmischen Betätigung von Waldorfschul-Kindern selber anschauen können. Und ich hoffe, daß womöglich in alle Gemüter, das, was sich nun hier vor Ihnen in kindlicher Lust, in kindlicher Freude, in kindlicher Munterkeit abspielt, eine Bestätigung sein kann dessen, was ich eben vor Sie mit Worten hingestellt habe.

WARUM EINE ANTHROPOSOPHISCHE PÄDAGOGIK?

Erster Vortrag
Dornach, 30. Juni 1923

Meine sehr verehrten Anwesenden, es gereicht mir zur großen Befriedigung, wiederum zu Lehrern über ein pädagogisches Thema heute und morgen sprechen zu können, und ich möchte insbesondere neben allen übrigen heute anwesenden Mitgliedern die anwesenden Lehrer aufs herzlichste begrüßen.

Sie werden begreifen, daß angesichts des Umstandes, daß die aus der Anthroposophie hervorgegangene Pädagogik im Wesen nichts Theoretisches, nichts irgendwie Utopistisches, sondern eine wirkliche Praxis ist, man gerade aus diesem Grunde in zwei kurzen Vorträgen nur einige Gesichtspunkte angeben kann. Ich habe mir ja erlaubt, als eine Versammlung schweizerischer Lehrer vor kurzem einmal längere Zeit hier anwesend war, in einer ausführlicheren Weise, aber noch immer in einer zu kurzen Art, über anthroposophische Pädagogik zu sprechen. Da war es schon möglich, weil es in der Praxis so vielfach auf Einzelheiten ankommt, die Dinge besser zu behandeln, als das in zwei kurzen Vorträgen möglich ist. Aber ich werde mich bemühen, in diesen kurzen Vorträgen wenigstens einige Gesichtspunkte zu entwickeln gerade mit Bezug auf die Frage, in die ich das Thema hinein formuliert habe: «Wozu eine anthroposophische Pädagogik?»

Diese Frage muß ja aus den verschiedensten Gründen auftauchen. Schon darum muß sie auftauchen, weil ja Anthroposophie sehr häufig heute noch als irgend etwas Sektiererisches genommen wird, als irgendeine aus der menschlichen Willkür hervorgegangene Weltanschauung. Da frägt man sich dann: Darf denn Pädagogik durch eine bestimmte Weltanschauung beeinflußt werden? Kann man sich etwas Fruchtbares davon versprechen, daß ein Weltanschauungs-Standpunkt irgendwie pädagogische Konsequenzen aus sich heraus zieht? Wenn diese Frage berechtigt wäre, so gäbe es wahrscheinlich das nicht, was man anthroposophische Pädagogik nennen kann.

Es ist ja allerdings so, daß die verschiedenen Weltanschauungen, die vorhanden sind, auch über das Erziehungswesen diese oder jene Ansichten entwickeln, diese oder jene Forderungen aufstellen. Und man merkt überall diesen oder jenen Weltanschauungs-Standpunkt hindurch.

Das gerade soll bei der anthroposophischen Pädagogik eben ganz unmöglich sein, und ich darf gleich einleitend vielleicht vorausschicken, daß wir ja seit nun schon einer Reihe von Jahren in Stuttgart versucht haben, eine Volks- und auch höhere Schule im Sinne dieser anthroposophischen Pädagogik einzurichten, und daß es gewissermaßen dort unser Ideal ist, daß die Dinge so natürlich und selbstverständlich im Einklang mit der ganzen Menschenwesenheit und ihrer Entwickelung vor sich gehen, daß gar niemand auf den Gedanken kommen kann, da sei irgendeine anthroposophische Idee verwirklicht, daß gar niemand eigentlich etwas merken kann davon, daß irgendein Weltanschauungs-Standpunkt da zur Offenbarung kommt. Das was ich in dieser Richtung zu sagen habe, hängt ja allerdings damit zusammen, daß man mit Bezug auf Dinge, die man in der Welt vertritt, nun einmal genötigt ist, einen Namen zu gebrauchen. Aber ich kann Ihnen die Versicherung geben, mir wäre es das Allerliebste, wenn das, was hier am Goetheanum vertreten wird, keinen Namen brauchte, wenn man es einmal so und einmal so nennen könnte, weil es sich hier nicht um eine Summe von Ideen handelt, wie sie gewöhnlich eine Weltanschauung bilden, sondern weil es sich hier um eine gewisse Forschungsart und Lebensbetrachtung handelt, die von den verschiedensten Seiten her in der verschiedensten Weise benannt werden kann. Und eigentlich führt bei der Art, wie man Namen gewöhnlich nimmt, jeder Name irre. Ich möchte mich darüber ganz trivial ausdrücken, aber Sie werden mich verstehen.

In bezug auf solche Dinge, wie Namen für geistige Strömungen, ist ja die Menschheit heute noch nicht viel weiter, als sie vor vielen Jahrhunderten in Europa war mit Bezug auf Namengebung überhaupt. Heute hat man allerdings für die Namengebung bei Menschen das Nötige, was zu vergessen ist, vergessen. Wie gesagt, ich will mich ganz trivial ausdrücken.

Es hat einen Sprachforscher gegeben, einen berühmten Sprachforscher, er hieß Max Müller. Nehmen wir einmal an, jemand hätte gesagt, da und dort wohnt der Müller, und hätte damit die Wohnung des

Sprachforschers Max Müller gemeint, und jemand hätte dann im Hinblick auf das Wort Müller dem betreffenden Sprachforscher Getreide gebracht, daß er es mahlen solle – weil man ihm gesagt hatte, da wohne der Müller. Nicht wahr, bei Menschen sind wir bereits gewöhnt worden, nicht allzuviel auf die Wortbedeutung der Namen zu geben. Bei solchen Dingen, wie geistige Strömungen, tut man das heute noch. Man kümmert sich oftmals nicht viel um die Dinge und analysiert, wie man sagt, den Namen «Anthroposophie». Man deutet den Namen und macht sich daraus eine Vorstellung.

Aber gerade so viel, wie das Wort Müller für den Sprachforscher Max Müller bedeutet, bedeutet das Wort Anthroposophie für das, was hier eigentlich als eine geistige Forschung und geistige Lebensbetrachtung gemeint ist. Daher wäre es mir am liebsten, wenn man, wie gesagt, jeden Tag die hier getriebene geistige Forschung und geistige Lebensbetrachtung anders benennen könnte. Denn darin würde sich gerade ihre Lebendigkeit zum Ausdruck bringen. Man kann nur einigermaßen charakterisieren, was Anthroposophie will heute in der Weltzivilisation; man kann aber eigentlich nicht von ihr eine von vornherein verständliche Definition geben. Und heute und morgen möchte ich mich eben bemühen, ein wenig gerade mit Bezug auf das Pädagogische zu zeigen, wie Anthroposophie fruchtbar werden kann für die Erziehung des werdenden Menschen, für das Unterrichten des werdenden Menschen.

Das werden einseitige Charakteristiken sein, denn die ganze Fülle desjenigen, was gemeint ist, kann eben durchaus nicht in zwei Vorträgen erschöpft werden.

Wenn wir uns heute mit Interesse für die Geistesentwickelung der Welt umsehen, dann merken wir ja unter den verschiedensten Forderungen, die uns umschwirren, die sogenannte pädagogische Frage. Reformpläne über Reformpläne treten von mehr oder weniger geschulten, zumeist aber von dilettantischen Menschen auf. Das alles weist aber darauf hin, daß immerhin ein tiefes Bedürfnis vorhanden ist, über die Fragen des Erziehungs- und Unterrichtswesens ins klare zu kommen.

Das aber hängt auf der anderen Seite zusammen damit, daß es heute außerordentlich schwierig ist, gerade mit Bezug auf die Behandlung des werdenden Menschen zu fruchtbaren, ja nur zu genügenden Anschauungen zu kommen. Und wir werden schon ein wenig hineinschauen müssen in einen Teil unserer Zivilisationsentwickelung, wenn wir die Gründe einsehen wollen, warum heute so viel von Erziehungs- und Unterrichtsforderungen und Idealen gesprochen wird.

Wenn wir heute das äußere Leben auf der einen Seite betrachten und auf der anderen Seite das geistige Leben, so finden wir eigentlich trotz der so großen Fruchtbarkeit, welche die Wissenschaft für das praktische Leben, für die Technik und so weiter gewonnen hat, eine tiefe Kluft, einen tiefen Abgrund zwischen dem, was man Wissenschaft, Theorie nennt, was man überhaupt zu lernen hat, wenn man in einem gewissen Sinne eine Bildung anstrebt, und demjenigen, was dann im äußeren Leben, in der Lebenspraxis verwirklicht wird. Es hat sich ja immer mehr und mehr ein eigentümliches Bedürfnis in der heutigen Zivilisation herausgestellt mit Bezug auf das, was man sich durch das Lernen, insofern es auf unseren Unterrichtsanstalten getrieben wird, aneignet.

Bedenken Sie nur einmal ein gewisses Gebiet, sagen wir die Medizin. Der junge Mediziner macht sein Studium durch. Er lernt dasjenige, was der Inhalt der heutigen medizinischen Wissenschaft ist, er lernt es auch an der Hand von allerlei Laboratoriums- und Klinikpraktiken. Wenn er aber dann sein letztes Examen gemacht hat, dann ist man sich klar darüber, daß er nun erst eigentlich eine Art Praktikum, ein klinisches Praktikum durchzumachen hat, daß er also eigentlich mit dem letzten Examen noch nicht praktisch ist. Und gar häufig, ja fast immer stellt sich dann heraus, daß eigentlich ungemein wenig von dem, was man zuerst theoretisch getrieben hat, in der wirklichen Praxis eine Anwendung findet.

Ich habe nur das Gebiet des medizinischen Studiums herausgehoben, ich könnte es fast mit jedem Studium so machen. Überall würden wir sehen, daß wir heute, indem wir eine gewisse Bildung uns aneignen auf diesem oder jenem Lebensgebiet, im Grunde genommen die Kluft, den Abgrund zur Praxis hin erst extra noch zu überwinden haben. Das hat nicht nur der Mediziner, das hat nicht nur der Techniker, das hat nicht nur derjenige, der eine Handelshochschule absolviert, das hat vor allen Dingen heute auch der Lehrer zu überwinden, der, weil wir nun einmal im wissenschaftlichen Zeitalter leben, in einer Art Wissenschaftlichkeit in die Pädagogik hineingeführt wird, aber dann, nachdem er eben einen gewissen theoretischen Bildungsstoff aufgenommen hat, nun sich erst in die Praxis hineinfinden muß.

Das, was ich bis jetzt gesagt habe, wird man mehr oder weniger zugeben. Aber ein anderes wird man kaum zugeben wollen, und das ist dieses, daß eigentlich heute eine so starke Kluft besteht zwischen dem, was man theoretisch sich aneignet, was den eigentlichen Inhalt unseres Geisteslebens bildet, und dem, was die Lebenspraxis ausmacht; daß diese Kluft heute eigentlich nur überbrückt wird von den technischen Berufszweigen, weil diese technischen Berufszweige, ich möchte sagen, grausam unerbittlich sind. Baut man eine Brücke theoretisch richtig, aber praktisch unmöglich, so stürzt sie bei dem ersten Eisenbahnzug, der darüberfährt, ein. Die Natur reagiert sogleich auf das Falsche. Da muß man sich schon wirkliche Lebenspraxis aneignen.

Geht man herauf in diejenigen Dinge, die mehr mit dem Menschen zu tun haben, dann wird die Geschichte schon anders. Die Frage ist ja gar nicht zu beantworten, wie viele Menschen von einem Arzt richtig und wie viele falsch behandelt werden, denn da hört ja jede Möglichkeit auf, daß das Leben selber einen Beweis führt. Und gehen wir gar in das Feld der Pädagogik herauf, gewiß, man kann da durchaus der Anschauung sein, daß in dieser Richtung viel kritisiert wird, und daß die Pädagogen schon einiges auszuhalten haben. Aber daß das Leben irgendwie eine Entscheidung darüber trifft, ob nun falsch oder richtig erzogen worden ist, das wird man nicht mit einem unbedingten Ja beantworten können. Man wird allerdings sagen können: Das Leben gibt nicht so bestimmte Antworten wie die tote Natur, aber es ist dennoch eine gewisse Empfindung berechtigt, die dahin geht, daß wir mit der besonderen Art, wie wir uns heute das Theoretische, also das eigentlich Geistige, in seiner heutigen Form aneignen, in die Lebenspraxis eigentlich gar nicht hineinkommen.

Nun gibt es eines in der Welt, bei dem man, ich möchte sagen, recht anschaulich zeigen kann, wie unmöglich es ist, weiterzukommen mit einem geistigen Leben, das eine solche Kluft hat zwischen dem Theoretisch-Wissenschaftlichen auf der einen Seite, und dem Leben und seiner Praxis auf der anderen Seite. Und dieses eine in der Welt ist eben der Mensch.

Wir haben im Laufe der letzten Jahrhunderte, insbesondere des 19. Jahrhunderts, einmal einen bestimmten wissenschaftlichen Geist entwickelt. Jeder einzelne Mensch, heute sogar schon der sogenannte völlig Ungebildete, steht eigentlich in diesem wissenschaftlichen Geist drinnen. Alles denkt im Sinne dieses wissenschaftlichen Geistes.

Und sehen Sie sich einmal die Weltfremdheit dieses wissenschaftlichen Geistes an, wenn es sich darum handelt, ihn in die Lebenspraxis überzuführen. Kläglich war es ja zum Beispiel in den letzten Jahren, als wirklich in großen Zügen die Weltgeschichte an uns vorüberrollte und Tatsachen brachte von ungeheurer Tragweite, daß die Menschen mit ihren Theorien recht gescheit sein konnten, aber eben durchaus nichts über den Verlauf der Lebenspraxis auszumachen imstande waren. Haben wir ja doch gesehen, daß gescheite Nationalökonomen im Beginn des Weltkrieges gesagt haben: Unsere Wissenschaft lehrt uns heute, daß die kommerziellen und anderen wirtschaftlichen Zusammenhänge in der Welt so verstrickt sind, daß heute ein Krieg höchstens mehrere Monate dauern kann. Die Realität hat das Lügen gestraft. Der Krieg hat jahrelang gedauert. Was die Menschen dachten aus ihrer Wissenschaft heraus, was sie ergrübelt hatten über den Gang der Weltereignisse, war ganz und gar unmaßgebend für diesen Gang der Weltereignisse selber.

Der Mensch, indem er heranwächst, indem er vor uns hintritt, man möchte sagen, in seiner wunderbarsten Gestalt, als Kind, der Mensch ist nicht irgendwie zu erfassen mit einer geistigen Art, die eine solche Kluft hat zwischen Praxis und Theorie. Denn man müßte schon ein starrer Materialist sein, wenn man glauben wollte, daß dasjenige, was in dem Kinde heranwächst, nur eine Folge, ein Ergebnis seiner leiblich-physischen Entwickelung sei.

Wir sehen mit ungeheurer Hingebung, Bewunderung, mit Ehrerbietung auf jene Offenbarung der Schöpfung hin, die uns das Kind in seinen ersten Lebenswochen darstellt, wo in ihm noch alles unbestimmt ist, wo in ihm aber schon dasjenige liegt, was dieser Mensch im späteren Leben leisten wird.

Und wir schauen hin auf das werdende Kind, wie es von Woche zu Woche, von Monat zu Monat, von Jahr zu Jahr aus seinem Inneren heraus die Kräfte an die Oberfläche treibt, die seine Physiognomie immer ausdrucksvoller machen, die seine Bewegungen immer geordneter, orientierter machen. Wir sehen in diesem werdenden Menschen das ganze Rätsel der Schöpfung in wunderbarer Weise vor unseren Augen sich abspielen. Und wenn wir sehen, wie der eigentümlich unbestimmte Blick des kindlichen Auges im Laufe der ersten Lebenszeit Aktivität gewinnt, innere Wärme, inneres Feuer gewinnt, wenn wir sehen, wie aus den unbestimmten Bewegungen der Arme und Finger Bewegungen werden, die in schönerer Weise etwas bedeuten als die Buchstaben des Alphabetes – wenn wir das alles mit voller menschlicher Hingabe betrachten, müssen wir uns sagen: Da arbeitet gewiß nicht bloß Physisches, da arbeitet im Physischen das Geistig-Seelische; da ist jedes Stückchen Mensch im Physischen zu gleicher Zeit eine Offenbarung des Geistig-Seelischen. Da gibt es keine Färbung der Wange, die nicht Ausdruck eines Geistig-Seelischen wäre; da gibt es keine Möglichkeit, die Färbung der Wange aus bloßen materiellen Grundlagen zu verstehen, wenn wir nicht wissen, wie die Seele sich hineinergießt in das Wangenrot. Da ist Geist und Natur in einem vorhanden.

Und wenn wir dann mit unserer altgewordenen Geistesanschauung kommen, die eine Kluft läßt zwischen dem, was sich theoretisch auf den Geist richtet, und dem, was sich äußerlich praktisch an das Leben richtet, dann gehen wir an dem Kinde vorbei. Dann wissen wir weder mit unserer Theorie, noch mit unserem Instinkt, der keinen Geist erfassen kann in unserer heutigen Zivilisation, etwas mit dem Kinde anzufangen. Wir haben im Leben das geistige Treiben von dem materiellen getrennt. Damit ist uns das geistige Treiben zu einer abstrakten Theorie geworden.

Und dann sind solche abstrakte theoretische Anschauungen auch über die Erziehung erwachsen, wie sie zum Beispiel in der *Herbart*schen Pädagogik enthalten waren, die geistvoll in ihrer Art, theoretisch großartig sind, die aber ohnmächtig sind, in das eigentliche Leben einzugreifen. Oder aber wir werden irre an allem Hineinleben in das Geistige, wir wollen absehen von aller wissenschaftlichen Pädagogik und uns rein dem Erziehungsinstinkt überlassen. Das ist etwas, was heute auch schon viele Menschen fordern.

Wir können auch noch an einer anderen Erscheinung sehen, wie wir im Grunde genommen dem Menschen fremd geworden sind dadurch, daß wir die Kluft geschaffen haben zwischen dem theoretischen Ergreifen des geistigen und dem vollen Erfassen des praktischen Lebens.

Unsere Wissenschaft hat sich großartig entwickelt. Natürlich war auch die Pädagogik aus der Wissenschaft heraus zu gestalten. Aber die Wissenschaft hatte nichts, um an den Menschen heranzukommen. Die Wissenschaft wußte vieles zu sagen über die äußere Natur; aber je mehr sie über die äußere Natur in der neueren Zeit zu sagen wußte, über den Menschen wußte sie eigentlich immer weniger zu sagen. Und so mußte man sich anschicken, nach dem Muster der Naturwissenschaft an dem Menschen zu experimentieren, und eine experimentelle Pädagogik stellte sich ein.

Was bedeutet denn dieser Drang zur experimentellen Pädagogik? Mißverstehen Sie mich nicht, ich habe weder etwas gegen Experimentalpsychologie noch gegen experimentelle Pädagogik; sie können wissenschaftlich viel leisten, sie geben theoretisch großartige Aufschlüsse. Hier handelt es sich nicht darum, in kritischer Weise über diese Dinge abzusprechen. Hier handelt es sich aber darum zu sehen: was für ein Drang der Zeit drückt sich in solchen Dingen aus? Man ist genötigt, außen herumzuexperimentieren, wie das Gedächtnis bei diesem, bei jenem Kinde ist, wie der Wille wirkt, wie die Aufmerksamkeit wirkt; außen an dem Menschen herumzuexperimentieren ist man genötigt. Weil man das innere Verhältnis zum Menschen, das eigentlich geistige Verhältnis zum Menschen verloren hat, weil man nicht mehr als Mensch mit der Seele zur Seele des anderen Menschen dringt, will man aus seinen körperlichen Äußerungen experimentell ablesen, welches diese seelischen Äußerungen sind. Gerade diese experimentelle Pädagogik und Psychologie sind ein Beweis dafür, daß unsere Wissenschaft ohnmächtig ist, an den vollen Menschen, der Geist, Seele und Leib zugleich ist, wirklich heranzukommen.

Diese Dinge müssen, wenn man im Ernste heute auf Erziehungs- und Unterrichtsfragen eingehen will, in vollem Maße gewürdigt werden, denn sie führen allmählich zu der Anschauung hin, daß das Notwendigste für einen Fortschritt auf dem Gebiet des Erziehungs- und Unterrichtswesens eine wirkliche Menschenerkenntnis ist.

Aber eine wirkliche Menschenerkenntnis wird man nicht gewinnen, wenn nicht der Abgrund zwischen Theorie und Praxis, der sich heute so furchtbar aufgetan hat, wirklich überbrückt wird. Solche Theorie, wie wir sie heute haben, kommt nämlich nur an den menschlichen Körper heran. Und wenn solche Theorie auch an die Seele und an den Geist herankommen will, so macht sie krampfhafte Versuche, kommt aber doch in Wirklichkeit nicht an sie heran, denn Seele und Geist müssen auf eine andere Weise erforscht werden, als diejenige ist, die im Sinne der heute anerkannten sogenannten wissenschaftlichen Methode liegt.

Um den Menschen zu erkennen, muß in ganz anderer Weise an den Menschen herangegangen werden, als es heute vielfach für exakt und richtig gilt. Dieses Herangehen aber an die wahre, wirkliche Menschennatur, dieses Aufsuchen einer wirklichen Menschenkenntnis, einer Menschenkenntnis, die Geist, Seele und Leib im Menschen in einem schaut, das ist die Aufgabe der Anthroposophie. Anthroposophie will wiederum nicht bloß den physischen Menschen, sondern den ganzen Menschen erkennen. Aber wo da die großen Aufgaben gegenüber dem vollen Leben liegen, das bemerkt man heute vielfach gar nicht.

Ich möchte mich durch ein Beispiel aussprechen, um Sie hinzuweisen darauf, wie die Aufmerksamkeit ganz anderen Dingen einmal zugelenkt werden muß, als man es heute gewöhnt ist, wenn wirkliche Menschenerkenntnis wiederum erworben werden soll.

Sehen Sie, als ich jung war, es ist lange her, da kam unter anderen Weltanschauungs-Standpunkten auch der auf, den der Physiker *Mach* begründet hat. Es war ein ganz berühmter Weltanschauungs-Standpunkt. Ich führe das, was ich jetzt sage, nur als Beispiel an, und ich bitte, es auch nur als Beispiel hinzunehmen. Das Wesentliche dieses Machschen Standpunktes bestand darin, daß Mach sagte: Es ist ein Unsinn, von einem Ding an sich zu sprechen, ein Unsinn, von einem Ding an sich als Atom in der Welt zu sprechen. Es ist auch ein Unsinn, von einem Ich zu sprechen, das wie ein Ding in uns selber ist, sondern wir können nur sprechen von Empfindungen. Wer hat schon einmal ein Atom wahrgenommen? Rote, blaue, gelbe Dinge, cis, g, a in den Tönen nehmen die Leute wahr; süße und saure und bittere Geschmäcke nehmen die Leute wahr; harte und weiche Dinge für den Tastsinn nehmen die Leute wahr,

Empfindungen nehmen die Leute wahr. Und wenn wir uns ein Weltbild machen, so besteht es nur aus solchen Empfindungen. Und wenn wir in uns selbst hineinschauen, so haben wir auch nur Empfindungen. Nichts ist da, als nur überall Empfindungen; Empfindungen, die zusammengehalten werden. Eine gewisse Härte, ein gewisses, ich will sagen, sanftartiges Anfühlen mit der Röte in der Rose, die Empfindung, daß man gebrannt wird, mit einem rötlichen Aussehen beim glühenden Eisen – überall miteinander verbundene Empfindungen, so sagte Ernst Mach. Man muß sagen, gegenüber der Anschauung einer Atomwelt, die kein Mensch natürlich sehen kann, war das in der damaligen Zeit ein Fortschritt. Das ist wieder vergessen worden. Ich will nicht über diese Anschauung sprechen, sondern über ein Beispiel menschlicher Entwikkelung.

Sehen Sie, Ernst Mach hat einmal erzählt, wie er zu dieser Anschauung gekommen ist. Da sagte er, er sei als siebzehnjähriger Jüngling zu den Hauptsachen dieser Anschauung gekommen. Einmal, als er spazieren ging an einem besonders heißen Sommertag, da wurde ihm klar, die ganze Welt der Dinge an sich ist eigentlich müßig, das fünfte Rad am Wagen in aller Weltanschauung. Da draußen sind nur Empfindungen. Die schmelzen mit den Empfindungen der eigenen Leiblichkeit, des eigenen menschlichen Wesens zusammen. Draußen sind die Empfindungen etwas loser, innen etwas fester verbunden, und zaubern dem Menschen ein Ich vor. Alles Empfindung.

Das kam dem siebzehnjährigen Jüngling an einem heißen Sommertag in einem Moment gerade zu. Später, sagte er, hat er eigentlich das nur noch theoretisch weiter ausgeführt, aber die ganze Weltanschauung kam ihm auf diese Art an einem heißen Sommertag, wie er plötzlich sich zusammenfließen fühlte mit dem Rosenduft, der Rosenröte und so weiter.

Ja, wäre es noch ein bißchen heißer geworden, dann würde wahrscheinlich nicht diese Weltanschauung entstanden sein vom Zusammenfließen des eigenen Ichs mit den Empfindungen, sondern der gute Mach wäre als siebzehnjähriger Jüngling vielleicht von einer Ohnmacht befallen worden, und wenn es noch heißer geworden wäre, hätte er einen Sonnenstich gekriegt.

Da haben wir drei Stufen von dem, was ein Mensch durchmachen kann. Die erste Stufe besteht darinnen, daß er, etwas gelockert, eine Weltanschauung ausgestaltet, die zweite, daß er ohnmächtig wird, die dritte, daß er einen Sonnenstich kriegt.

Ich glaube, wenn heute einer äußerlich nachdenkt darüber, wie so jemand, wie der sehr gelehrte Ernst Mach, zu seiner Weltanschauung gekommen ist, da wird er nachdenken, was der alles gelernt hat, was in seinen Anlagen gelegen hat und so weiter; daß aber das die Hauptsache ist, wie er nun selbst erzählt, daß er die erste von den drei charakterisierten Stufen durchgemacht hat, das wird man nicht in den Vordergrund stellen. Und dennoch ist es so.

Worauf beruht denn das? Sehen Sie, man kennt einfach den Menschen nicht, wenn man nicht eine solche Erscheinung versteht. Was ist denn da eigentlich geschehen, als der siebzehnjährige Jüngling Mach spazieren ging? Es ist ihm offenbar sehr, sehr heiß geworden, und er stand zwischen dem, wo man sich ohne Hitze wohl fühlt und dem Ohnmächtigwerden mitten drinnen. Über einen solchen Zustand weiß man nichts Richtiges, wenn man nicht durch die anthroposophische Forschung darauf kommt, daß der Mensch eben nicht nur seinen physischen Leib hat, sondern über diesen physischen Leib hinaus noch das, was ich in meinen Schriften den ätherischen oder Bildekräfteleib genannt habe, einen übersinnlichen, unsichtbaren Leib.

Ich kann Ihnen heute natürlich nicht alle die Forschungen vorerzählen, auf denen die Erkenntnis eines solchen übersinnlichen Bildekräfteleibes beruht; aber Sie können das ja in der anthroposophischen Literatur nachlesen. Es ist ein gesichertes Forschungsresultat, wie andere gesicherte Forschungsresultate.

Aber wie verhält es sich mit diesem Bildekräfteleib? Mit diesem Bildekräfteleib verhält es sich so, daß wir sonst immer im wachen Zustand voll angewiesen sind auf unseren physischen Leib. Die materialistische Anschauung hat ganz recht, wenn sie das Denken, das der Mensch in der physischen Welt entwickelt, an das Gehirn oder das Nervensystem überhaupt gebunden erklärt, denn wir brauchen den physischen Leib zu dem gewöhnlichen Denken. Wenn wir aber dieses gewöhnliche Denken etwas überleiten in ein gewisses freies innerliches

Erleben, wie das zum Beispiel in der künstlerischen Phantasie der Fall ist, dann geht die fast gar nicht bemerkbare Tätigkeit des Bildekräfte- oder ätherischen Leibes zu einer größeren Intensität über.

Denkt also einer, wie man im gewöhnlichen Leben denken muß – mit dem, was ich da charakterisiere, ist wirklich nichts Abfälliges gemeint –, denkt einer in der gewöhnlichen nüchternen Weise, wie man es nun einmal muß im äußeren physischen Leben, so denkt er mit seinem physischen Leibe, und nur ganz wenig wird der Ätherleib benützt.

Geht einer zum Phantasieschaffen über, sagen wir zum dichterischen Schaffen, so tritt der physische Leib etwas zurück und der Ätherleib wird mehr tätig. Dadurch werden die Vorstellungen beweglicher; die eine fügt sich lebendiger in die andere ein und so weiter. Der ganze innere Mensch geht in eine größere innere Beweglichkeit über, als wenn die gewöhnliche nüchterne Alltagstätigkeit als Denken ausgeführt wird. Das alles liegt in der Willkür des Menschen. Aber zu all dem, was in der menschlichen Willkür liegt, kommt noch etwas anderes dazu, etwas, wozu der Mensch veranlaßt werden kann durch die äußere Natur. Wenn es uns recht warm wird, dann tritt die Tätigkeit des physischen Leibes, also auch die Denktätigkeit des physischen Leibes zurück, und der Ätherleib wird tätiger und tätiger.

Und indem der siebzehnjährige Mach spazieren gegangen ist und unter dem Eindruck der drückenden Sonnenhitze war, wurde einfach sein Ätherleib tätiger. Alle übrigen Physiker haben mit ihrem massiven physischen Leib die Physik ausgebildet. Den jungen Mach hat die Sonnenhitze dazu gebracht, nicht so denken zu können wie die anderen Physiker, sondern mit flüssigeren Begriffen zu denken: die ganze Welt besteht nur aus Empfindungen.

Wäre die Hitze noch größer geworden, so wäre der Zusammenhang zwischen seinem physischen Leib und seinem Ätherleib so gelockert worden, daß der gute Mach nicht mehr mit seinem Ätherleib hätte denken können, gar keine Tätigkeit mehr hätte ausüben können. Der physische Leib denkt nicht mehr, wenn es zu heiß ist; und wenn es noch weiter geht, wird der Mensch krank, bekommt den Sonnenstich.

Ich führe Ihnen dies als Beispiel an, weil wir hier an der Entwickelung eines Menschen sehen, wie man verstehen muß, wie da in die menschliche Tätigkeit eingreift ein Übersinnliches im Menschen, der ätherische oder Bildekräfteleib, der uns die Form gibt, der uns die Gestalt gibt, der in uns die Wachstumskräfte hat und so weiter.

Außer diesem aber zeigt uns Anthroposophie, wie im Menschen noch weitere übersinnliche Wesensglieder stecken. – Stoßen Sie sich nicht an Ausdrücken. – Über den Bildekräfte- oder ätherischen Leib hinaus haben wir dann dasjenige, was der eigentliche Träger der Empfindung ist, den astralischen Leib, und dann erst die Wesenheit des Ich. Wir müssen den Menschen nicht nur seinem physischen Leibe nach kennenlernen, sondern wir müssen ihn praktisch kennenlernen als ein Zusammenwirken verschiedener Glieder seiner Wesenheit.

Diesen Gang vom Sinnlichen, dem die ganze gegenwärtige Wissenschaft huldigt, zum Übersinnlichen hin, diesen Gang geht Anthroposophie. Sie geht ihn nicht aus Mystik und Phantastik heraus, sie geht ihn in derselben strengen Wissenschaftlichkeit wie heute die Wissenschaft in bezug auf die Sinnenwelt und die gewöhnliche nüchterne Verstandestätigkeit, die aber an den physischen Leib gebunden ist, verfährt. So entwickelt Anthroposophie eine Erkenntnis, eine Anschauung, und damit eine Empfindung für das Übersinnliche.

Damit aber wird nicht etwa bloß das geliefert, daß man über die gewöhnliche Wissenschaft hinaus noch eine andere Wissenschaft hat. Es ist ja nicht so in der Anthroposophie, daß man zu dem, was wir heute als Naturwissenschaft, als Geschichtswissenschaft haben, noch eine andere besondere Geisteswissenschaft hinzufügt, die nun auch wiederum nur eine Theorie ist. Nein, wenn man so zum Übersinnlichen hinaufsteigt, so bleibt die Wissenschaft nicht Theorie, sondern die Wissenschaft wird da von selbst Praxis. Die Wissenschaft wird dasjenige, was da aus dem ganzen Menschen hervorströmt.

Von der Theorie wird nur der Kopf ergriffen. Von dem, was Anthroposophie als eine Erkenntnis, die aber mehr ist als Erkenntnis, über den ganzen Menschen gibt, wird auch der ganze Mensch ergriffen. Und wie ist es dann?

Ja, lernt man in der Anthroposophie kennen, was im ätherischen oder Bildekräfteleib enthalten ist, dann kann man nicht stehenbleiben bei den scharf konturierten Begriffen, die wir heute haben für die physische

Welt, dann werden alle Begriffe beweglich, dann wird der Mensch, indem er zum Beispiel die Pflanzenwelt ansieht, nicht bloß Formen, bestimmte aufzuzeichnende Formen des Pflanzlichen haben, sondern bewegliche Formen. Sein ganzes Vorstellungsleben kommt in eine innere Beweglichkeit. Der Mensch ist genötigt, seelisch sich eine Frische zuzulegen, weil er jetzt nicht mehr die Pflanze zum Beispiel äußerlich bloß anschaut, sondern weil er, indem er über die Pflanze denkt, das Wachsen, das Sprießen, das Sprossen der Pflanze selber mitmacht. Der Mensch wird im Frühling selber Frühling mit seinen Vorstellungen, im Herbste selber Herbst mit seinen Vorstellungen. Der Mensch sieht nicht nur die Pflanze aus dem Boden sprießen, Blüten bekommen, oder wiederum die Blätter sich verfärben ins Bräunliche, abfallen, nein, der Mensch macht diesen ganzen Prozeß mit. Indem er über die sprießende, sprossende Pflanze im Frühling, auf die er hinschaut, denkt, vorstellt, wird seine Seele mitgerissen. Seine Seele macht innerlich den Wachstums-, den Blüteprozeß mit. Seine Seele wird innerlich ein Erlebnis haben, wie wenn alle seine Vorstellungen zum Sonnenhaften hingingen. Er hat gewissermaßen die Vorstellung, indem er immer mehr und mehr sich vertieft in das Pflanzliche, es ist das Sonnenlicht, zu dem er innerlich in der Seele emporstrebt. Alles wird innerlich lebendig.

Da werden wir nicht vertrocknete Begriffsmenschen, da werden wir innerlich seelisch lebendige Menschen. Da machen wir etwas von einer gewissen Trauer mit, wenn die Blätter sich verfärben und abfallen, da werden wir, wie gesagt, selber Frühling, Sommer, Herbst und Winter. Da frieren wir innerlich seelisch mit dem Schnee, der als äußerlich weißes Kleid die Erde bedeckt. Da wird alles in uns lebendig, was sonst trockenes Vorstellungsleben ist.

Und kommt man gar herauf zu Begriffen des sogenannten astralischen Leibes, ja, sehen Sie, da kommen die Leute und sagen: Ach, dieser astralische Leib, den haben so ein paar phantastische Kerle ausgesonnen.

Nein, er ist beobachtet, beobachtet wie etwas anderes. Aber derjenige, der ihn wirklich versteht, beginnt etwas anderes zu verstehen. Er beginnt zu verstehen dasjenige zum Beispiel, was erlebte Liebe ist. Er beginnt zu verstehen, wie die Liebe webt und wellt im Dasein. So wie er durch seinen Körper eine innere Erfahrung bekommt, ob es warm oder kalt ist, so bekommt er durch die Erkenntnis des astralischen Leibes eine innerliche Wahrnehmung, ob Liebe webt und wellt, oder ob Antipathie webt und wellt. Es ist eine volle Bereicherung des Lebens.

Sie werden nicht behaupten können, wenn Sie auch noch so viele Theorien, wie sie heute üblich sind, studieren, daß dann dasjenige, was Sie studieren, in Ihren ganzen Menschen übergeht. Es bleibt Kopfbesitz. Wollen Sie es anwenden, so müssen Sie es nach einem äußerlichen Prinzip anwenden. Studieren Sie Anthroposophie, so geht das über in Ihren ganzen Menschen, wie das Blut in Ihrem Körper rinnt. Das ist Lebensstoff, geistiger Lebensstoff – wenn ich das widerspruchsvolle Wort bilden darf –, geistiger Lebensstoff, der uns durchdringt. Wir werden andere Menschen, wenn wir Anthroposophie aufnehmen.

Und es ist so: wenn Sie ein Stück eines Menschenleibes nehmen, vom Finger hier, so kann dieses Stück höchstens tasten. Es muß ganz anders sich durchorganisieren, wenn es das Auge werden soll. Das Auge besteht auch aus solchen Geweben wie der Finger, aber das Auge ist innerlich selbstlos, ist innerlich durchsichtig geworden. Daher vermittelt einem das Auge dasjenige, was außerhalb des Auges ist.

Hat der Mensch innerlich ergriffen den astralischen Leib, so vermittelt der ihm dasjenige, was außerhalb ist. Der astralische Leib wird ein seelisches Auge. Der Mensch schaut in die Seele des anderen Menschen hinein, nicht in einer abergläubischen, zauberischen Weise, sondern in einer ganz natürlichen Weise. Aber es tritt so ein, was sonst nur unbewußt im Leben die Liebe macht. Sie schauen dasjenige, was in der Seele des anderen Menschen ist. Unsere heutige Wissenschaft sondert Theorie von Praxis ab. Anthroposophie bringt dasjenige, was Erkenntnis ist, in das unmittelbare Leben hinein, macht den Menschen zu einem anderen Menschen.

Es ist unmöglich, wenn man Anthroposophie studiert, daß man hinterher erst eine Praxis in der Anthroposophie durchmachen muß. Es wäre ein Widerspruch in sich. So wie das Blut, wenn der Mensch als Embryo organisiert wird, in seinen Körper dringt, so dringt in Seele und Geist als eine Realität dasjenige, was Anthroposophie ist.

Dadurch aber kommen wir nicht etwa dazu, nun äußerlich am Menschen herumzuexperimentieren, sondern wir kommen dahin, in das innere Seelengefüge des Menschen hineinzuschauen, an den Menschen wirklich heranzukommen. Dann aber lernen wir auch noch etwas anderes. Dann lernen wir erkennen, wie innig verwandt zum Beispiel das menschliche Vorstellen mit dem menschlichen Wachstum ist.

Was weiß denn die heutige Psychologie von der Verwandtschaft des menschlichen Vorstellens mit dem menschlichen Wachstum? Man redet auf der einen Seite von der Art und Weise, wie Vorstellungen zustandekommen. Man redet auf der anderen Seite in der Physiologie, wie der Mensch wächst. Aber daß diese beiden Dinge, Wachstum und Vorstellung, etwas miteinander zu tun haben, innig verwandt sind, davon weiß man ja gar nichts. Daher weiß man auch nicht, was es bedeutet, wenn in dem Lebensalter, das ungefähr zwischen dem siebenten und vierzehnten Jahr liegt, an den Menschen, an das Kind, unrichtige Vorstellungen herangebracht werden, wie das seinen Wachstumsprozeß beeinflußt, wie das den richtigen körperlichen Wachstumsprozeß beeinflußt. Man weiß nicht, wenn man dem Kinde zuviel Gedächtnisvorstellungen beibringt, wie das hemmend wirkt auf seinen Wachstumsprozeß. Man weiß nicht, wenn man dem Kinde zuwenig Gedächtnisvorstellungen beibringt, wie das sein Wachstum, ich möchte sagen, übermächtig macht, so daß es zu allerlei Krankheiten neigt. Man kennt nicht diesen innigen Zusammenhang zwischen allem Seelischen und allem Leiblichen.

Ohne das aber ist jede Erziehung und jeder Unterricht ein finsteres Herumtappen am Menschen. Anthroposophie hat ganz gewiß im Anfang nicht darnach gestrebt, eine Pädagogik zu begründen. Sie wollte Menschenerkenntnis, ganze, volle Menschenerkenntnis liefern. Aber indem sie ganze, volle Menschenerkenntnis lieferte, entstand ganz von selbst das Pädagogische.

Und wenn wir uns nun umschauen, was da und dort heute als Reformgedanken auftritt, so ist das alles außerordentlich gut gemeint, und man kann vor mancherlei allen Respekt haben, was in dieser Weise auftritt, denn die Menschen können ja nichts dafür, daß zunächst keine Menschenerkenntnis, keine wahre, wirkliche Menschenerkenntnis da ist. Wäre Menschenerkenntnis in diesen pädagogischen Reformplänen, Anthroposophie brauchte nichts zu sagen. Aber wenn Menschenerkenntnis vorhanden wäre, dann wäre es ja eben Anthroposophie. Weil eine wirkliche Menschenerkenntnis heute in unserem ganzen Zivilisationsleben fehlt, kam Anthroposophie und wollte diese Menschenerkenntnis geben. Und weil Pädagogik nur auf Menschenerkenntnis fußen kann, weil Pädagogik nur dann gedeihen kann, wenn nicht Theorie auf der einen Seite, Praxis auf der anderen Seite da ist, sondern wenn, wie beim wirklichen Künstler, alles, was man weiß, auch in das Tun, in die Tätigkeit hineingehen kann; weil Pädagogik nur gedeihen kann, wenn alles Wissen Kunst ist, wenn die Erziehungswissenschaft nicht Wissenschaft, sondern Erziehungskunst ist, muß eine solche in sich tätige Menschenerkenntnis die Grundlage des pädagogischen Wirkens und Arbeitens sein.

Sehen Sie, darum existiert eine anthroposophische Pädagogik. Nicht weil man nun einmal fanatisiert ist für Anthroposophie, und deshalb der Anthroposophie zuschreibt, daß sie ein solcher Allerweltskerl ist, daß sie alles kann, also auch Kinder erziehen, nicht deshalb gibt es eine anthroposophische Pädagogik, sondern weil mit Notwendigkeit nur aus einer wirklichen Menschenerkenntnis heraus, die eben Anthroposophie geben will, Pädagogik erwachsen kann. Deshalb, meine sehr verehrten Anwesenden, gibt es eine anthroposophische Pädagogik.

Nun möchte ich morgen, nachdem ich heute nur einige einleitende Striche gegeben habe, über das Thema weitersprechen.

WARUM EINE ANTHROPOSOPHISCHE PÄDAGOGIK?

Zweiter Vortrag
Dornach, 1. Juli 1923

Gestern abend versuchte ich zu zeigen, wie die tiefe Kluft, welche zwischen unserem ganz theoretisch gewordenen Geistesleben und der Lebenspraxis ist, den Zugang zu einer wirklichen pädagogischen Kunst für den Menschen der Gegenwart verhindert. Man nimmt die Dinge, die mit dieser Zeiterscheinung zusammenhängen, gewöhnlich nicht ernst genug, weil sie sich eigentlich gar nicht dem Verstande mitteilen, sondern weil sie sich mitteilen im Verlaufe des Lebens dem Gemüte. Unsere Zeit ist aber so sehr geneigt, immer die Kundgebungen des menschlichen Gemütes, der menschlichen Empfindungen verstummen zu machen vor den Ansprüchen des Verstandes.

Alles was den Menschen der Gegenwart so stark zwingt, die Wissenschaft der Gegenwart, die eigentlich nur eine Naturwissenschaft ist, keine Seelen- und keine Geisteswissenschaft, als eine unbeschränkte, unfehlbare Autorität anzuerkennen, besteht eigentlich darin, daß der Mensch heute immerzu seinen Verstand zum Richter einsetzt gegenüber allem, was sonst aus der vollen Menschheit herauskommt. Der Lehrer aber, der ja auch herauswächst aus dem, was die ganze heutige Bildung geben kann über das Geistesleben, der also in allen seinen Empfindungen, in seinen Gefühlen, in der Schule wiederum aus demjenigen Schulleben heraus wirken muß, das er durchgemacht hat, der fühlt schon, wenn er mit seinen Kindern zusammen ist, in seiner Seele, wie stark, wie intensiv der gestern abend angedeutete Abgrund wirkt.

Der Lehrer hat zunächst verschiedenes aufgenommen über die menschliche Seele, über die Art und Weise, wie die menschliche Seele wirkt. Darnach haben sich seine eigenen Empfindungen, ja seine Willensimpulse gestaltet. Namentlich aber hat sich darnach gestaltet die ganze Lebensstimmung, mit der er sein Lehramt antritt. Und dann muß er aus dem, was ihm heute ganz theoretisch über den Geist in seine Seele hineinergossen ist, wirken.

Man sage nicht: Ach was, Theorie! Man wirkt aus seinem vollen menschlichen Herzen heraus, wenn man in der Schule steht. – Meine sehr verehrten Anwesenden, das ist abstrakt ganz richtig. Das kann man auch abstrakt in Worten aussprechen. Aber geradeso wie niemand sagen kann: Ich will mich ins Wasser hineinbegeben und trocken bleiben –, weil das ein innerer Widerspruch ist, ebensowenig kann heute dasjenige, was man auch in den Lehrerbildungsanstalten über die Seele, über den Geist durchmacht, so für die Seele wirken, daß diese Seele einen frischen, einen vollen Zugang zu den Kinderseelen hat. Denn wie man naß werden muß, wenn man ins Wasser hineinspringt, so muß man seelenfremd, geistfremd werden, wenn man sich die heutige Schulbildung aneignet.

Das ist eine Tatsache. Und gerade denjenigen, die die pädagogische Kunst üben wollen, müßte es heute eigentlich die erste Angelegenheit sein, diese Tatsache in ihrer vollen menschlichen Bedeutung zu durchschauen.

Wenn der Lehrer mit dem, was er heute angeregt hat an Menschheitsgefühl, an Wille, mit den Menschen zu wirken und zu tun, aus seinen eigenen Bildungsstätten herauskommt und das nun anwenden will auf den werdenden Menschen, auf das Kind, dann fühlt er, als wenn das alles, was er in einer so theoretischen Weise sich angeeignet hat, was sein Herz nicht warm, seinen Willen nicht tatkräftig im Geiste gemacht hat, als wenn das alles ein Herumflattern um das Kind herum wäre, nicht etwas, was den Zugang zum Kind findet.

Und so geht eigentlich der Lehrer in die Klasse hinein, indem er, man möchte sagen, eine Scheidewand um sich aufrichtet, durch diese Scheidewand nicht hindurchdringt bis zu den Seelen der Kinder, und nun gewissermaßen sich in der Luft betätigt, die außerhalb der Kinder ist, nicht mitfolgen kann in seiner Seele dem eingezogenen Atem, durch den die Luft in das Innere der Kinder kommt. Er fühlt sich außerhalb des Kindes stehend, gewissermaßen herumplätschernd in einem unbestimmten theoretischen Elemente außerhalb des Kindes.

Und wiederum, wenn der Lehrer alles das, was er heute durch unsere ausgezeichnete Naturwissenschaft lernt, das ihn in einer so gediegenen Weise hineinführt in die äußeren Naturdinge und Naturtatsachen, wenn er das alles nun in seinen Verstand, in seinen Kopf aufgenommen hat, dann fühlt er, daß er mit diesem erst recht nicht an das Kind herankommt, denn das sagt ihm etwas über die Leiblichkeit des Kindes. Aber die Leiblichkeit, die Körperlichkeit, wir verstehen sie nicht, wenn wir nicht durch sie hindurchdringen zu dem Geist. In aller Körperlichkeit, in aller Leiblichkeit ist das Zugrundeliegende geistig.

Und so kommt es, daß der Mensch, der heute an das Kind herankommen will mit pädagogischer Kunst, äußerlich experimentierend an dem Leibe herumprobiert: Wie muß man den Leib behandeln, damit das Gedächtnis in der richtigen Weise ausgebildet wird? Wie muß man den Leib behandeln, damit die Aufmerksamkeit in der richtigen Weise geübt wird? – und so weiter. Und da fühlt sich dann der Lehrer so ungefähr, wie wenn man jemandem, den man ins Licht führen wollte, zunächst vollständig die Augen verdeckende Brillen vor die Augen setzte. Wie etwas Undurchsichtiges wird die Menschenleiblichkeit selber durch diese Naturwissenschaft. Und so fühlt sich der Lehrer mit aller Naturwissenschaft gerade nicht fähig, an das durchgeistigte natürliche Leben des Kindes heranzukommen.

Das wird heute noch nicht in der allgemeinen Zivilisation verstandesmäßig erörtert. Wo wird heute so gesprochen, wie ich eben jetzt gesprochen habe, über die Fremdheit, mit der wir um das Kind herumgehen, ohne eine wirkliche Menschenkenntnis, mit einer ausgezeichneten Naturerkenntnis, wo wird so gesprochen? Und weil nicht so gesprochen wird, lädt sich das alles, was so in Worte gekleidet werden kann, in Gefühlen und Empfindungen ab. Und der Lehrer geht fast jede Stunde mit einem ganz kleinen Quantum von unbefriedigter Empfindung aus seiner Klasse heraus. Und diese kleinen Quanten von unbefriedigter Empfindung verhärten ihn, die machen ihn nicht nur kinderfremd, sondern weltfremd, die lassen sein eigenes Gemüt kalt und nüchtern werden.

So sehen wir, wie Frische und Leben und Beweglichkeit gerade aus jenem intimen Verkehr des Menschen mit dem Menschen schwindet, der zur Offenbarung kommt in dem Verkehr zwischen dem erwachsenen Lehrenden und Erziehenden und dem zu erziehenden, dem heranwachsenden Kinde. Diese Dinge muß man mit dem Gemüte auch verstehen, weil heute der Verstand, der nur an den äußeren Naturerscheinungen geschult ist, ich möchte sagen, noch zu grob ist, um diese intimen Dinge in all ihrer Feinheit zu begreifen.

Und so sehen wir, daß alte Forderungen immer und immer wiederholt werden, wenn von pädagogischer Kunst gesprochen wird. Sie wissen ja, wie die Pädagogik auf der einen Seite hergeleitet wird aus der Psychologie, aus der Seelenkunde, und Sie wissen, wie auf der anderen Seite die Pädagogik hergeleitet wird aus der Ethik, aus der Erkenntnis der sittlichen Menschenpflichten. Überall kann man, wo von pädagogischer Kunst geredet wird, heute hören, wie auf diesen zwei Grundsäulen begründet werden soll die pädagogische Kunst: auf einer Seelenkunde und auf einer Sittenkunde. Aber wir haben ja nur dasjenige, was zwischen den beiden drinnen steht. Es gibt sich der Mensch einer schier unbegrenzten Illusion hin, wenn er glaubt, daß heute eine wirkliche Seelenkunde vorhanden sei. Immer wieder muß erinnert werden an das Wort, welches schon im 19. Jahrhundert geprägt worden ist: Seelenkunde ohne Seele, weil die Menschen einfach nicht mehr zum Seelischen durchdringen. Was ist denn unsere heutige Seelenkunde? Es wird paradox klingen, wenn ich zum Ausdruck bringe, was eigentlich unsere heutige Seelenkunde ist. Die Menschen haben aus ursprünglichen Instinkten heraus, aus einer in aller Menschheit in Urzeiten ausgebreiteten hellsichtigen Erkenntnis der Geschichte, die primitiv bildlich, mythisch war, die aber trotz ihrer Primitivität, trotz ihres mythischen Charakters eben in das Seelische hineindrang, eine Seelenkunde gehabt, sie haben gefühlt und empfunden, was das Seelische ist. Und in jener alten Zeit sind Worte geprägt worden, die sich auf das Seelische beziehen: Denken, Fühlen und Wollen. Aber heute haben wir nicht mehr jenes innere Leben, das uns diese Worte, Denken, Fühlen und Wollen, wirklich belebt.

Was zeigt uns Anthroposophie gegenüber dem Denken? Nun, das Denken stattet uns als Menschen eben mit Gedanken aus. Aber die Gedanken, die wir im gewöhnlichen Leben heute innerhalb unserer gegenwärtigen Zivilisation haben, diese Gedanken zeigen sich uns so, wie wenn wir einem Menschen, den wir antreffen, nicht von vorne ins Antlitz sähen, sondern wie wenn wir ihn nur von hinten anschauten. Es ist ja nur die Rückseite desjenigen, was im Denken lebt, wenn wir so von Gedanken sprechen, wie wir heute innerhalb unserer Kulturzivilisation von Gedanken sprechen. Warum?

Wenn Sie einen Menschen vor sich haben und Sie schauen ihn von hinten an, dann haben Sie eine gewisse Gestaltung. Aber Sie lernen ihn nicht erkennen von derjenigen Seite, in der er seinen eigentlichen physiognomischen Ausdruck hat. Sie lernen ihn nicht erkennen von der Seite, in der er nach außen offenbarend sein Seelenleben lebt. Wenn Sie die Gedanken so kennenlernen, wie es dem heutigen naturwissenschaftlichen Zeitalter möglich ist, so lernen Sie das innere Menschenwesen von hinten kennen. Schauen Sie die Gedanken von der anderen Seite an, dann behalten die Gedanken Leben, dann sind die Gedanken Kräfte.

Und was sind denn diese Gedanken? Sie sind diejenigen Kräfte, die die Wachstumskräfte des Menschen sind. Nach außen sind die Gedanken abstrakt, nach innen, nach dem Menschen hin, sind dasjenige, wodurch das ganz kleine Kind größer wird, wodurch es aus seinen unbestimmten Gliedmaßen heraus bestimmte macht, die Gedankenkräfte. Nach außen sehen wir nur tote Gedanken, wie dasjenige, was der Mensch nach rückwärts zeigt, nicht sein lebendiges Wesen offenbart. Wir müssen uns sozusagen auf die andere Seite des Gedankenlebens begeben, dann offenbart sich uns im Gedankenleben dasjenige, was von Tag zu Tag, indem das Kind seinen unbestimmten Gesichtsausdruck immer mehr und mehr zum Ausdruck seiner Seele macht, von innen nach außen wirkt, was in den Blick übergeht, den Blick warm und feurig macht, was in die gerade ja noch im Leben vor sich gehende Formung der Nase übergeht, was aber auch die ganzen ungeordneten Bewegungen des Kindes zu geordneten macht, was innerlich lebt und sich regt, was wirkt und lebt in der ganzen Zeit, solange der Mensch überhaupt wächst.

Und wenn man anfängt also anthroposophisch das Gedankenleben anzuschauen, so ist es wirklich so, wie wenn man einen Menschen, den man bisher nur von hinten kennengelernt hat, nun beginnt von vorne anzuschauen. Alles Tote wird lebendig, das ganze Gedankenleben wird lebendig, wenn man anfängt, es nach innen hin anzuschauen.

Das hat man früher zwar nicht so erkannt, wie es heute der Anthroposophie möglich ist, aber man hat es gefühlt, man hat es mythisch zum Ausdrucke gebracht. Heute kann man es erkennen. Daher kann man es auch in die Lebenspraxis überführen. Daher kann man eine Kunst daraus machen, wenn man das Kind zu behandeln hat, wenn man richtig lebendig in diese Dinge eindringt.

Kennt man das Denken nur von seiner hinteren, von seiner toten Seite, dann kann man das Kind nur verstehen; lernt man das Denken von seiner vorderen, von seiner lebendigen Seite kennen, dann kann man dem Kinde so gegenüberstehen, daß man es nicht nur versteht, sondern daß man alle seine Regungen miterlebt, daß man Liebe hineingießt in alles, was das Kind darlebt.

Von all dem ist ja nichts Lebendiges geblieben. Unsere heutige Zivilisation hat nur das Wort Gedanke, nicht mehr die Sache. Wir sprechen ja nicht mehr von dem Inhalte der Seelenkunde; wir haben uns nur gewöhnt, die alten Worte weiter zu gebrauchen, und die Worte haben ihren Inhalt verloren.

Noch mehr aber als für das Gedankliche hat in unserer Zeit die Sprache den Inhalt verloren für das Gefühlsmäßige oder gar für das Willensmäßige. Die Gefühle dringen aus dem Unterbewußten des Menschen herauf. Der Mensch lebt in ihnen. Aber er schaut nicht in diese unterbewußten Tiefen hinunter; oder wenn er es tut, sieht er hinunter psychoanalytisch, dilettantisch. Er wird nicht gewahr, was da als Seelisches in den Untergründen lebt, wenn er Gefühle hat. Auch für die Gefühle sind nur die Worte geblieben, und erst recht für das Wollen.

Wir müßten heute, wenn wir das bezeichnen wollten, was wir wissen von diesen Dingen, eigentlich gar nicht vom Willen reden, denn Wille ist für die heutige Zivilisation nur ein Wort; wir müßten sagen, wenn wir den Menschen sehen, er fängt an, seine Hand zu bewegen, seine Hand nimmt die Schreibfeder, die Schreibfeder wird über das Papier geschleift: wir müßten die äußeren Tatsachen der Bewegung beschreiben. Das ist heute noch so. Was da drinnen als Wille steckt, wird ja nicht mehr erlebt, das ist nur ein Wort.

Zu diesen Worten, aus denen das heute besteht, was man Seelenkunde nennt, wiederum die Sache zu finden, wiederum die Vorgänge zu finden, das ist die Aufgabe der Anthroposophie. Daher kann die Anthroposophie eine wirkliche Menschenerkenntnis liefern, während heute für unsere gegenwärtige Zivilisation das, was nur in Worten erlebt ist, sich wie ein Schleier hinbreitet über die wirkliche Tatsache der Psychologie.

Und interessant ist es, daß der eben verstorbene *Fritz Mauthner* eine «Kritik der Sprache» geschrieben hat, weil er gefunden hat, wenn die Menschen heute von seelischen Dingen, von geistigen Dingen sprechen, so haben sie doch bloß Worte. Fritz Mauthner hat nur den Fehler gemacht, daß er nur darauf aufmerksam gemacht hat: Die Gegenwartsmenschen haben bloß Worte, sie haben nicht Sachen, wenn sie über die Seele sprechen, und daß er nicht aufmerksam darauf gemacht hat, daß wiederum die Sachen gefunden werden müssen, weil bloß die Worte vorhanden sind.

Natürlich ist Mauthners «Kritik der Sprache» für die Naturwissenschaft ein Unsinn, denn ich möchte einmal wissen, wenn einer ein heißes Bügeleisen angreift, ob er nicht die Tatsache vom Worte unterscheiden kann! Wenn er bloß ausspricht: Das Bügeleisen ist heiß, so brennt es nicht; wenn er es anrührt, da brennt es. In bezug auf alles Naturwissenschaftliche weiß der Mensch – allerdings vielleicht nicht, wenn er durch Theorien ruiniert ist –, aber wenn er im vollen Leben steht, weiß er die Sachen von den Worten zu unterscheiden.

Für die Psychologie hat das aufgehört. Die Menschen haben nur noch die Worte. Und solch ein Mensch wie Fritz Mauthner, der nun in dieser Beziehung ehrlich zu Werke gehen will, sagt: Verbannen wir doch überhaupt das Wort Seele. Wir sehen, daß da innerlich etwas zum Vorschein kommt, das sich dann äußerlich offenbart. Sprechen wir also nicht von Seele, sondern, so meint Fritz Mauthner, sprechen wir, so wie man vom «Gewissen» spricht oder von «Geschwistern», von «Geseel», damit gar nicht mehr der Irrtum hervorgerufen werde, daß man es da mit etwas Realem zu tun hat, wenn man von der Seele spricht.

Für die Gegenwartszivilisation hat Mauthner vollständig recht. Aber was wir brauchen, ist, wieder einzudringen in dasjenige, was Seele ist, für die Worte wiederum einen Inhalt zu bekommen.

Es ist trostlos, wie herumgeplätschert wird in diesen bloß in Worten lebenden Seelenerkenntnissen – wenn man da von Erkenntnissen sprechen will –, wie da nicht berührt wird das Seelische, und wie daher die Leute sich den Kopf zerbrechen: Wirkt das Seelische auf den Körper? Wirkt der Körper auf das Seelische? Oder verlaufen beide Erscheinungen nur parallel miteinander? In solchen Dingen ist heute keine Einsicht vorhanden, daher wird in einer ganz äußerlichen Weise herumdiskutiert.

Wenn man sich aber angewöhnt, in einer solch äußerlichen Weise über die Dinge herumzudiskutieren, dann verliert man den herzhaften Sinn, das enthusiastische Gemüt, das man als pädagogischer Künstler in die Schule hineintragen soll, ja, das man aus der Lebendigkeit der Zivilisation heraus schon haben soll, wenn man als Eltern dem heranwachsenden Kinde gegenübersteht.

Und so sagen wir: Pädagogische Kunst soll sich gründen auf die eine Säule, auf die Psychologie, auf die Seelenkunde. Aber wir haben keine Seelenkunde in der gegenwärtigen Zivilisation. Und was das Schlimmste ist, wir sind, weil wir keuchen unter der Autorität der bloßen Naturwissenschaft, nicht ehrlich genug, uns das einzugestehen. Wir reden immerfort vom Seelischen und haben es nicht mehr. Wir tragen diese Lebenslüge in die intimsten menschlichen Beschäftigungen hinein. Wir haben auf der anderen Seite den guten Willen, das soll voll anerkannt werden, bei allen denen, die heute von Erziehungs- und Unterrichtsidealen sprechen, die so reichlich die Welt mit Reformgedanken auf diesem Gebiete versehen. Aber wir haben nicht den großen Mut, uns zuzugestehen, daß wir erst zu einer wirklichen menschlichen Seelenkunde vordringen müssen, bevor wir heute den Mund aufmachen dürfen, um über Erziehungsreformen, über Erziehungskunst zu sprechen. Denn wir entbehren – zunächst müssen wir es einsehen – der einen Grundsäule einer wirklichen Einsicht in das Seelenleben. Wir haben vom Seelenleben die Worte, die in grauen Vorzeiten geprägt worden sind, wir haben aber nicht mehr ein Erlebnis von der lebendigen Seele.

Und die andere Grundsäule ist die Summe der Sittengebote. Hat man aber auf der einen Seite eine Psychologie in Worten, eine Psychologie ohne Seele, so hat man auf der anderen Seite eine Sittenlehre ohne göttliche Geistigkeit. Gewiß, den Leuten sind vielfach die alten Religionslehren traditionell erhalten. Aber dasjenige, was die alten Religionslehren haben, das lebt ja gerade so in den Menschen der Gegenwart, wie die in Worten totgewordene Seelenkunde lebt. Die Menschen bekennen sich zu dem, was ihnen als Dogmen oder als anderer religiösgeistiger Inhalt gegeben wird, weil das den alten Gewohnheiten entspricht, weil man hineingewachsen ist im Laufe der geschichtlichen

Entwickelung der Menschheit in das, was so gegeben wird. Aber der lebendige Inhalt fehlt.

Und so haben wir eine Psychologie ohne Seele, so haben wir eine Ethik ohne göttlich-geistige Verbindlichkeit. Die Menschen sprechen zwar noch, wenn sie theoretisch sprechen, oder wenn sie ihre Gemütsbedürfnisse befriedigen wollen, in den Worten, die geblieben sind aus jenen alten Sittenlehren, durch die der Mensch die Absichten der Götter ausführen wollte, indem er ein sittliches Leben auf Erden führen wollte; die Menschen sprechen noch in Worten, die in jenen Zeiten geprägt worden sind, wo der Mensch gewußt hat: Was er in seinem sittlichen Leben auswirkt, das sind Kräfte wie die Naturkräfte, und die göttlich-geistigen Wesenheiten sind es, die diesen ethischen Impulsen, diesen sittlichen Kräften Realität geben. Das sagt der Mensch heute noch vielfach, indem er gewohnheitsmäßig in den Worten, die ihm frühere Religionen überliefert haben, lebt, aber indem er nicht mehr aufschauen kann zu der lebendig-göttlichen Geistigkeit, die den sittlichen Impulsen ihre Realität gibt.

Oh, meine lieben Freunde, wenn der Mensch heute ehrlich ist, versteht er denn noch dasjenige, was zum Beispiel in den Briefen des Paulus enthalten ist, wo ja geredet werden kann, daß der Mensch die Erwekkung des lebendigen Christus in sich braucht, damit er nicht stirbt? Kann ein Mensch heute im vollen Umfange des Wortes fühlen, daß Unsittlichsein, keinen inneren Seelenzusammenhang haben mit den sittlichen Pflichten, ebenso etwas zu tun hat mit Tod und Leben der Seele, wie Gesundheit und Krankheit etwas zu tun haben mit Tod und Leben des Körpers? Versteht man heute noch geistig, daß die Seele sich nicht das Leben im Geiste, sondern den Tod im Geiste erwirbt, wenn sie nicht sich eingliedert in die Kräfte des sittlichen Lebens? Ist das noch ein lebendiges Wort, wenn Paulus davon spricht: Wenn ihr nicht habet das Wissen, die Erkenntnis von der Auferstehung Christi, so ist euer Glaube, eure Seele tot. Und indem ihr durch den Tod des Physischen geht, wird eure Seele angesteckt von dem Sterben des Physischen und fängt selber an, im Geistigen zu sterben? – Ist davon ein Verständnis vorhanden, ein inneres lebendiges Verständnis?

Und was das noch Schlimmere ist – wiederum hat unsere Zivilisation nicht den Mut, sich diesen Mangel an innerem lebendigem Verständnis zu gestehen. Sie gibt sich zufrieden mit einer Naturwissenschaft, die nur vom Tod reden kann, die nicht von dem Leben der Seele reden kann, und hält aus bloßer Gewohnheit dasjenige aufrecht, was sich auf die Unsterblichkeit der Seele, auf die Auferstehung des Christus auf Erden bezieht. Und ist nicht selbst in die Theologie dieser materialistische Geist eingezogen?

Sehen wir uns die modernste Form der Theologie an. Dasjenige, was die Menschen begreifen sollen: daß das Christus-Ereignis so in der irdischen Weltgeschichte drinnensteht, daß da ein Geistiges geistig beurteilt werden muß, daß man nicht die Auferstehung nach dem Sinne der Naturwissenschaft verstehen kann, sondern nur nach dem Sinne einer Geisteswissenschaft, diese Einsicht haben die Menschen verloren, haben auch die Theologen verloren; sie sprechen nur von dem Menschen Jesus und können nicht mehr zu einem lebendigen Begreifen von dem lebendig auferstandenen Christus gelangen, und verfallen im Grunde genommen dem Verdikt des Paulus: So ihr nicht wisset, daß der Christus auferstanden ist, so ist euer Glaube tot. – Selbst der Glaube der modernsten Theologie ist tot nach den eigenen Worten des Paulus.

Wenn es uns aber nicht gelingt, ungefähr zwischen dem siebenten und vierzehnten Jahre in dem Menschen durch jene Pädagogik, von der in der Anthroposophie gesprochen wird, den lebendigen Christus innerlich zu beleben, dann tritt der Mensch in das spätere Leben hinaus, ohne mehr sich ein Verständnis für diesen lebendigen Christus erwerben zu können. Dann muß er entweder ein Leugner des Christus werden oder ein solcher, der innerlich nicht ganz wahr ist, indem er den Christus traditionell festhält, aber eigentlich gar nicht die inneren Seelenmittel hat, um zu begreifen, wie durch das, daß der Christus auferstanden ist, indem der Mensch es miterlebt, indem es der Erzieher mit dem Kinde miterlebt, wie da der lebendige Christus im Herzen, in der Seele erweckt wird. Da kann er erweckt werden, und dadurch kann der Seele die Unsterblichkeit durch ihre Verbindung mit dem Christus gegeben werden. Da muß man aber erst ein geistiges Verständnis für die Unsterblichkeit haben. Da muß man erst dazu kommen, sich sagen zu können: Ja, wenn wir bloß die Natur anschauen, dann kommen wir zu Naturgesetzen, die uns lehren, wie einstmals unsere Erde dem Wärmetod verfallen wird, wie einstmals alles auf Erden ersterben wird. Aber haben wir nicht den Einblick in die lebendige göttliche Geistigkeit, dann müssen wir glauben, daß unsere sittlichen Ideale mitsterben mit dem Wärmetod der Erde, daß sich alles in einen großen Friedhof verwandelt. Haben wir die Einsicht in die lebendige Geistigkeit, dann wissen wir, daß dasjenige, was als sittliche Impulse aus unserer Seele quillt, aufgenommen wird von der göttlichen Geistigkeit. Wie von uns der Sauerstoff der Luft aufgenommen wird zu unserem Leben, so wird das, was wir sittlich tun, von der in der Welt lebenden göttlichen Geistigkeit aufgenommen und unsere Seele selber hinausgetragen über den Untergang der Erde in andere Welten hinein.

Das aber muß man lebendig aufnehmen können in seine Anschauung, in sein ganzes Seelenleben, wie man heute aufnimmt die Lehre von den Röntgenstrahlen, die Lehre von der Telephonie, die Lehre von dem Magnetismus und der Elektrizität; an die glaubt man, weil man innerlich lebendig damit lebt durch die äußeren Sinne. Man muß, damit man das richtige lebendige Verhältnis dazu hat, in diesen Dingen drinnen auch lebendig leben, sonst ist man in diesen Dingen wie ein Künstler, der weiß, was schön ist, der in trockenen abstrakten Verstandesbegriffen alles beisammen hat, was ein Kunstwerk schön machen soll, der aber keine Farben behandeln kann, der niemals den Lehm kneten kann und so weiter. Wollen wir herankommen an den lebendigen Menschen, so müssen wir die Kräfte zu diesem Herankommen suchen in der lebendigen Geistigkeit selbst. Unserer gegenwärtigen Zivilisation fehlt aber die Geistigkeit. Das soll die zweite Säule der pädagogischen Kunst sein.

Und so stehen wir heute als pädagogische Künstler vor dem Menschen mit einer bloßen naturwissenschaftlichen Gesinnung. Auf der einen Seite ist uns entfallen in eine bloße Summe von Worten die Seelenwelt, auf der anderen Seite ist uns entfallen wiederum in einer bloßen Summe von Worten die geistige Welt, die sittliche Welt, die höchstens noch in einer Summe von Zeremonien vorhanden ist. Wir wollen pädagogische Kunst auf Seelenkunde und Ethik gründen und haben nur eine Seelenkunde ohne Seele, eine Ethik ohne göttlich-geistige Verbindlichkeit. Wir wollen vom Christus sprechen und müßten gerade, um richtig von Christus sprechen zu können, ein Seelisches haben, müßten, um richtig von ihm sprechen zu können, ein Göttlich-Geistiges haben. Denn haben wir beide nicht, so sprechen wir nur von dem Menschen Jesus, das heißt von dem, der im physischen Leibe unter den Menschen gewandelt hat, wie andere Menschen herumwandeln.

Will man den Christus erkennen, will man aus der Christus-Kraft heraus auch in der Schule wirken, dann braucht man nicht eine Seelenkunde in Worten, nicht eine Ethik in Worten, dann braucht man die lebendige Einsicht in das Leben und Wirken des Seelischen, dann braucht man die lebendige Einsicht in das Weben und Wirken der ethischen Kräfte in dem Sinne, wie die Naturkräfte wirken, als Realitäten, nicht bloß als konventionelle Gebote, denen man sich fügt aus Gewohnheit, sondern als Kräfte, in denen man leben will, weil man weiß, daß man stirbt im Geiste, wenn man nicht darinnen lebt, so wie man stirbt im Leibe, wenn einem das Blut erstarrt.

Diese Anschauungen in aller Lebendigkeit, sie müssen eben Lebensgut werden gerade für die pädagogische Kunst. Sie müssen als etwas, was belebt, was innerlich bewegt, was aus einem Toten ein Lebendiges bildet, dasjenige durchdringen, was der Lehrer in seinem Gemüte zu tragen hat, wenn er erziehen, wenn er unterrichten will.

Wir sprechen heute von der Seele, ob wir Gebildete oder Ungebildete sind, in toten Worten, das heißt, wir leben nicht in dem seelischen Leben, wir plätschern herum um das Kind, denn wir haben keinen Zugang zu seiner Seele. Wir leben heute in den toten Worten, wenn wir vom Geiste reden. Wir suchen mit allen möglichen experimentellen Mitteln an den Leib des Kindes heranzudringen. Er bleibt uns finster und stumm, weil hinter allem Leiblichen das Geistige ist. Aber das Geistige müssen wir in Lebendigkeit ergreifen, wenn wir es in Kunst überführen sollen, wenn es nicht bloß in abstrakten Gedanken erfaßt werden soll, die keine Wirkungskraft haben.

Geradeso wie überall gehört werden kann, die pädagogische Kunst ist auf den beiden Grundsäulen zu errichten, der Ethik auf der einen Seite, der Seelenkunde auf der anderen Seite, so hört man heute vielfach herbe Zweifel darüber äußern, wie eigentlich das Kind erzogen werden soll. Man weist darauf hin, frühere Zeiten haben das Kind so erzogen, daß sie schon im Kinde den erwachsenen Menschen gesehen haben. Man hat recht. Wie haben die Griechen noch ihre Kinder erzogen? Sie haben eigentlich nicht viel Rücksicht darauf genommen, wie die Kinder, da sie noch Kinder waren, sich eigentlich darlebten. Hat man gesehen, daß sie nicht richtige erwachsene Griechen werden konnten, so setzte man sie ja in älteren Zeiten sogar aus. Das Kind als solches hatte überhaupt nicht eine Bedeutung, nur der erwachsene Mensch hatte eine Bedeutung. Und indem man das Kind erzog, handelte es sich darum, den erwachsenen Menschen nur zu berücksichtigen, alles am Kinde zu machen, was nur den erwachsenen Menschen berücksichtigt.

Heute ist man angelangt in einer Zivilisation, wo, wenn man es so ausdrücken darf – diejenigen, die auf diesem Gebiete Erfahrungen haben, werden das schon wissen –, wo die Kinder nicht mehr mitmachen, wenn man sie nicht berücksichtigt, wo die Kinder innerlich sich sträuben, wenn man beabsichtigt, sie eigentlich nicht gelten zu lassen, sondern nur den Erwachsenen berücksichtigen will.

Daher treten heute die Zweifel auf: Soll man so erziehen und unterrichten, daß man vor allem das Kind in der unmittelbaren Gegenwart als Kind behandelt, daß man das Kind unmittelbar ansieht, und nun dem Kinde eine solche Erziehung, einen solchen Unterricht angedeihen läßt, daß das Kind sich dabei befriedigt fühlt, oder soll man mehr Rücksicht darauf nehmen, in dem Kinde das zu erwecken, was das Kind einmal als Erwachsener sein muß?

Ja, sehen Sie, solche Fragen treten auf, wenn man nur noch in der Lage ist, den Menschen von außen zu beachten, wenn man gar nicht mehr darauf kommt, in das menschliche Innere hineinzuschauen. Freilich, wenn man mit einem Verstande, der entweder schon an experimenteller Psychologie herangebildet ist, oder schon nur die Gesinnung hat, die dann zu experimenteller Psychologie kommt, wenn man mit einem solchen Verstande erzieht, ja, dann kommt man eben nicht an das Kind heran. Denn das Kind trägt noch nicht sein seelisches Sein an der äußeren Oberfläche, daß man es nur zu verstehen hat. Beim Erwachsenen genügt es, wenn wir ihn bloß verstehen. Beim Kinde genügt es nicht, wenn wir es bloß verstehen. Mit dem Kinde müssen wir innerlich zusammenleben können. Wir müssen so das Menschliche lebendig in uns aufgenommen haben, daß wir mit dem Kinde lebendig zusammenleben können. Bloßes Verstehen des Kindes nützt gar nichts.

Aber wenn wir das können, wenn wir innerlich lebendig mit dem Kinde leben können, dann besteht für uns der Widerspruch nicht mehr, das Kind als Kind zu erziehen, oder den Erwachsenen im Kinde zu erziehen; dann wissen wir lebendig, daß wir dasjenige, was wir an das Kind heranbringen wollen, so heranbringen müssen, wie es das Kind selbst will, und dennoch den Erwachsenen im Kinde erziehen. Will denn das Kind in seinem innersten Wesen ein Kind sein? Dann würde es ja nicht mit der Puppe spielen, um nachzuahmen, wie der erwachsene Mensch zu dem Kinde eine Beziehung hat, dann würde ja das Kind nicht mit größter Freude, wenn irgendwo eine Werkstätte in seiner Nähe ist, mit den Arbeitern mitarbeiten in seiner Art, das heißt, mitspielen, aber das Spiel ist ihm ja rechter Ernst. Das Kind lechzt ja nur darnach, auf seine Art schon die Kräfte zu entwickeln, die die Erwachsenen entwikkeln, aber eben auf seine Art.

Verstehen wir den Menschen und verstehen wir dadurch auch das Kind, dann kennen wir auch die Art und Weise, wie das Kind in sein Erwachsensein hineinstrebt, nur daß es statt des wirklichen Kindes nun die Puppe nimmt. Wir wissen dann auch in bezug auf alles das, was wir heranzuerziehen, heranzuunterrichten haben, wie wir dem Kinde die größte Freude machen, wenn wir in der richtigen Weise in ihm den Erwachsenen erziehen, aber nicht auf unsere nüchterne, trockene Weise, wo uns selber die Arbeit zuwider ist, wo wir ächzen unter der Arbeit, sondern wenn wir in der richtigen Weise in ihm den Erwachsenen erziehen, so, daß die Arbeit innerlich wie ein zweiter Mensch entsteht, was beim Kinde macht, daß die Arbeit noch in das ernste Spiel hineinergossen ist. Wenn wir dies verstehen, innerlich lebendig verstehen, nicht in abstrakten Begriffen, dann lernen wir, überhaupt einen solchen Zweifel nicht mehr zu haben, ob wir nun den Erwachsenen im Kinde erziehen sollen, oder ob wir im Kinde das Kind erziehen sollen, dann schauen wir in dem jungen Kinde, wie der Keim des Erwachsenen in ihm ist. Aber wir reden jetzt mit diesem Keim des Erwachsenen nicht, wie wir mit einem Erwachsenen reden, wir reden eben, wie wir mit einem Kinde reden.

Dadurch ist es so, daß wenn wir nicht an die Menschennatur herankommen, sich uns überall auf der einen Seite die Begriffe hinstellen, die eigentlich nur Worte sind, und auf der anderen Seite die anderen Begriffe, die eigentlich nur Worte sind. Darüber soll eben gerade die Anthroposophie hinwegführen. Sehen Sie, man streitet heute über Materialismus und Geistigkeit. Man sagt: Ja, den Materialismus muß man überwinden, man muß wieder zur Geistigkeit kommen. Aber Anthroposophie ist etwas, für das überhaupt der Begriff der Materie, wie er heute in den Menschen spukt, allen Sinn verloren hat. Denn lernt man die Materie wirklich kennen, dann fängt sie an, bildlich gesprochen, durchsichtig zu werden und löst sich ganz in Geist auf.

Lernt man den Geist wirklich kennen, dann fängt er an, nicht bloß das abstrakte tote Gebilde zu sein, das heute der intellektualistische Mensch in sich hat, sondern ein innerlich Tätiges zu werden. Der Geist fängt an, selber die Summe der Wachstumskräfte zum Beispiel in dem werdenden Menschen zu sein. Alles wird innerlich regsamer und tätig. Der Geist wird schöpferisch, wird so dicht wie die Materie.

Lernt man die Materie richtig kennen, so verwandelt sie sich in Geist. Lernt man den Geist richtig kennen, verwandelt er sich vor unserem Seelenauge in Materie, die dasjenige ist, was der Geist in seiner Schöpferkraft nach außen hin offenbart. Und die Worte Materie und Geist, einseitig gebraucht, hören auf einen Sinn zu haben. Wenn wir aber anfangen, aus einer solchen Gesinnung heraus zu sprechen, dann reden wir vielleicht auch noch von Materie und Geist, weil die Worte einmal geprägt sind, aber wir reden ganz anders, indem wir das Wort Materie oder Stoff aussprechen, weil wir es gefühlsmäßig anders färben, wenn wir diese anthroposophische Erkenntnis haben, die ich gerade charakterisiert habe. Das Wort Materie und Stoff bekommt einen anderen, geheimen Klang. Dieser geheime Klang aber wirkt dann auf das Kind, nicht der Inhalt des Wortes Materie.

Fühlen Sie einmal, wie in dem vollergriffenen Worte das menschliche Gemüt darinnen lebt! Nehmen Sie einen Menschen wie Fritz Mauthner, der gefühlt hat, daß eigentlich für das Seelenhafte nur noch Worte da sind, der wollte, daß man von «Geseel» sprechen soll. Nun, darüber lacht man vielleicht. Aber nehmen Sie an, dieselbe Methode setze man fort in das religiös-ethische, sittliche Gebiet hinein, wo unsere Taten wirken, und ein Mensch macht aus derselben Gesinnung heraus eine Wortbildung – was kommt heraus? «Getue!» Sehen Sie, nach demselben Sprachgesetze wie das Wort Geseel habe ich Getue gebildet. Über das Wort Geseel wird man höchstens lachen; das Wort Getue empört. Denn wenn unser ganzer Handlungsinhalt ein Getue wird, so wird er etwas, was eigentlich empörend ist. Dies rührt nicht her von dem Inhalt des Wortes, dies rührt her von dem, was wir empfindend erleben beim Worte. Wir erleben empfindend ganz etwas anderes, wenn es sich darum handelt, Worte zu bilden, die ins Innere der Seele hineinführen: Geseel, oder ob es sich darum handelt, Worte zu bilden, die das bezeichnen, was den Menschen hinaus in die Außenwelt führt, was den Menschen dahin führt, wo die Taten des Menschen selber Naturereignisse werden. Spricht man da von Getue, dann wird die Sache empörend.

Aber jetzt bedenken Sie, wie auf der einen Seite die Worte so ineinanderlaufend liegen. Man spricht mit derselben Neutralität Stoff, Geist, Leib, mit derselben Neutralität Seele, man spricht mit derselben Neutralität Gehirn, die zwei Beine und so weiter. Es ist ja sozusagen geradezu das Ideal naturwissenschaftlicher Erkenntnis, daß wir alles ohne menschlichen Anteil sagen.

Wenn wir aber zu Worten kommen, die ohne menschlichen Anteil sind, dann werden die Worte tot. Die abstrakten naturwissenschaftlichen Worte werden tot, wenn wir nicht mehr den menschlichen Anteil in sie hineingießen. Wir sprechen zum Beispiel in der Physik von einer Lehre vom Stoß. Wir können höchstens noch eine mathematische Formel aufschreiben, die wir aber auch nicht verstehen, wenn wir vom Stoß sprechen, ohne jene lebendigen Empfindungen, die wir haben, wenn wir selber stoßen. Dadurch bekommt allein das Wort Leben, daß wir wiederum das Menschliche in unsere Zivilisation hineintragen.

Dieses Menschliche hineintragen in unsere Zivilisation, das möchte Anthroposophie. Geht man durchs Leben lässig, gleichgültig, indem man einfach die äußeren Ereignisse durch die Technik ablaufen läßt, die ein Kind der so großartig fortgeschrittenen Naturwissenschaft ist, so geht es noch. Kommt man aber in diejenigen Gebiete herauf, wo der Mensch dem Menschen helfen soll als Arzt, als Lehrer, als Erzieher, dann geht es nicht. Dann wird die Notwendigkeit empfunden, wirkliche, lebendig gefühlte, gewollte Menschenerkenntnis zu haben, diese in der pädagogischen Kunst – man braucht sie nicht umzuwandeln – sich selber offenbaren zu lassen.

Deshalb ist es nicht irgendein Eigensinn, von dem wir sprechen, sondern es ist innere Zivilisationsnotwendigkeit, erst zu einer Menschenkunde zu kommen, und dann von dem zu sprechen, was man braucht, um die heute noch unbewußten oder unterbewußten Erziehungsforderungen zu erfüllen.

Und wenn sich noch so viele Erziehungs-Reformvereine bilden, sie helfen nichts, wenn ihnen nicht vorangehen diejenigen Vereinigungen, diejenigen Menschengemeinschaften, die erst wiederum hinarbeiten auf eine lebendige Menschenerkenntnis, das heißt auf eine Seelenkunde mit einer wirklichen Seele, auf eine Sittenlehre mit einer wirklichen göttlich-geistigen Verbindlichkeit.

Diese Vereinigungen müssen das Banner vorantragen. Dann mögen hinten nachfolgen diejenigen, die wiederum auf den beiden Grundsäulen bauen wollen, die pädagogischen Vereinigungen, die da bauen wollen auf dem, was erst erbaut werden muß auf den Grundfesten einer realen Seelenkunde, einer realen Ethik, einer Seelenkunde, die nicht bloß in Worten redet, und einer Ethik, die weiß, daß dasjenige, was der Mensch sittlich vollbringt, in der göttlich-geistigen Welt verankert ist. Dann wird er auch als künstlerischer Erzieher, Unterrichter durch dasjenige, was er spricht, tut, ja selbst durch das, was er unsichtbar wirkt, durch seine bloße Anwesenheit als Erzieher, als Unterrichtender, an die Seele herankommen. Er wird wiederum den Zugang haben zur menschlichen Seele. Und er wird, wenn er das Kind ethisch erziehen will, wissen, daß er dann das Kind eingliedert in eine göttlich-geistige Weltenordnung; er wird aus dem, was auf der einen Seite übersinnlich ist, aus einer wirklichen Seelenkunde herausarbeiten und in dasjenige, was auf der anderen Seite übersinnlich ist, in eine wirkliche Geistigkeit hineinarbeiten.

Das, meine sehr verehrten Anwesenden, gibt der pädagogischen Kunst die wirklichen, die echten Grundsäulen. Die müssen erobert werden. Anthroposophie möchte sie erobern. Darum eine anthroposophische Pädagogik, nicht aus Willkür heraus, sondern aus einer Zeitnotwendigkeit heraus.

DIE WALDORFSCHUL-PÄDAGOGIK

Ilkley, 10. August 1923

Meine sehr verehrten Anwesenden, vorerst bitte ich Sie um Entschuldigung, daß ich nicht in der landesüblichen Sprache zu Ihnen reden kann. Aber da dies nicht möglich ist, muß ich es in meiner Sprache tun und es muß nachher übersetzt werden.

Die Waldorfschul-Methode, über die gewünscht wird, daß ich hier einiges Prinzipielle mitteile, verdankt ihr Entstehen dem Zusammenströmen von zwei geistigen Elementen. Die Waldorfschule in Stuttgart ist zunächst begründet worden in der aufgeregten Zeit nach dem Kriege in Deutschland, wo man daran gedacht hat, manche sozialen Einrichtungen zu treffen. Der Industrielle *Emil Molt* dachte zunächst daran, für die Kinder seines Industrie-Unternehmens eine Schule zu begründen; eine Schule, welche erzieherisch in der Art wirkt, daß der erzogene Mensch sich allmählich in vernünftiger, rein menschlicher Art auch in das soziale Leben hineinstellen könne und die soziale Bewegung nicht rein abhängig sein solle von dem politischen Agitationswesen. Das war zunächst das eine Element. Das andere kam dazu.

Emil Molt war langjähriges Mitglied der anthroposophischen Bewegung, jener anthroposophischen Bewegung, welche versucht, in das soziale Leben der Gegenwart wiederum spirituelle Erkenntnisse, eine Wirklichkeit vom geistigen Leben hineinzubringen, die ebenso fest auf den menschlichen Wahrheitsprinzipien fundiert ist, wie das bei der seit Jahrhunderten ganz groß gewordenen Naturwissenschaft der Fall ist. Und so forderte Emil Molt mich als den Träger dieser anthroposophischen Bewegung auf, das Pädagogisch-Didaktische hineinzutragen in diese Waldorfschule.

Dadurch ist diese Schule nicht eine solche geworden, wie sie vielleicht gewünscht wird aus den mannigfaltigsten erzieherischen Reformbestrebungen der Gegenwart, sondern sie ist eine Schule geworden, die ganz allein begründet ist auf Pädagogik und Didaktik, auf jene Pädagogik und Didaktik, die hervorgehen kann aus wirklicher, tief eindringlicher Menschenerkenntnis.

Wir haben allmählich im Laufe unserer Zivilisation eine eigentliche Menschenerkenntnis verloren. Wir wenden den Blick mehr hin auf die äußere Natur, sehen auch im Menschen nur dasjenige, was die physisch-natürliche Grundlage ist. Nun darf selbstverständlich im Erziehungswesen die physisch-natürliche Grundlage nicht gering geachtet werden; allein der Mensch ist ein Wesen, das aus Körper, Seele und Geist besteht, und eine wirkliche Menschenerkenntnis kann nur zustande kommen, wenn Geist, Seele und Körper in gleichem Maße wirklich durchschaut werden.

Dadurch, daß eine solche, auf Menschenerkenntnis und damit auch auf Erkenntnis des werdenden Menschen, des Kindes, gebaute Pädagogik der Waldorfschule und ihren Prinzipien zugrunde liegt, dadurch sind diese Prinzipien solche, die nicht darauf angewiesen sind, in irgendeiner so oder so lokalisierten Schule realisiert zu werden. Nicht darauf kommt es an, Landschulen oder Stadtschulen zu berücksichtigen; nicht darauf kommt es an, In- oder Externate zu berücksichtigen, sondern die Waldorfschule ist eine Schule geworden, welche streng aufgebaut ist auf einem pädagogisch-didaktischen Prinzip, das sich allen möglichen äußeren, durch das soziale Leben gebotenen Verhältnissen anpassen kann.

Damit ist zugleich darauf hingewiesen, daß in dieser Waldorfschule, trotzdem sie zunächst mit den Kindern der Industrie-Unternehmung des Emil Molt verbunden war, heute sich Kinder aller Klassen, aller Stände finden, so daß diese Schule eine wirkliche menschliche Einheitsschule ist. Denn dasjenige, was aus wirklicher Menschenerkenntnis an pädagogisch-didaktischen Impulsen herausgeholt wird, ist ein Allgemein-Menschliches, ist ein Internationales und ein solches, das für alle Klassen, für alle Kasten der Menschheit gültig ist.

Ich möchte nun nicht im allgemeinen programmatisch die Prinzipien der Waldorfschule hier erörtern, dazu ist mir zuwenig Zeit geboten, und da die Waldorfschule im wesentlichen nicht auf einem Programm beruht, sondern auf der unmittelbaren, täglich zu übenden Praxis, auf dem unmittelbaren Umgange mit dem Kinde und seinem Wesen, so läßt sich eigentlich in wenigen Worten nur andeutungsweise sagen, worin die Prinzipien der Waldorfschule bestehen. Und das bitte ich Sie zu berücksichtigen, daß ich also nur ganz spärliche Andeutungen geben kann über dasjenige, um was es sich dabei handelt.

Menschenkenntnis bedeutet vor allen Dingen die Einsicht, daß der werdende Mensch in einem viel stärkeren Maße, als man das gewöhnlich annimmt, Entwickelungsepochen unterworfen ist. Zwar sind diese Entwickelungsepochen von den Erziehungsprinzipien aller Zeiten mehr oder weniger berücksichtigt worden, aber in ganz eindringlicher, intensiver Weise sollen sie gerade durch die Waldorfschul-Pädagogik zur Geltung kommen.

Da soll scharf hingewiesen werden darauf, wie um das siebente Lebensjahr herum – approximativ natürlich – dann, wenn beim Kinde der Zahnwechsel eintritt, eine vollständige Umwandelung, eine vollständige Metamorphose im Leben des Kindes auftritt. Das Kind wird ein anderes Wesen in einer gewissen Beziehung dadurch, daß es die zweiten Zähne bekommt. Und worauf beruht diese Umwandelung im Wesen des Kindes? Sie beruht darauf, daß mit dem siebenten Jahre diejenigen Kräfte, die vorher organische Entwickelungskräfte waren, die impulsierend im Atem, im Blutkreislauf, im ganzen Aufbau des Organismus, in Wachstum und Ernährung gewirkt haben, daß diese nun nur einen Rest noch zurücklassen für die organische Tätigkeit und sich metamorphosieren, umwandeln zu einem, wenn ich so sagen darf, metamorphosierten Seelenleben des Kindes.

Man hat in der neueren Zeit vielfach bei psychologischen Studien darüber nachgedacht, wie die Seele in den Leib, in den Organismus des Kindes hineinwirkt. Eine wirkliche Geisteswissenschaft ist nicht etwas, was in mystischen Nebelregionen schwebt, sondern was wirklich in praktischer, in unmittelbar erfahrungsgemäßer Weise hinschaut zum Leben, zur Welt. Daher frägt diese Geisteswissenschaft nicht abstrakt nach der Beziehung von Seele und Leib, sondern sie frägt erfahrungsgemäß, man möchte sagen, lebensexperimentellgemäß nach der Beziehung zwischen Seele und Leib.

Da findet man, daß die seelischen Kräfte ihre eigene Wirksamkeit als organische Kräfte zeigen zwischen der Geburt des Kindes und dem Zahnwechsel. Was da im Leibe geschieht, ist dasselbe, was später beim Kinde durch das Denken, durch das Gedächtnis, das dann in mehr emanzipierter, in rein seelischer Weise gehandhabt wird, was im späteren Lebensalter zwischen dem Zahnwechsel und der Geschlechtsreife vom Kinde in der Seele ausgeübt wird.

Zu schärfen den Blick für diese Metamorphose für das Menschenleben um das siebente Jahr herum, zu schärfen weiter den Blick für jene ungeheure Metamorphose, die sich dann im vierzehnten, fünfzehnten Jahre mit der Geschlechtsreife vollzieht, das ist das erste, was Gesinnung werden muß, Charakter werden muß vor allen Dingen bei dem Lehrer.

Und derjenige, der mit solcher Gesinnung an den werdenden Menschen, an das Kind herangeht, der weiß vor allen Dingen, daß das Kind bis zum siebenten Jahre eine Art universellen Sinnesorganes ist, daß es sich als ganzer Organismus – annähernd, approximativ – so verhält zu seiner Umgebung, wie sich sonst das Auge oder Ohr, eben ein Sinnesorgan zur Umgebung verhält. Das Sinnesorgan ist fähig, die entsprechenden Eindrücke der Umgebung aufzunehmen, zu imitieren im Bilde. Der Mensch bis zu seinem siebenten Lebensjahr ist innerlich ganz von intensiven Elementen durchpulst. Er nimmt dasjenige, was in seiner Umgebung ist, auf wie ein totales Sinnesorgan. Er ist ganz nachahmendes Wesen. Es ist merkwürdig, wenn man das Kind studiert, so ist es durch seine physische Organisation bis zum siebenten Jahre zu seiner Gesamtumgebung, zur Gesamtwelt, in diesem physisch sich auslebenden Verhältnisse, das sich später spiritualisiert und zum religiösen Verhältnis wird. Und wir verstehen das Kind bis zum Zahnwechsel nur, wenn wir in ihm wahrnehmen diejenigen Kräfte, diejenigen Impulse, die aus seiner physisch-seelischen Organisation heraus das Kind zum Homo religiosus durch und durch machen. Demgemäß muß sich die ganze Umgebung benehmen. Wir müssen dem Kinde gegenüber dasjenige vollziehen, was das Kind durch unmittelbare Sinne nachahmen darf.

Wenn das Kind, sagen wir, stiehlt, ich möchte durch ein Beispiel mich ausdrücken, so kann der folgende Tatbestand vorliegen: Ein Elternpaar kam einmal sehr erregt zu mir und sagte: Unser Junge stiehlt! – Ich sagte sofort: Das muß man erst untersuchen, ob es ein wirkliches Stehlen ist. – Was hatte der Junge getan? Der Junge gab Geldstücke, die er aus dem Schrank seiner Mutter genommen hatte, aus; er gab sie anderen Kindern hin. Er verrichtete sogar eine menschenfreundliche Tat dabei! Er hatte jeden Tag den Ort gesehen, woher die Mutter Geld nahm. Er sah die Tat der Mutter als das Rechtmäßige an. Er ahmte sie nach. Es war die Imitation der Tat der Mutter, nicht ein Diebstahl.

Es handelt sich immer darum, daß wir scharf darauf hinzusehen vermögen, daß das Kind alles dasjenige nachzuahmen vermag, alles das auch nachahmen darf, was in seiner Umgebung geschieht. Das aber geht – und das ist nun das Wichtige – bis hinein in die Empfindungen, bis hinein in die Gedanken. Derjenige ist der beste Erzieher für das Kind bis zum siebenten Lebensjahr, der nicht nur in den äußeren Handlungen dasjenige tut, was das Kind nachahmen darf, sondern der sich auch keine anderen Empfindungen gestattet, keine anderen Gedanken gestattet, als sie das Kind in sich ausüben darf.

Dann muß man in der richtigen Weise darauf hinschauen können, wie nun diese ganze Handhabung der Erziehung als ein geistiges Wirken auf das Kind übergeht. In den ersten sieben Lebensjahren ist für das Kind alles organisch. Die Art und Weise, wie jemand in der Umgebung des Kindes sich auslebt, wenn er, sagen wir, ein jähzorniger Mensch zum Beispiel ist, wirkt auf das Kind. Das Kind ist fortwährend den Handlungen des Jähzorns ausgesetzt, es erlebt in sich das Schockierende von Handlungen, die aus dem Jähzorn hervorgehen. Das wirkt nicht bloß seelisch auf das Kind, das wirkt hinein in die Atmung, in die Blutzirkulation, das wirkt hinein in den Gefäßaufbau. Und derjenige, der nun wirklicher Menschenkenner ist, der das menschliche Leben nicht nur nach einem Lebensalter, sondern nach dem gesamten Erdenleben von der Geburt bis zum Tode beobachten kann, der weiß, daß dasjenige, was in den ersten sieben Lebensjahren durch psychische, durch spirituelle Wirkungen, durch die Eindrücke der Außenwelt in den Gefäßen, in der Blutzirkulation, in den intimen Atmungsprozessen bewirkt wird, daß sich das in den spätesten Lebensjahren, bis zum vierzigsten, fünfzigsten Jahre, in der Organisation zeigt. Ein Kind, das hin- und hergeworfen wird zwischen Eindrücken, die verwirrend sind, bekommt ein unsicheres Zusammenwirken von Atmung und Blutzirkulation.

Das sind nicht Dinge, die die grobe Medizin angehen, das sind feine Dinge im Zirkulationssystem des Menschen, die derjenige, der das Kind erziehen will, kennen muß.

Im siebenten Lebensjahre, mit dem Zahnwechsel – der Zahnwechsel ist gewissermaßen ein Schlußpunkt; wir wechseln nur einmal die Zähne – werden die Kräfte, die den Zahnwechsel bewirken, dann frei für das spätere Leben; sie gehen in das Psychische, Seelische über. Und dann haben wir im volksschulmäßigen Alter, in dem Alter, in dem wir das Kind volksschulmäßig zu erziehen haben, diejenigen Kräfte, die im Organismus bis zum siebenten Jahre plastisch gewirkt haben, so vor uns, daß sie bis zur Geschlechtsreife hin im Organismus, man kann sagen, musikalisch wirken. Bis zum siebenten Jahre wirkt die Kopforganisation auf den ganzen menschlichen Organismus. Der Kopf des Menschen ist der große Plastiker, der die Gefäße gestaltet, den Blutkreislauf und so weiter bewirkt. Vom siebenten bis zum fünfzehnten Jahre wird das rhythmische System im weitesten Sinne das Maßgebende im menschlichen Organismus. Und sind wir imstande, dem rhythmischen System in unserem Unterricht, in unserer Erziehung selber Rhythmus, Takt, ja ein allgemeines Musikalisches zu geben durch unsere ganze Schulführung, durch unsere ganze Erziehung, durch unseren ganzen Unterricht, dann kommen wir demjenigen entgegen, was die Menschennatur fordert.

Diesen Unterricht von dem Zahnwechsel bis zur Geschlechtsreife muß man nun so einrichten, daß er im wesentlichen appelliert an das künstlerische Element.

Und ein künstlerisches Element ist es, das den Waldorfschul-Unterricht vom siebenten bis zum vierzehnten Jahre durchaus durchzieht. Das Kind soll zu allem bildlich geführt werden. Wir lehren das Kind nicht von vornherein die abstrakten Buchstaben kennen. Das gibt kein menschliches Verhältnis zu den abstrakten Geheimzeichen, die in einer zivilisierten Kultur die Buchstaben sind. Die Schriftzeichen sind etwas Abstraktes. Wir arbeiten sie in der Waldorfschule aus dem Bilde heraus. Wir lassen das Kind zunächst malen, zeichnen, und nähern dann dasjenige, was aus der menschlichen Natur fließt im Malen, im Zeichnen, den Buchstabenformen an. Und dann erst, wenn der ganze Organismus nach Leib, Seele und Geist durch das Schreibenlernen, das aus der Kunst herausgeholt wird, ergriffen ist, dann gehen wir über zu demjenigen, was nur einen Teil des Menschen ergreift, zum Lesen. Denn das Lesen hat es nicht zu tun mit der ganzen menschlichen Totalität, sondern nur mit einem Teil; während das Schreiben herausgeholt wird aus der ganzen Totalität. Geht man so vor, dann hat man den Menschen richtig nach Leib, Seele und Geist betrachtet.

Wenn man den ganzen Unterricht so gestaltet, daß das Künstlerische an das Kind herangebracht wird, der Lehrer in seinem ganzen Gebaren ein Künstler ist im Erziehen, im Unterrichten, stellt sich etwas Merkwürdiges ein. Sehen Sie, heute wird viel darüber nachgedacht, wie man das Kind am wenigsten ermüdet. Man registriert in Ermüdungskurven, welche Lehrgegenstände, welche Verrichtungen leiblicher, physischer oder geistiger Art das Kind am meisten ermüden. In der Waldorfschule wird an dasjenige Menschensystem appelliert im Unterricht oder in der Erziehung, das überhaupt nicht ermüdet. Der Mensch ermüdet durch seinen Kopf, durch das Denken, der Mensch ermüdet in den Bewegungen, in den Verrichtungen seines Willens mit dem Bewegungsleben. Das rhythmische System, das Atmungs-Herzsystem, dasjenige, was dem eigentlich Künstlerischen zugrunde liegt, das funktioniert, Sie können wachen, Sie können schlafen, Sie können müde sein, Sie können nicht müde sein – das funktioniert in der gleichen Weise von der Geburt bis zum Tode fort. Das gesündeste Erziehungssystem besteht darinnen, daß man appelliert an das nie ermüdende rhythmische System des Menschen.

Darauf sehen wir, aus einer gründlichen Menschenerkenntnis heraus, daß aller Unterricht, alle Erziehung gegründet ist auf das rhythmische System, daß er appelliert an das rhythmische System des Menschen.

Wenn man so in alles Plastik und Musik hineinbringt, wenn man überall von dem Bildlichen, von dem Rhythmischen, Taktmäßigen, Melodiösen ausgeht, dann merkt man etwas sehr Eigentümliches. Dann merkt man, daß, indem das Kind vorrückt aus dem künstlerischen Betätigen, etwas als Forderung sich ergibt über dasjenige, was man in Bildern entwickelt hat, was man im musikalischen Ergreifen der Welt entwickelt hat; in dem zeigt sich, daß es zu reich ist, um immer von dem Menschen genossen zu werden. Das Kind zeigt sehr bald, im zehnten, elften Jahre, daß das Künstlerische zu reich ist, als daß sich der Mensch immer diesem Künstlerischen hingeben kann, und es entstehen in dem Menschen die Begierden nach Vereinfachung. Und dies ist dann eine naturgemäße elementarische Begierde, die aus dem Kinde hervorgeht, die Begierde nach Vereinfachung.

Und indem aus dem Künstlerischen heraus die Begierde nach Vereinfachung entsteht, kann man das Künstlerische erst zum Intellektuellen hinübertragen. Denn hat man erst den Reichtum des Künstlerischen dem Kinde gegeben, dann darf man ihm, ohne seine physische und seelische Entwickelung zu stören, die Armut des Intellektuellen beibringen. Wir holen daher alles Intellektuelle aus dem Künstlerischen heraus.

Und auf der anderen Seite, wenn man das Kind mit seinem Körper sich bewegen läßt im Sinne des Künstlerischen, wenn man die Glieder des Körpers selber sich bewegen läßt im Sinne des Musikalischen, wie es in der Eurythmie geschieht – die ja jetzt auch drüben in Ilkley gezeigt wird –, wenn man das Kind in die plastische Betätigung, in die musikalische Betätigung, die aber den ganzen Körper ergreift, hineinbringt, dann entsteht ein merkwürdiger Hunger in dem Kinde, ein geistig-seelischer physischer Hunger. Die Organisation des Kindes verlangt dann ganz bestimmte Leibesübungen, eine ganz bestimmte Körperpflege; denn die Körperpflege ist nur gesund für die Entwickelung des menschlichen Organismus, wenn im menschlichen Organismus ein geheimnisvoller Hunger nach solchen Bewegungen, wie man sie in der gymnastischen Körperpflege hat, vorhanden ist, so daß das intellektuelle Bedürfnis und das Willensbedürfnis aus dem künstlerischen Bedürfnis heraus kommen.

Dadurch aber bekommen wir eine Erziehung, ein Unterrichtswesen, das nicht auf irgendeinen Teil der Menschennatur, sondern auf den ganzen Menschen hinzielt. Dadurch bekommen wir die Möglichkeit, zum Beispiel das Gedächtnis so auszubilden, daß dieses Gedächtnis auf die körperliche Organisation im günstigen Sinne wirkt. Ich möchte Ihnen nun auf diese Weise etwas sagen, was heute noch paradox klingt, was aber zukünftig ein Eigentum der Physiologie überhaupt sein wird: Beim Kinde wirkt alles, was geistig wirkt, zugleich körperlich, geht bis in die Organisation hinein. Dann aber bleibt es in der Organisation. Wir beobachten heute im Leben Menschen, die um das fünfzigste Lebensjahr herum allerlei Stoffwechselkrankheiten bekommen, Rheumatismus und dergleichen. Derjenige, der zur Pädagogik das Kind nicht bloß im kindlichen Alter beobachtet, sondern der da weiß, wie das kindliche

Alter der Keim ist für das ganze Leben, wie der Pflanzenkeim für die ganze Pflanze, der weiß, daß wenn man dem Kinde zuviel zumutet an Gedächtnismaterial, dies in seinen Organismus so hineinschießt, daß im vierzigsten, fünfzigsten Jahre die Stoffwechselkrankheiten so auftreten, daß sie durch den Organismus nicht mehr beherrscht werden können.

Indem ich Ihnen dieses andeute, werden Sie mir glauben können, daß bei uns in der Waldorfschule alles darauf ausgeht, das Geistig-Seelische so zu treiben, daß es zugleich den entsprechenden körperlichen Effekt auf den Menschen hat. Jede Lehrstunde ist zugleich hygienisch eingerichtet, weil eben gesehen wird, wie der Geist im menschlichen Organismus in seinen Wirkungen sich fortsetzt.

Damit aber sind wir imstande, indem wir so Pädagogik und Didaktik auf Menschenkenntnis aufbauen, tatsächlich auch den Lehrplan und die Lehrziele für die einzelnen Schuljahre von dem Kinde selber abzulesen. Man folgt einzig und allein dem, was einem das Kind gibt. Unsere Pädagogik ist durch und durch Menschenkenntnis.

Dadurch glauben wir, nicht nur zu erziehen vom Gesichtspunkte des Kindes aus, sondern vom Gesichtspunkte des ganzen Erdenlebens aus. Denn die Sache ist so, daß derjenige zum Beispiel gar sehr irrt, der da glaubt – die ja von anderen Gesichtspunkten aus durchaus berechtigten Anschauungen, Methoden, dürfen nicht übertrieben werden –, man dürfe dem Kinde nur dasjenige beibringen, was es schon selbst aus der Anschauung verstehe. Derjenige, der das sagt, der weiß nicht, was für einen Lebenswert zum Beispiel das folgende hat: Zwischen dem siebenten Jahre und der Geschlechtsreife ist es die größte Wohltat für das Kind, wenn es einem Erzieher und Lehrer gegenüberstehen kann, der für es selbstverständliche Autorität ist. Geradeso wie bis zum siebenten Jahre das Imitationsprinzip herrschen muß, muß zwischen dem siebenten und vierzehnten Jahre das Autoritätsprinzip herrschen. Und da wird manches, was noch nicht durchschaut werden kann vom Kinde, rein auf Autorität des geliebten Lehrers, des geliebten Erziehers, durch Liebe in die Seele aufgenommen, durch jene Liebe, welche das wichtigste Erziehungsprinzip ist. Und dann soll man nur wissen, wie mancher Mensch im dreißigsten, vierzigsten Lebensjahre an etwas zurücksinnen kann, was er auf die Autorität seines geliebten Erziehers im achten, neunten

Lebensjahre aufgenommen hat. Jetzt geht es wiederum aus der Seele herauf, durchdringt das Bewußtsein, nachdem man reif geworden ist. Man fängt an, dasjenige durch seine eigenen Menschenkräfte zu verstehen, was man mit dem achten, neunten Lebensjahr auf die geliebte Autorität des Lehrers hin aufgenommen hat.

Und geschieht so etwas, so ist es ein Quell von menschlichen Erfrischungskräften, so bedeutet es tatsächlich eine Vitalisierung des ganzen Menschen im späteren Leben, nach Jahrzehnten erst zu verstehen, was man vorher durch die Liebe zur Autorität aufgenommen hat. So sieht man auf das ganze Menschenleben hin, nicht bloß auf dasjenige, was einem einseitig eine Seite dieses Menschenlebens auf natürlichem Gebiete zeigt.

Ich möchte das auch auf moralischem Gebiete zur Geltung bringen. Dasjenige, was religiöse Erziehung des Kindes ist, wird auf die Weise hervorgeholt, daß man dem ursprünglich religiösen Drang folgt, der wie impulsiv im Kinde lebt. Dann aber wird man folgendes beobachten können: Gibt es nicht Menschen, welche, wenn sie ein gewisses Alter erreicht haben, wie segnend unter ihre Mitmenschen treten, rein durch ihre Anwesenheit? Wir wissen es ja, es kann irgendeine Gruppe von Versammelten sein – ein solcher Mensch tritt herein, und nicht so sehr, was er spricht, sondern einzig und allein, daß er da ist, wie er spricht, wie der Tonfall seiner Stimme und seiner Gebärde ist, das wirkt wie Gnade ausgießend auf seine Umgebung. Solche Menschen können uns lehren, wenn wir zurückblicken in ihre frühere Kindheit, wodurch sie in dieser Weise wie Gnade gebend, wie Segen spendend geworden sind: sie sind es dadurch geworden, daß sie als Kind die Möglichkeit gehabt haben, durch das fast religiöse Verhältnis zu der geliebten Autorität, verehren zu können, in Ehrfurcht aufschauen zu können. Niemand kann in seinem Alter segnen, der nicht in seinem Kindesalter in Hochschätzung verehrend aufgeschaut hat zu einer geliebten Autorität. Ich möchte das symbolisch so ausdrücken: Derjenige, der da will im späteren Lebensalter die Hand zum Begnaden, zum Segnen ausbreiten, der muß sie im kindlichen Alter zum Gebete richtig innerlich gefaltet haben. So wirkt das Falten der Hände, symbolisch gesprochen, zu dem Segnen der Hände von dem Kindesalter hinüber in das späteste Lebensalter.

So haben wir überall hinzuschauen auf den ganzen Menschen und während des Kindesalters den Keim zu legen zu einem innerlich religiös erfaßten Sittlichen, und zu einem Menschen, der dem Leben voll gewachsen ist.

Das kann man dann, wenn man versucht, wirklich aus voller Menschenerkenntnis heraus, aus jener Menschenerkenntnis, die sich aus Menschenbeobachtung ergibt von der Geburt bis zum Grabe hin, die Pädagogik zu holen. Wenn in unserer Zeit die Erziehungsreformbestrebungen in so intensiver Weise auftreten, so ist es, weil die Erziehungsfrage für unsere Zeit auch die größte soziale Frage ist.

Das aber durchglüht die Waldorfschul-Pädagogik, von der ich hier nun in ganz kurzer Weise habe sprechen wollen, wie eine Gesinnung, wie eine allgemeine Menschenliebe. Und daher geben wir uns, so schwach auch, so unvollkommen noch dieser Versuch sein mag, wir geben uns doch der Hoffnung hin, daß gerade eine auf Menschenerkenntnis gebaute Pädagogik auch im besten Sinne eine menschenbildende Pädagogik sein kann, daß man, indem man aus der Beobachtung des Menschenlebens in der Schule wirkt, man am besten auch durch die Schule auf das Leben wirkt. Und das wird wohl die Grundfrage der meisten erzieherischen Reformbestrebungen der Gegenwart sein.

ANTHROPOSOPHIE UND PÄDAGOGIK

Den Haag, 14. November 1923

Sehr verehrte Anwesende! Es wird in weitesten Kreisen heute empfunden, daß gewisse Erziehungsfragen einer Antwort bedürfen, die bisher nicht gegeben worden ist. Die vielen Bestrebungen auf diesem Gebiete zeigen das mit voller Deutlichkeit. Was ich heute auf eine Aufforderung der hiesigen Anthroposophischen Gesellschaft hin über Erziehungsfragen vor Ihnen vorbringen werde, ist nicht etwas bloß aus der Theorie heraus Geschöpftes. Die Anwendungen geisteswissenschaftlicher Menschenerkenntnis auf die Erziehungs- und Unterrichtsfragen sind ja, ausgehend von der anthroposophischen Bewegung, heute durchaus bis zu einem gewissen Grade in der Praxis bewährt.

Im Jahre 1919 war es, daß in Stuttgart *Emil Molt* dazu geschritten ist, eine freie Schule zu gründen, mit deren Einrichtung und Organisation er mich beauftragte, und damit war es von selbst gegeben, daß diejenige geisteswissenschaftliche Menschen- und Welterkenntnis, die ich zu vertreten habe, auf diese Schule angewendet werde. Diese Schule besteht nun seit dem Jahre 1919 und hat es bis heute zu zwölf Klassen gebracht. Die Schüler, die die zwölfte Klasse in diesem Sommer betreten haben, werden im nächsten Jahre ihre Abschlußprüfung machen, um dann zur Universität, zum technischen Studium und dergleichen überzugehen. Die Schule umfaßt zunächst alles, was zur Erziehung und zum Unterricht gehört für die Kinder vom schulpflichtigen Alter, also ungefähr vom sechsten, siebenten Lebensjahre an, bis zu dem Zeitpunkte, wo dann die Jungen und Mädchen in das Hochschulstudium übertreten.

Nun ist das, was von seiten einer geisteswissenschaftlichen Weltanschauung in diese Schule hineingetragen worden ist, durchaus nicht etwas, was etwa irgendwelche verdienstvollen Errungenschaften auf dem Gebiete der praktischen Erziehungskunst und des praktischen Unterrichtswesens in radikaler Weise umstürzen wollte. Es handelt sich für uns nicht darum, irgendwelche besonders radikale Methode zu ersinnen, wie sie zum Beispiel in Landerziehungsheimen und dergleichen versucht worden sind, wo man die Jugend in ganz besondere Verhältnisse bringen zu müssen glaubte, damit man sie ordentlich erziehen könne. Sondern es handelt sich bei uns darum, daß man unter voller Anerkennung dessen, was im Beginne des 20. Jahrhunderts von zahlreichen und erleuchteten Geistern auf dem Gebiete der Pädagogik geleistet worden ist, weiterschreite auf der Grundlage einer wirklichen Erkenntnis nicht nur des Menschen in seinem Dasein in einem bestimmten Lebensalter, sondern aus einer Menschenerkenntnis heraus, die es mit dem ganzen Menschen zu tun hat – mit dem zeitlichen Menschenleben zwischen der Geburt und dem Tode und mit dem, was sich innerhalb des physischen Erdenlebens im Menschen als das Ewig-Göttliche auslebt und verwirklicht. Es handelt sich also darum, zu den bewährten Praktikern der Erziehungs- und Unterrichtskunst dasjenige hinzuzufügen, was von einem solchen Gesichtspunkte aus gegeben werden kann. Und es handelt sich weiter darum, nicht irgendeine Erziehungsutopie in die Welt hineinzustellen – dies ist in der Regel viel leichter, als irgend etwas aus der vollen Wirklichkeit heraus zu schaffen –, sondern darum, innerhalb der gegebenen Verhältnisse das Möglichste zu leisten. Hat man es also zu tun mit denjenigen sozialen Verhältnissen, die aus irgendeiner Stadtbevölkerung oder aus der Landbevölkerung hervorgehen, so müssen diese wirklichkeitsgemäß gegebenen Verhältnisse zunächst zur Grundlage dienen können für das, was eine wirkliche, eine echte und wahre Erziehungskunst aus dem Menschen so machen kann, daß er sich in die immer komplizierter werdenden sozialen Berufs- und sonstigen Daseinsverhältnisse der Gegenwart und namentlich der nächsten Zukunft hineinfinden kann. Daher ist das, was die Waldorfschul-Pädagogik geben kann, eigentlich etwas im strengsten Sinne Methodisches, Methodisches in der Art, daß im Grunde genommen in jede Schule, wenn dazu die äußeren Bedingungen geschaffen werden können, dasjenige hineingetragen werden kann, was diese Waldorfschul-Pädagogik vorschlägt. Es hat sich ja immerhin gezeigt, daß wir auf diesem Wege schon weitergekommen sind.

Wir haben die Schule angefangen aus leicht bezwingbaren Verhältnissen heraus. Der Fabrikant Emil Molt hat diese Schule zunächst begründet für die Kinder seiner Fabrikarbeiter. Die waren natürlich leicht zu haben. Dazu kamen auch einzelne Kinder von solchen Eltern, die der anthroposophischen Weltanschauung nahestanden. Aber immerhin begannen wir nur mit hundertdreißig Kindern. Heute, nach vier Jahren, nachdem die Schule, die damals acht Klassen hatte, auf zwölf Klassen erweitert worden ist, haben wir nahezu achthundert Kinder bei einer Lehrerzahl von über vierzig. Hier in Holland ist man eben darangegangen – es wird nachher darüber noch einiges mitgeteilt werden –, eine kleine solche Schule zu begründen, und es steht zu hoffen, daß die Methodik, von der jetzt gesprochen worden ist, auch hier durch die Praxis ihre Bewährung zu zeigen in der Lage sein wird. In der Schweiz schickt man sich an, eine solche Schule zu gründen, und in England hat sich ein Komitee gebildet, das sich die Aufgabe setzte, eine Schule nach dem Muster der Waldorfschule zu gründen.

Nun möchte ich heute nach diesen einleitenden Worten nur davon sprechen, welches der Sinn dieser Waldorfschul-Pädagogik ist. Sie beruht ja auf einer durchdringenden Menschenerkenntnis, darauf, daß in der Tat der Lehrer – und die Erziehungsfrage wird in dieser Hinsicht zunächst als eine Lehrerbildungsfrage zu betrachten sein – durch seine besondere Vorbildung imstande sein soll, das Kind tatsächlich von Woche zu Woche, von Monat zu Monat, von Jahr zu Jahr in seiner werdenden, sich entfaltenden Wesenheit zu durchschauen. Ich werde Ihnen skizzenhaft das, was die Grundlage einer solchen Menschenerkenntnis bilden kann, ich möchte sagen, in abstrakter Form, auseinanderzusetzen suchen. Aber diese abstrakte Form ist eben nur eine Schilderung. Worauf es ankommt, das ist, daß dies, was da gesagt werden muß, in seelisches – wenn ich mich paradox ausdrücken darf – «Fleisch und Blut» der Lehrerschaft übergehen muß, und daß tatsächlich aus einer selbstverständlichen Praxis heraus – nicht aus einer Theorie – diese Menschenerkenntnis, diese tätige Menschenerkenntnis in einer Schule verwirklicht werde.

Wenn wir den werdenden Menschen betrachten, nehmen wir sehr häufig darauf keine Rücksicht, wie sich dieser Mensch in drei aufeinanderfolgenden Jugendlebensaltern verändert. Wir sehen auf einzelne Veränderungen dieser Menschenwesenheit hin, aber wir fassen sie gewöhnlich nicht gründlich genug auf. Wir können in der menschlichen Entwikkelung drei Epochen annehmen bis etwa zum zwanzigsten Lebensjahre hin, wo ja die Erziehung entweder aufhört oder besondere Formen annimmt. Die erste Epoche ist das erste Lebensalter des Menschen, das einen einheitlichen Charakter trägt, das mit der Geburt beginnt und mit dem Zahnwechsel um das siebente Jahr herum schließt; die zweite Epoche ist die, die mit dem Zahnwechsel beginnt und mit der Geschlechtsreife endet; die dritte Epoche ist dann jene, wo man es schon mit der reifen Jugend zu tun hat, die sich ja heute als viel «reifer» hält, als man sie halten darf, wenn man ordentlich erziehen will; es ist die Epoche bis etwa zum zwanzigsten Jahre.

Sehen wir uns das erste Lebensalter des Kindes an. In diesem Alter ist das Kind für eine unbefangene Beobachtung ein bis in die innersten Fasern seines geistigen, seelischen und körperlichen Lebens hinein nachahmendes Wesen, und zwar ein Willenswesen. Man ist zunächst darauf aufmerksam, wie das Kind, wenn es sich entfaltet, nach und nach für diese oder jene Eindrücke der Außenwelt zugänglich wird, wie es immer aufmerksamer und aufmerksamer auf dieses oder jenes wird. Aber wir lassen uns oftmals dadurch blenden, daß wir diese Aufmerksamkeit dem Vorstellungsleben des Kindes zuschreiben. Sie liegt aber beim Kinde gar nicht im Vorstellungsleben. Man findet eigentlich im menschlichen Leben kein Zeitalter, in welchem der Mensch durch innerlichen Instinkt, durch Trieb in bezug auf sein Vorstellungsleben unabhängiger, freier sein möchte, als gerade als Kind in der Zeit bis zum Zahnwechsel. Das Kind möchte eigentlich in dieser Zeit in bezug auf das Vorstellungsleben alles wegschieben und ganz nur seinem Inneren folgen. Dagegen ist der Wille des Kindes bis zu dem Punkt, wo er sich körperlich äußert, daraufhin veranlagt, ganz in der Umgebung aufzugehen. Und wir finden nichts selbstverständlicher, als wenn irgendwelche in körperlichen Bewegungen oder körperlichen Attitüden sich ausdrückende Gewohnheiten der Erwachsenen, die in der Umgebung des Kindes sind, von diesem ganz genau nachgeahmt werden in der Bewegung der Gliedmaßen und so weiter, denn das Kind hat mit allem, was sich in ihm regen will, bis in das Zappeln hinein, das Bestreben, in seinen eigenen Willensäußerungen dasjenige fortzusetzen, was es in seiner Umgebung um sich hat. Das Kind ist in diesem Sinne ganz und gar ein Willenswesen; das geht aber bis in die Sinneswahrnehmung hinein. Und man kann – und das muß man ja, wenn man sachgemäß gerade auf die Erziehungskunst eingehen will – man kann sogar in Beziehung auf die Sinne sehen, wie dieses Kind ein Willenswesen ist. Gestatten Sie, daß ich da eine Einzelheit anführe.

Unter unseren verschiedenen Wahrnehmungen sind die Farbenwahrnehmungen. Die wenigsten Menschen beachten, daß in einer Farbenwahrnehmung dreierlei lebt. Man spricht in der Regel von «gelb» oder «blau» als einer Farbenwahrnehmung; daß darin dreierlei lebt, beachtet man gewöhnlich nicht. Erstens lebt in unserem Verhältnis zur Farbe der menschliche Wille. Bleiben wir bei dem Beispiel mit Gelb und Blau. Wenn wir genügend psychologische Unbefangenheit haben, sehen wir bald, daß das Gelb nicht nur als Wahrnehmung im engeren Sinne auf den Menschen wirkt, sondern daß es auf den Willen wirkt. Es wirkt so, daß es den Willen anregt, sich nach außen hin zu betätigen. In dieser Richtung könnten die interessantesten experimental-psychologischen Beobachtungen gemacht werden. Man würde dabei sehen, wie der Wille des Menschen durch eine gelbe Grundstimmung, in einem Saale zum Beispiel innerlich angeregt würde, sich nach außen zu äußern, besonders wenn das Gelb noch etwas nach dem Rötlichen hin schimmert. Wenn wir aber eine blaue Grundstimmung haben, werden wir finden, daß der Wille nach innen angeregt wird, daß er sich ausleben will in einem wohlig-behaglichen oder auch demütigen Gefühle, so daß er als Gefühl nach innen tendiert. Auch da können interessante Beobachtungen festgestellt werden. Man würde zum Beispiel finden, daß der Blau-Eindruck etwas zu tun hat mit besonderen Drüsenabsonderungen; so daß also in diesem Falle der Wille ein Impuls ist, der durch das Blau erregt wird, der nach dem Inneren hingeht. – In zweiter Linie haben wir an dem Farbeneindruck das Gefühl selbst zu beobachten. Eine gelbe oder gelbrötliche Farbe macht auf uns den Eindruck des Warmen; wir haben das Gefühl des Warmen. Eine blaue oder blau-violette Farbe übt auf uns den Eindruck des Kalten aus. In dem selben Maße, als das Blau rötlicher wird, wirkt es auch wärmer. Da haben wir also den Gefühlseindruck. – Das dritte ist erst die Vorstellung, die wir als die Wahrnehmungsqualität «gelb» oder «blau» benennen. Aber in diesem letzten Vorstellungselement lebt das Willens- und das Gefühlselement drinnen.

Geht man nun mit unbefangener Menschenerkenntnis an die Erziehung des Kindes heran, so findet man: an den Farben entwickelt sich beim Kinde zuerst der Willensimpuls. Das Kind richtet seine Bewegungen so ein, wie die nach außen erregende Gelbheit oder die nach innen gehende Blauheit ist. Das ist ein Grundzug, der bis zum Zahnwechsel geht. Natürlich ist immer auch Gefühl und Wahrnehmung dabei vorhanden; aber vorherrschend ist im ersten menschlichen Lebensalter der Willensausdruck gegenüber der Farbe.

Im zweiten Lebensalter, vom Zahnwechsel bis zur Geschlechtsreife, gliedert sich zu dem Willensimpuls hinzu das innerliche Erleben des Gefühls gegenüber der Farbe. Und wir werden sehen: Während mit dem Zahnwechsel im Menschen etwas Beruhigung eintritt gegenüber dem Erregenden der Farbe, ich möchte sagen, gegenüber dem Tastenwollen der Farbe, sehen wir nun, daß für das Wärmende und Erkältende der Farbe ein ganz besonderes Gefühlsverständnis sich herausbildet in der Zeit zwischen dem Zahnwechsel und der Geschlechtsreife. Und, ich möchte sagen, das nüchtern-prosaische Verhältnis zur Vorstellung «gelb» oder «blau», das beginnt im Grunde genommen erst mit der Geschlechtsreife.

Was sich so im einzelnen zeigt, das ist beim ganzen Menschen vorhanden. Man könnte sagen: der Mensch hat als Naturwesen bis zum Zahnwechsel zu seiner Umgebung eine Art naturhaft-religiöses Verhältnis, das religiöse Verhältnis der Hingebung. Der Mensch läßt in sich das leben, was in seiner Umgebung lebt. Wir kommen daher für diese Zeit mit der Erziehungs- und Unterrichtskunst – soweit von einer solchen für diese Jahre gesprochen werden kann – am weitesten, wenn wir bis zum Zahnwechsel alle Erziehung aufbauen auf Nachahmung, das heißt auf das, was der Wille innerlich aus der Umgebung heraus miterleben kann. Das geht aber bis in die unwägbarsten Impulse des Menschenlebens hinein. Wenn wir zum Beispiel in der Umgebung des Kindes den jähzornigen Vater haben, der unter dem Einfluß des Jähzorns allerlei ausführt, so ist dies, was er so ausführt, in seiner äußerlichen Gestaltung für das Kind, das in der Umgebung eines solchen Vaters aufwächst, von einer ganz besonderen Bedeutung. Nicht der Jähzorn selbst ist von Bedeutung, denn von dem versteht das Kind eigentlich nichts, sondern die Taten, selbst die Bewegungen eines solchen Vaters sind von Bedeutung. Denn der ganze Körper des Kindes benimmt sich in dieser Zeit als ein Willens-Sinnesorgan; er lebt in seinen Bewegungen und Willensäußerungen rein aus, was sich in den Taten und Bewegungen eines Jähzornigen ausdrückt. Und alles in dem noch plastisch-bildungsfähigen Körper eines Kindes entfaltet sich unter dem Eindruck solcher Erlebnisse. Blutzirkulation, Nervenorganisation, die wiederum dem Seelischen zugrunde liegen und von ihm beeinflußt werden, richten sich danach, bekommen innere Gewohnheiten, und der Mensch trägt das, was er unter einem solchen Nachahmungsprinzip sich angeeignet hat, durch das ganze spätere Leben mit sich als eine konstitutionelle Beschaffenheit. Unser Blut zirkuliert später so, wie diese äußeren sinnlich wahrnehmbaren, aber sich in Willen umsetzenden Eindrücke im zartesten Kindesalter waren. Wir müssen dies leiblich-physisch und seelisch auffassen.

Ich muß dabei immer wieder ein solches Beispiel anführen wie das von einem Knaben, der im vierten, fünften Lebensjahre das getan hatte, was man bei Erwachsenen «stehlen» nennt: er hatte Geld aus einer Schublade seiner Mutter genommen. Er hatte mit dem Geld gar nicht einmal Schlimmes angefangen, sondern Bonbons gekauft und sie unter seine Kameraden verteilt. Der Vater des Knaben sagte: Was soll ich nun mit meinem Jungen machen? Er hat gestohlen! – Ich erwiderte: Selbstverständlich muß man so etwas beachten; aber er hat nicht gestohlen, denn er hat in diesem Lebensalter überhaupt noch gar keine Auffassung für das, was später den Namen «Stehlen» trägt. Der Knabe hatte nämlich immer gesehen, wie die Mutter aus diesem Orte das Geld herausnimmt; das macht er nach, und das ist ein ganz gewöhnlicher Nachahmungsversuch. Der Begriff des Stehlens spielt für dieses Alter noch gar keine Rolle.

Es handelt sich also darum, daß man achtgibt, daß man in der Umgebung des Kindes nichts vollbringe, was das Kind nicht tatsächlich nachahmen darf, aber daß man auch mit dieser Nachahmung rechnet; daß man also, wenn man will, daß das Kind etwas Besonderes macht, ihm dies so vormache, daß es etwas Selbstverständliches ist. Man sollte daher nicht, wie es in den Kindergärten sehr häufig geschieht, die Kinder ganz besonders ausgedachte Arbeiten machen lassen, und wenn man sie schon solche machen läßt, sollte man sie auch selber machen. Und was man selber macht, dafür sollte man das Interesse des Kindes erregen, daß es das nachmache.

Das ist das Prinzip, das bis zum Zahnwechsel das Prinzip einer gesunden Erziehung sein muß. Da muß alles den Willen anregen; denn der ist noch ganz im Körperlichen drinnensteckend und hat eine geradezu physische, religiöse Hingabe an die Umgebung. Die kommt überall zum Ausdruck.

Das wird mit dem Zahnwechsel in eine ästhetische, in eine kindlich-künstlerische Hingabe verwandelt. Ich möchte sagen: Der naturhaft-religiöse Impuls, den wir gegenüber unseren Nebenmenschen und gegenüber dem, was wir da schon von der Natur verstehen, als Kind haben, wandelt sich um in etwas Künstlerisches. Und dem Künstlerischen muß mit der Phantasie und dem Gefühl entgegengekommen werden. Daher gibt es für das zweite Lebensalter des Menschen nichts anderes, als an dasselbe künstlerisch heranzukommen. Der Lehrer, der Erzieher, der gerade im volksschulmäßigen Alter mit den Kindern zu tun hat, muß seine ganz besondere Sorgfalt darauf verwenden, daß alles, was zwischen ihm und den Kindern vorgeht, in der Handhabung einen künstlerischen Charakter trägt. Ich meine, in dieser Beziehung wird einiges an neuen methodischen Impulsen für die Erziehung schon notwendig sein, welche methodischen Impulse aber doch sehr stark ins Praktisch-Lebendige übergehen. Ich glaube ja nicht, daß ich etwas sage, was mir übelgenommen wird, weil es so viele Leute sagen; ich habe es viel öfter gehört, als ich es gesagt habe: daß der Beruf des Lehrenden, des Erziehenden «pedantisch» mache. Nun ist aber gerade für das Alter zwischen dem siebenten und vierzehnten Jahre in der Erziehungskunst nichts giftiger als die Pedanterie; dagegen ist nichts förderlicher als der von selbstverständlichem innerem Enthusiasmus getragene künstlerische Sinn; wenn jede Handhabung, die man dem Kinde entgegenträgt, jedes Wort, das man zu ihm spricht, nicht von Pedanterie, nicht von theoretischem Nachdenken, sondern von künstlerischem Enthusiasmus getragen ist, den das Kind in seiner Entwickelung sieht, und dem gegenüber es die innere Freude und Befriedigung dafür hat, wie da aus dem Zentrum des menschlichen Lebens heraus eine göttlich-geistig naturhafte Plastik das Kind allmählich bildet. Wenn der Mensch aus einer solchen Stimmung heraus in der Schule mit seinen Kindern weiterzukommen versteht, dann ist das die einzig mögliche lebendige Methodik. Und das, was ich hier nur skizzieren kann, muß einfließen in diesen Enthusiasmus.

Es ist eine Art von Aneignung, die zum Teil zum Verständnis, zum Fleiß, aber zum Hauptteil zur ganzen Veranlagung des Lehrenden oder Erziehenden spricht. Was da an Menschenerkenntnis in den Erziehenden hineingehen soll, ist etwas, was geradeso in ihn übergehen muß, wie Handhabung der Farben und des Pinsels für den Maler oder des Spachtels für den Bildhauer und dergleichen. Nur muß das viel seriöser, viel gewissenhafter, religiöser genommen werden als beim Künstler, denn wir haben es in der Erziehung mit dem größten Kunstwerke zu tun, das uns im Leben entgegentreten kann, demgegenüber es eigentlich schon Frevel wäre, nur von einem Kunstwerk zu sprechen, an dessen Formung man mitarbeiten kann. Auf diese Stimmung dem Kinde gegenüber kommt es im wesentlichen an. Dann wird man finden, wie man das Verhältnis des Erziehungskünstlers zum Kinde immer lebendiger und lebendiger gestalten kann.

Denken Sie doch einmal, daß das Kind in etwas hineinwachsen muß, was ihm zunächst fremd ist. Nehmen wir zum Beispiel unsere Schrift, die aus wirklich von uns nicht mehr in ihrer vollen Ästhetik empfundenen «Buchstaben» zusammengesetzt ist, wo wir den einen Buchstaben an den anderen reihen, um Worte und Sätze zustande zu bringen. Die heutige Schrift hat sich ja aus etwas anderem entwickelt: aus der Bilderschrift. Aber die Bilderschrift älterer Zeiten hatte noch ein lebendiges Verhältnis zu dem, was sie ausdrückte, wie einen lebendigen Bezug auch das Dargestellte hatte zu dem, was es bedeutete. Heute müssen wir schon gelehrte Studien machen, wenn wir den besonders kleinen Kobold, den wir als a bezeichnen, zurückführen wollen auf den Moment, wo das, was durch den Buchstaben a an dieser oder jener Stelle eines Wortes ausgedrückt werden soll, empfunden werden soll. Und dennoch: nichts anderes ist da der Fall, als daß dasjenige, was da ausgedrückt werden soll, etwas ist wie perplex machende Verwunderung. Jeder einzelne Buchstabe entspringt aus einem elementaren Gefühlsmäßigen, was aber jetzt alles abgestreift worden ist. Der Buchstabe ist heute abstrakt.

Wer unbefangen in das kindliche Gemüt hineinzusehen vermag, der weiß: Es ist ja dem Kinde so furchtbar fremd, was es da im zarten Alter als etwas lernen soll, das einstmals mit den Dingen zusammenhing, das aber heute von den Erwachsenen geübt wird – und nicht mehr mit den Dingen zusammenhängt.

Das ist der Grund, warum wir in der Waldorfschule versucht haben, das Schreibenlernen – mit dem wir eigentlich beginnen, dann erst kommt für uns das Lesen – aus dem Malen und malenden Zeichnen herauszuholen. Wir lassen das Kind gar nicht zunächst an die «Buchstaben» herankommen. Wir versuchen zum Beispiel, dem Kinde die Möglichkeit beizubringen, daß es etwa einen Fisch mit irgendwelchen Farben primitiv aufs Papier hinmalt. Nun hat es den Fisch gemalt. Dann wird es angehalten, mit Deutlichkeit sich klarzumachen, daß das, was da auf dem Papier gemalt ist, wenn man es spricht, «Fisch» klingt. Und nun werden Sie finden: mit Leichtigkeit kann man die Fischform in ein F verwandeln, und wenn man den Anlaut «F» des Wortes Fisch nimmt, so ist da das F drinnen. Es ist das für das F zugleich historisch auch die Entstehung. Aber darauf kommt es nicht an, sondern darauf, daß wir aus einer gemalten Bildform den Buchstaben herausholen. Das ist etwas, was selbstverständlich mit dem Menschen zusammenhängt, so daß wir dadurch das Kind dazu bringen, den Buchstaben herauszugestalten aus etwas, was auch wirklichkeitsgemäß empfunden werden kann. Das erfordert schon künstlerischen Sinn, und es erfordert auch die Überwindung einer gewissen Unbequemlichkeit. Denn wenn Sie in der Waldorfschule sehen würden, wie die Kinder dort mit ihren Pinseln herumschmieren, so ist das zuweilen recht unbequem; man muß immer wieder sauber machen, und das erfordert eine gewisse Hingabe. Aber viel schneller, als man denkt, überwindet sich das. Es ist merkwürdig, was an Künstlerischem auch die kleinen Kinder daran gewinnen: sie lernen sehr bald den Unterschied zwischen einer «aufgetragenen» Farbe, die so aufgetragen ist, wie wenn man einen Stoff über das Papier schmiert, und einer «leuchtenden» Farbe, die der Maler braucht, um das zu erreichen, was er erreichen will. Dieser Unterschied, der heute für viele Erwachsene sogar außerordentlich «okkult» ist, wird dem Kinde sehr bald klar, und etwas, was befruchtend auf das Kindesgemüt wirkt, ergibt sich im Laufe eines solchen Schreibenlernens; nur daß die Kinder etwas später schreiben lernen, weil sie das Schreibenlernen aus dem Malen heraus entwikkeln lernen. Aber das ist gerade günstig. Wir leiden ja alle unter dem Umstande, daß wir zu früh zu der abstrakten Schreibkunst angeleitet worden sind. Kein größeres Glück für die Gesamtheit des Menschen, als wenn er erst im neunten, zehnten Jahre den Übergang zu den abstrakten Schriftzeichen findet, und vorher alles aus dem Lebendig-Malerischen herausgeholt wird.

Dieses Schreibenlernen hat etwas, was den ganzen Menschen beschäftigt. Der Mensch muß seine Arme anstrengen, aber er fühlt zugleich das, was seine Arme tun, an den ganzen Menschen gebunden. Daher ist es ein schöner Übergang von dem Lebensalter, wo das Kind mehr im Willen lebt, zu jenem Gefühlselement, das im zweiten Lebensalter besonders hervorragend ist – ein schöner Übergang ist es, daß wir das Schreibenlernen in jenes Gefühlsmäßige herübernehmen. Wenn der Mensch liest, strengt er eigentlich nur noch das an, was dann Formen wahrnimmt, nicht mehr den ganzen Menschen. Daher wird von uns versucht, die Lesekunst aus der Schreibkunst hervorgehen zu lassen. Und das wird dann ausgedehnt auf alles, was dem Kinde beigebracht werden soll.

Es handelt sich also darum: aus der Natur des Kindes selbst abzulesen, was unterrichtend mit dem Kinde geschehen soll. Damit ist das gesagt, um was es sich bei der Waldorfschul-Pädagogik handelt: daß der Lehrer das Lesenlernen aus der ganzen kindlichen Wesenheit heraus gestaltet. Es hilft nichts, zu sagen: dies oder jenes soll so oder so gemacht werden; sondern darauf kommt es an, daß man das, was aus dem Kinde heraus will, auch wirklich bemerkt. Und das, was der Mensch später braucht, will immer einmal aus dem jugendlichen Kinde heraus.

So sich hineinzufühlen in das, was der Mensch von innen heraus will, und dies mitzufühlen, das ist es, was den Menschen später ins Leben hineinstellen kann. Und da ist es von ganz besonderer Wichtigkeit, daß man in der Zeit zwischen dem siebenten und vierzehnten und fünfzehnten Jahre die beweglichen Begriffe im Menschen entwickelt. Diese Begriffe, diese gefühlsmäßig erfaßten Begriffe entwickeln sich nicht, wenn man zu stark darauf sieht, das Kind nur dasjenige in sich entwikkeln zu lassen, was es schon versteht. Es ist allerdings – scheinbar – so schön, wenn man die Forderung aufstellt: man solle nichts an das Kind heranbringen, was es nicht versteht. Es klingt so plausibel. Man könnte allerdings in Verzweifelung geraten gegenüber den methodischen Anleitungsbüchern, die zum Ausdruck bringen, was man im Anschauungsunterricht an das Kind heranbringen soll, damit nur dasjenige an das Kind herangebracht wird, was es schon versteht! Was da zum Anschauungsunterricht gemacht wird, ist oft die Trivialität und Banalität selbst, abgesehen davon, daß ja in diesem Alter dem Kinde auch diejenigen Dinge in der Seele aufgehen, die nicht äußerlich anschaubar werden, zum Beispiel moralische und andere Impulse im Leben. Wer immer nur von Anschauungsunterricht spricht, der beachtet nicht, daß man nicht nur auf der Grundlage dessen zu erziehen hat, was man am Kinde bemerkt, sondern daß man erziehen muß auf der Grundlage desjenigen, was aus dem kindlichen Lebensalter in das gesamte menschliche Leben übergeht. Und da ist es so: Wenn man im achten, neunten Lebensjahre in einer selbstverständlichen, gefühlsmäßigen Verehrung – das hat jetzt nichts mit der Nachahmung zu tun, die für das Lebensalter bis zum Zahnwechsel in Betracht kommt – zu dem Erziehenden steht und ihn sozusagen so ansieht, daß er das Tor ist, durch das die Welt an uns herankommt, natürlich alles in der instinktmäßigen Weise, wie es beim Kinde der Fall sein muß, dann rankt sich unser eigenes sich entwickelndes Kindesleben empor, jetzt nicht an dem, was der Lehrer uns vormacht, sondern an dem, was er in seinem eigenen Leben uns vorlebt, und das wandelt sich auch in innere Lebenskräfte um. Und es ist nichts bedeutungsvoller, als wenn in diesem Lebensalter etwas wahr ist für das Kind, weil es für den Lehrer wahr ist; denn solch einen selbstverständlichen autoritativen Eindruck macht das, daß das Kind dasjenige für wahr hält, was auch der Lehrer für wahr hält. Auf dem Umweg durch den Lehrer muß die Wahrheit an das Kind herankommen. Ebenso muß auf diesem Wege die Schönheit und auch die Güte an das Kind herankommen.

Die Welt muß in diesem Alter in einer selbstverständlichen Autorität an das Kind herankommen. Sie werden wohl nicht annehmen, daß ich, der ich vor dreißig Jahren die «Philosophie der Freiheit» geschrieben habe, gegen die Freiheit des Menschen etwas sagen will; aber es will gerade der freieste Mensch, daß er im kindlichen Lebensalter dieses unendlich Wohltuende durchgemacht hat: hinschauen zu können auf eine selbstverständliche Autorität in dem Erziehenden, fühlen zu können in dieser selbstverständlichen Autorität das Tor, durch das Wahrheit, Schönheit und Güte aus der Welt an den Menschen herankommen können. Das alles verfolgt man von Woche zu Woche, von Monat zu Monat. Das Kind selbst wird das Buch, aus dem man abliest, was man mit ihm machen soll. Man entwickelt dadurch einen wichtigen Sinn für das, was mit dem Kinde geschehen soll, zum Beispiel für einen bestimmten Moment. Ein solcher ist der, der zwischen dem neunten und zehnten Lebensjahre des Kindes liegt. Wer in dem angedeuteten Sinne die kindliche Entwickelung beobachtet und für das Kind so eine selbstverständliche Autorität geworden ist, wird immer finden: Es tritt dann zwischen dem neunten und zehnten Jahre etwas an den jungen Menschen heran; es kann sich ganz verschieden äußern. Das Kind braucht da für sein Inneres etwas ganz Besonderes. Es lebt durchaus nicht in einer bewußten Klarheit in bezug auf das, was sich da abspielt. Aber was sich da abspielt, ist dies: es hat bis dahin aus einem tief unbewußten Instinkt die Autorität des Lehrenden und Erziehenden gefühlt; nun will es mehr haben, nun will es sie auch anerkennen können. Es will, daß sich der Lehrende für ein gereiftes Anschauen als die erziehende Autorität bewährt. Und bringen wir es auf diese Weise dahin, selbstverständliche Autorität für das Kind zu sein, dann treten für den Menschen – zum Beispiel für etwas, was man mit acht oder neun Jahren auf die Autorität des geliebten Lehrers oder der Lehrerin hin aufgenommen hat – im späteren Leben, vielleicht im fünfundvierzigsten oder fünfzigsten Jahre diejenigen Augenblicke ein, wo dann aus einem gereiften Leben heraus das wieder auftaucht, was man damals in der Jugend aufgenommen hatte. Es hat durch Jahrzehnte unten in der Seele geschlummert, jetzt taucht es wieder herauf, und man tritt ihm mit der gereiften Erfahrung gegenüber. Und das bedeutet dann etwas ungeheuer Fruchtendes: es ist die Erregung von inneren Lebenskräften.

Was ist denn das Geheimnis des Jungbleibens im menschlichen Gemüt? Daß man allerlei triste Gebärden macht, wenn man sich an seine Jugend erinnert, daß es früher «so schön» war, jetzt aber nicht mehr ist, das ist es nicht, wodurch man sich jung erhält. Daß man sich jung erhält, zugleich aber wertvoll für seine Mitmenschen, so daß sich das, was man in der Jugend sich angeeignet hat, im Alter in einer ganz neuen Form aus dem Gemüt ergeben kann, es verwandelt sich das früher Aufgenommene, wird zu einem anderen, das ist die Frucht dessen, was in jenem Lebensalter in das kindliche Gemüt eingepflanzt worden ist. In merkwürdiger Weise verwandeln sich die Impulse, die sich mit dem menschlichen Leben und dem menschlichen Leibe vereinigen. Nur ein Beispiel möchte ich dafür anführen. Es gibt Menschen, die, wenn sie recht alt geworden sind, in irgendeinem Kreise sein können; sie brauchen gar nicht viel zu sagen, sie sind durch ihre bloße Gegenwart wohltuend, man hat sie gern unter sich. Sie haben etwas Segnendes für die Umgebung. Woher kann dieses Segnende kommen? Wenn man gewöhnlich Pädagogik treibt, studiert man in der Regel nur das kindliche Alter; da bleibt die Pädagogik dann ein äußerliches Studium. Ihr eigentliches Studium muß sich aber auf das ganze menschliche Leben, auf das Leben von der Geburt bis zum Tode, ausdehnen. Wenn wir im Sinne einer derartigen Pädagogik uns einen solchen Menschen ansehen, wie ich ihn jetzt beschrieben habe, dann kommen wir darauf zurück, daß jenes Segnende herrührt von dem, was im kindlichen Gemüt eingerichtet worden ist durch eine selbstverständliche Verehrung gegenüber dem Erziehenden. Und ich möchte sagen, noch weiter kann man gehen: Niemand kann im hohen Alter die Arme in Verehrung und Anbetung ausbreiten, der nicht gelernt hat, die Hände als Kind in Verehrung und Anbetung zu falten. Das innerliche Erlebnis der Verehrung wandelt sich durch das menschliche Leben hindurch um in Segnung für jenes Lebensalter, wo diese Segnung wohltätig wirken kann.

So müssen wir sagen: Nur der übt eine wirklich lebendige Erziehung und Unterrichtskunst, der das ganze menschliche Leben beobachten kann. Aber dann wird er nicht darauf bedacht sein, dem Kinde festumrissene Vorstellungen beizubringen. Wenn wir das Kind in seinem fünften Lebensjahr in eine Kleidung einschnüren würden, die dauerhaft wäre und sich nicht ausdehnte – eine solche gibt es ja nicht, es ist das nur eine Hypothese –, so würde das für das physische Leben des Kindes etwas Schreckliches bedeuten. Aber dasselbe machen wir für das seelische Leben des Kindes, wenn wir ihm Definitionen beibringen, die so bleiben sollen, wie sie sind, und die das Kind gedächtnismäßig so mit sich weitertragen soll. Es kommt für die Erziehung darauf an, daß wir lauter bewegliche Vorstellungen und Empfindungen dem Kinde beibringen, die selber wachsen mit dem Wachsen des Kindes im Leibe, in der Seele, im Geiste. Also nicht darum handelt es sich, dem Kinde festkonturierte Vorstellungen zu geben, sondern bewegliche Begriffe, die sich wandeln können. Wir sollten gar nicht den Ehrgeiz haben wollen, dem Kinde etwas beizubringen, was es so für das ganze Leben behalten soll, sondern etwas Bewegliches sollten wir ihm vermitteln. Wer die Erziehungskunst ganz ernst nehmen kann, wird das verstehen.

Sie werden es mir nicht übelnehmen, wenn ich sage: Nicht jeder Erzieher wird ein Genie sein. Aber jeder kann in die Lage kommen, daß einmal unter den Knaben und Mädchen vor ihm einer oder eine sitzt, die später einmal gescheiter werden als er selbst. Der wirkliche Erziehungskünstler darf nicht denken, daß die, welche da vor ihm sitzen, nur ebenso gescheit sein müßten als er.

Das aber muß Grundlage einer wirklichen Erziehungskunst sein, daß wir das, was von der Kunst selber kommen kann, fruchtbar machen für die Erziehung. Künstlerisches wird ja schon entwickelt, wenn wir das Schreiben aus dem Malen herausholen. Aber wir sollten uns darüber klar sein, welches ungeheuer bedeutungsvolle Moment gerade für die Willensbildung zum Beispiel in dem Musikalischen liegt. Dieses Musikalische lernt man ja erst schätzen, wenn man die Erziehung auf eine wirkliche, wahre Menschenerkenntnis stellt. Dann aber kommt man auf etwas anderes noch. Man kommt zu der Eurythmie. Die Eurythmie ist eine Kunstform, die sozusagen aus geisteswissenschaftlicher Forschung hervorgeholt worden ist als ein Erfordernis für unser Zeitalter. Aus einer für die Menschenerkenntnis fundamentalen Tatsachenreihe kennt ja die heutige Wissenschaft nur ein kleines Detail. Es ist dies, daß man weiß: bei Rechtshändern, also bei den meisten Menschen, liegt das Sprachzentrum in der linken dritten Stirnwindung des Gehirns, dagegen haben es die Linkshänder auf der rechten Seite. Das ist ein kleines Detail. Die Geisteswissenschaft zeigt uns für die Pädagogik, daß alles Sprechen ausgeht von demjenigen, was im weitesten Umfange Bewegung der Gliedmaßen im kindlichen Alter ist. Natürlich handelt es sich dabei mehr um die Art, wie der Mensch veranlagt ist, als es die mehr oder weniger zufällige Wirklichkeit gibt. Wenn jemand sich in jugendlichem Alter den Fuß verletzt, so übt das keinen großen Einfluß aus in bezug auf das, was ich jetzt im Auge habe. Aber wenn wir darauf eingehen, um was es sich bei der Sprache eigentlich handelt, so kommen wir darauf, daß, wenn wir uns Impulse aneignen, die namentlich in dem Gliedmaßenrhythmus unseres Sprechens liegen, wir dabei ausgehen von dem Schritt des Menschen, von jeder Gebärde, die mit Beinen und Füßen ausgeführt wird. Was in der Gliederbewegung liegt, was zum Beispiel in den Füßen selber liegt, das geht auf eine geheimnisvolle Weise durch eine innere organische Metamorphose als Impuls in die vordersten Sprachwerkzeuge über. Namentlich in der Konsonantenbildung lebt das. Ebenso lebt das auch in den Sprachformen, was das Kind in der Bewegung seiner Hände ausführt. Die Sprache ist nur umgesetzte Gebärde. Und wer die Sprache kennt, wie sie aus Konsonanten und Vokalen hervorgeht, der sieht darin die umgesetzten Bewegungen von irgendwelchen Gliedmaßen des Menschen. Es ist ja das, was wir aussprechen, eine Art Luftgebärde . . . [Lücke]

So kann tatsächlich auf dem Wege einer künstlerisch-pädagogischen Methode dasjenige in die Erziehung hineinkommen, was aus einer wirklichen Menschenerkenntnis fließen kann. Und damit wird der, welcher im Sinne dieser pädagogischen Kunst eben erziehen und unterrichten wird, zum Erziehungskünstler gemacht werden. Nicht irgend etwas Revolutionäres liegt also dem zugrunde, was hier gemeint ist, sondern etwas Impulsierendes, das in jedes Erziehungssystem aufgenommen werden kann, weil es gerade aus dem Intimsten der menschlichen Entwickelungsmöglichkeit hervorgegangen ist. Das macht natürlich dann notwendig, daß man mancherlei in den Unterricht und in die Erziehung einführt, was heute noch ungewohnt ist. Ich will nur eines erwähnen: Wenn man auf diese Weise Erziehungskunst ausüben will, hat man nötig, das Leben des Kindes konzentriert zu haben. Daher kann man nicht, wie es heute gebräuchlich ist, beim Unterrichte von acht bis neun Uhr Rechnen treiben, von neun bis zehn Geschichte, von zehn bis elf wieder etwas anderes, und so alles mögliche durcheinander. Sondern in der Waldorfschul-Pädagogik haben wir die Einrichtung getroffen, daß durch drei bis vier Wochen hindurch derselbe Gegenstand täglich von acht bis zehn Uhr an das Kind herangebracht wird, so daß es konzentriert dabei bleibt. Daß das Aufgenommene später wieder vergessen wird, ist kein Einwand gegen diese Methode. Aber es wird damit gerade erreicht, daß das Seelische des Kindes in einer ganz besonderen Weise gefördert wird.

Es sollte dies alles nur ein Beispiel dafür sein, wie aus einer geisteswissenschaftlich orientierten Menschenerkenntnis heraus eine Erziehungskunst hervorgehen kann, die nun wieder möglich machen wird, daß wir nicht durch äußerliche Mittel – durch eine Experimentalpädagogik oder Experimentalpsychologie – an den Menschen heranzukommen versuchen, sondern daß wir mit dem Innersten unseres eigenen Wesens uns hineinleben in das innerste Wesen des Kindes. Dann kann eine solche Gesinnung ihre Probe dadurch erfahren, daß man in die Schule das hineinbringt, was aus einer geisteswissenschaftlichen Menschenerkenntnis fließen kann.

Daß der Mensch, wenn er in das Erdenleben hineinkommt, nicht nur das annimmt, was ihm von Vater und Mutter entgegengebracht wird, sondern daß er als geistiges Wesen aus einer geistigen Welt heruntersteigt in diese irdische Welt, das kann bei einer lebensvollen Menschenerkenntnis in der Erziehungskunst praktisch werden. Denn es gibt im Grunde genommen keine wunderbareren Eindrücke, als wenn man das ganz kleine Kind in seinem Werden beobachtet, an seiner Entfaltung teilnimmt und den Eindruck bekommt, wie das zuerst innerlich Verschwommene, das aus der geistigen Welt zum irdischen Dasein heruntergestiegen ist, sich allmählich formt und gestaltet. Und man gewinnt die Erkenntnis, daß man es darin mit einem Übersinnlich-Geistigen zu tun hat, das sich hier in der Sinneswelt verkörpert und entfaltet. Da fühlt man sich dann verantwortlich gegenüber der eigenen Erziehungskunst; und fühlt man dazu die nötige Gewissenhaftigkeit, dann wird die Erziehungskunst gewissermaßen die Ausübung eines religiösen Dienstes. Man fühlt in der Praxis: Die Götter haben den Menschen heruntergeschickt in dieses irdische Dasein, haben ihn uns als Erzieher anvertraut. Was die Götter uns mit dem Kinde übergeben, das sind Rätsel, die den schönsten Gottesdienst ergeben.

Was aber auf diese Weise in die Erziehungs- und Unterrichtskunst übergeht, was ihr zugrunde gelegt werden soll, das ist das, was vor allen Dingen ausgeht vom Lehrer. Heute sagt man oft, wenn man über Erziehungsfragen spricht, es solle nicht nur der Intellekt des Kindes gebildet werden, sondern man müsse auch die religiösen Anlagen und so weiter bilden. So spricht man viel von dem, was im Kinde gebildet werden soll. Bei der Waldorfschul-Pädagogik aber spricht man mehr von dem, was im Lehrer vorhanden sein muß, so daß für sie die Erziehungsfrage in erster Linie eine Lehrerfrage ist.

Und ist dann das Kind geschlechtsreif geworden, dann soll es fühlen: Jetzt bist du, nachdem auf dein Gefühl und deinen Willen gewirkt worden ist, jetzt bist du so weit, daß auf dein Vorstellungsleben gewirkt werden kann, jetzt wirst du reif, ins Leben hinaus entlassen zu werden.

So ist das, was da an uns herankommt, wie die innerste Forderung, die von dem Menschen selbst ausgeht, wenn wir ihn verstehen lernen. Und so will die anthroposophische Menschenerkenntnis nicht Theorie bleiben für mystische oder müßige Gemüter, sondern sie will übergeführt werden ins Leben. Sie ist dadurch diejenige Praxis, ist derjenige Teil des Wirklichkeitslebens, der dem Menschen ganz besonders nahe ist und ihm an seiner Seele liegen muß: es ist das, was unmittelbar in seiner Aufgabe für den werdenden Menschen liegt. Lernen wir so aus der Menschennatur heraus erziehen und unterrichten, dann legt sich auf unser Gemüt die beruhigende Vorstellung: Wir tragen etwas in die Zukunft hinüber, was diese Zukunft braucht! Unser Leben, das Kulturleben, das heute den Menschen soviel Elend, soviel Komplikationen auferlegt, macht uns darauf aufmerksam, wie solche Aufgaben in der Menschheitsentwickelung gerade heute vorhanden sind. Es wird oftmals, bis zum Überdruß, gesagt: die soziale Frage ist vor allem eine Frage des geistigen Lebens. Wenn man das sagt, sollte man sich vor allem dessen bewußt sein, daß man dasjenige, was das heutige Leben so schwierig gestaltet, innerlich schwierig gestaltet, überwinden muß. Oh, der Mensch geht heute am Menschen vorüber – ohne Verständnis und ohne Liebe, und ohne intim hineinzuschauen in das, was der Mensch, der an uns vorübergeht, sein kann. Damit aber dieses intime Hineinschauen im Leben Platz greifen kann, damit wieder Menschengemüt an

Menschengemüt herankommt, damit die sozialen Ideale nicht als theoretische Forderungen auftreten, sondern aus Menschenliebe heraus geboren werden – denn nur Menschenliebe kann das lösen, was in der sozialen Frage zur Lösung da ist –, dazu ist aber als das Wichtigste notwendig, daß wir jenes soziale Verhältnis in der richtigen Weise zu gestalten wissen, das von dem erziehenden Menschen zu dem Kinde geht. Denn in dem, was sich so als das soziale Verhältnis zwischen Lehrer und Kind in der Schule entwickelt, ist der schönste Keim gelegt zur Lösung der sozialen Frage. Und vieles wird gerade aus einer solchen Erziehungskunst heraus dem Erziehenden so erscheinen, wie wenn er den Keim pflegen würde, und durch seine, nicht utopistische, sondern ganz reale Zukunftsphantasie ersteht die Blüte desjenigen, was er in den Menschen hineinlegt.

Wie wir in der wahren Erziehungskunst das ganze Menschenleben vor uns haben sollen, so sollten wir auch aus dieser Gesinnung heraus, aus der wir eine Erziehungskunst üben, das ganze Leben in seinem weitesten Kreise vor Augen haben. Als Erzieher wirken, heißt: Nicht für die Gegenwart, sondern für die Zukunft wirken! Aber wie der Mensch, wenn er Kind ist, die Zukunft in sich trägt, so wird gerade derjenige von der schönsten pädagogischen Gesinnung getragen sein, der sich in jedem Augenblicke sagen kann: Was du zu bilden hast, das ist dir von den Göttern heruntergeschickt; du sollst es in der richtigen, würdigen Weise in das Leben hineinführen. Und mit dem Kinde den Weg von der göttlichen Weltordnung in die irdische Weltordnung in lebendiger Weise zu wirken, ist das, was als ein Gefühlsimpuls, als ein Willensimpuls unsere pädagogische Kunst durchdringen muß, wenn sie die für das Menschenleben so wichtigen Forderungen, die heute auftreten, befriedigen will.

Das möchte die Waldorfschul-Pädagogik. Und was wir in den wenigen Jahren bisher erreicht haben, kann doch vielleicht zu der Überzeugung berechtigen, daß die aus der Geisteswissenschaft stammende lebendige Menschenerkenntnis auch für das menschliche Dasein sich fruchtbar erweisen kann, damit aber auch für das Gebiet der Erziehungs- und Unterrichtskunst, das heißt aber: für den wichtigsten Zweig des praktischen Lebens.

DIE KUNST DER MORALISCHEN UND PHYSISCHEN ERZIEHUNG

Den Haag, 19. November 1923

Sehr verehrte Anwesende! Es ist der Wunsch ausgesprochen worden, daß ich heute noch einiges zu dem am letzten Mittwoch hier über die Waldorfschul-Pädagogik Gesprochenen hinzufüge. Das wird vielleicht mit Rücksicht darauf, daß, als ich am letzten Mittwoch den Vortrag hielt, der heutige Vortrag noch nicht vorgesehen war, in einer etwas aphoristischen Weise geschehen.

Ich habe vor einigen Tagen darauf aufmerksam gemacht, wie die hier gemeinte pädagogische Kunst arbeiten will aus einer wirklichen Menschenerkenntnis, das ist, einer allseitigen Menschenerkenntnis, einer Menschenerkenntnis nicht bloß nach dem leiblichen oder seelischen, sondern nach dem Vollmenschen, den man ja unterscheiden kann nach Leib, Seele und Geist, die wiederum zu einem einheitlichen Ganzen zusammenwirken.

Andererseits habe ich ja schon betont, daß es sich darum handelt, den ganzen Menschen in seinem Erdenleben von der Geburt bis zum Tode im Auge zu haben, wenn man eine wirkliche Erziehungskunst und Unterrichtskunst ausüben will. Denn mancherlei von dem, was man durch die Erziehung und durch den Unterricht veranlagt in dem ersten Lebensalter, das kommt erst zur Offenbarung, entweder nach der gesunden oder nach der kranken Seite des Menschen hin, oftmals im spätesten Leben. Und derjenige, der als Erzieher oder Unterrichter nur im Auge hat das Kind in seiner gegenwärtigen leiblichen und geistigen Konstitution, der sich seine Erziehungskunst nur bildet nach dieser gegenwärtigen Organisation des Kindes, der vermag dann nicht in sachkundiger Weise so zu wirken, daß das, was er veranlagt, in gesunder, den Menschen tüchtig machender, den Menschen in sich harmonisch machender Weise im späteren Alter zum Ausdruck kommt. Das aber hat die Erziehungskunst im Auge, die hier gemeint ist. Sie ist, gerade weil sie dieses Ziel verfolgt, nach keiner Richtung hin einseitig. Man könnte leicht glauben, weil aus anthroposophischer Geisteswissenschaft, also aus einer wirklich exakten Erkenntnis des Geistigen im Menschen und in der Welt heraus, diese Erziehungskunst ihr Gepräge erhalten hat, daß diese Erziehungskunst in einseitiger Weise gerade nach dem Geistigen hin tendiert. Das ist aber durchaus nicht der Fall. Gerade bei ihr kommt, weil sie den ganzen Menschen ins Auge faßt, das Physisch-Leibliche in einem ausgesprochenen Maße zur Geltung. Ja, man könnte sogar sagen, es wird die erzieherische und unterrichtliche Behandlung des Geistigen und Seelischen so eingerichtet, daß dasjenige, was der Erzieher heranbildet am Kinde, in der denkbar besten Weise auch auf die physische Gesundheit wirkt.

Wir erziehen in der Waldorfschule in Stuttgart und in den Schulen, die sich daran angliedern so, daß mit jeder Maßnahme für das Geistige auch die denkbar beste Wirkung dieses Geistigen auf das Leibliche in Aussicht genommen ist. Und das muß man eigentlich bei einer wirklichen, einer wahren Erziehungskunst. Denn beim Kinde ist nicht in derselben Weise wie beim Erwachsenen das Seelisch-Geistige von dem Physisch-Leiblichen streng geschieden. Man weiß es ja, welch große Schwierigkeiten es den sogenannten Philosophen heute macht, wenn sie irgendeine Ansicht gewinnen wollen über das Verhältnis des Geistigen zum Körperlichen im Menschen. Da ist das Geistige auf der einen Seite. Es wird erfahren innerlich durch das Denken, durch das übrige Seelenleben. Es verläuft so, daß es in sich durchaus unähnlich ist demjenigen, was uns entgegentritt, wenn wir in der gebräuchlichen Weise in der Physiologie, der Anatomie, den Menschen seiner Körperlichkeit nach studieren. Zwischen dem, was wir da innerlich erleben als das Seelisch-Geistige, und dem, was uns dann eine Betrachtung oder Untersuchung des Menschen in leiblich-physischer Weise bietet, kann nicht leicht unmittelbar eine Brücke geschlagen werden.

Sieht man aber in unbefangener Weise auf das Kind und seine Entwikkelung hin, und hat man ein Auge dafür, was alles in dem Kinde geschieht, wenn es so um das siebente Jahr herum das erste bedeutsame metamorphosierende Lebensereignis durchmacht, den Zahnwechsel, sieht man auf das alles hin, dann fällt einem auf, wie das ganze Seelenleben des Kindes mit diesem Zahnwechsel anders wird, als es vorher war. Wir sehen vorher bei dem Kinde in einer Art elementar-traumhaften

Weise die Vorstellungen, die es hat, auftauchen. Wir sehen zwar gerade in dieser ersten Lebensepoche ein ausgesprochenes Gedächtnis sich entwickeln, aber wir sehen, wenn wir beobachten können, wie dieses Gedächtnis eine Umwandlung erfährt gerade durch den Zahnwechsel oder während des Zahnwechsels. Und zwar tritt die folgende Umwandlung ein: Kann man beobachten, so muß man sagen, daß so bis zum Zahnwechsel hin die innere Tätigkeit, die bei der Erinnerung spielt, die also im Gedächtnis lebt, mehr ähnlich sieht einer äußeren Gewohnheit, wie sie sich mit Hilfe des Körperlichen im Kinde ausbildet, als später. Das Kind erinnert sich auch, und sogar sehr gut; aber dieses Erinnern, das kommt einem mit Recht vor wie das wiederholte Ausüben einer Tätigkeit, die man sich als Geschicklichkeit angeeignet hat. Dieses ganze Gedächtnis des Kindes in der ersten Lebensepoche ist eigentlich eine innere Geschicklichkeit, ein Herausbilden einer inneren Gewohnheit, währenddem nach dem Zahnwechsel und später es so wird, daß das Kind wirklich auf seine Erlebnisse erst zurückschaut, also erst innerlich in der Vorstellung wie in einer Art von Rückschau die gehabten Erlebnisse überblickt. So ändert sich im Gedächtnis, im Erinnerungsvermögen, radikal das Seelenleben des Kindes.

So ist es auch mit dem Vorstellen. Betrachten Sie nur unbefangen die Vorstellungen des Kindes. Da lebt in den Vorstellungen im hohen Grade überall Wille. Das Kind kann gar nicht absondern ein inneres Wollen von einem gedanklichen Erleben. Aber dieses Trennen, das tritt mit dem Zahnwechsel ein. Kurz, es ist so, daß wirklich gründlich das Seelenleben des Kindes mit dem Zahnwechsel eine Metamorphose erfährt. Was ist denn da aber in Wirklichkeit geschehen? Nun, was das Kind als das eigentliche Seelenleben nach dem Zahnwechsel in sich offenbart, das kann natürlich nicht aus Nichts hervorgebracht worden sein, das war vorher auch schon da, aber es äußerte sich nicht so wie später; es wirkte in den Wachstumskräften, in den Ernährungskräften des Organismus. Es war eine organische Kraft, und hat sich erst in Gedächtniskraft verwandelt, oder überhaupt in freie Seelenkraft verwandelt.

In dieser Beziehung müssen wir uns wirklich gewöhnen, wenn wir sach- und fachgemäß in der Behandlung des Kindes wirken wollen, bei der Menschenbetrachtung genau soviel Mut zu haben wie bei der heutigen Physik. Da reden wir davon, daß es eine sogenannte latente Wärme gibt, das heißt, daß Wärme an Substanz gebunden ist und nicht als Wärme erscheint. Wenn aber durch irgendeinen Vorgang diese Wärme herausgeholt wird aus der Substanz, dann wird sie freie Wärme; vorher war sie gebundene Wärme. In der Physik sind wir an eine solche Betrachtung gewöhnt. Dem Menschen gegenüber müßten wir aber den gleichen Mut haben. Wir müssen uns sagen: das Seelenleben des Kindes ist mit dem Zahnwechsel ein freies Seelenleben geworden; vorher war es an organische Wachstumskräfte gebunden, wirkte in den Ernährungs- und Wachstumsvorgängen. Da ist so viel zurückgeblieben, als für das spätere Leben notwendig ist, aber ein Teil hat sich abgegliedert und ist freies Seelenleben geworden.

Das ist etwas, wenn man es nun nicht bloß als abstrakte Wahrheit sagt, wie es hier gesagt werden muß, sondern wenn man es auf unmittelbare Konkretheit als Erzieher selber beobachtet, das ist etwas, was wirklich wiederum geradeso wunderbar ist, nur ist es zarter, feiner, intimer zu beobachten, wie es ja wirklich das größte Wunder darstellt, das man in der Welt erleben kann, wenn der aufmerksame Beobachter sieht, wie aus den unbestimmten Gesichtszügen des ganz jungen Kindes die bestimmten werden, wie das zappelnde Bewegen übergeht in immer mehr und mehr orientiertes Bewegen der Gliedmaßen. Dieses Herauskommen desjenigen, was im Zentrum des Kindes ist an die Oberfläche des Organismus, das ist ja etwas Wunderbares, und wer das mit einem offenen, intimeren Künstlerauge betrachten kann, der erlebt tatsächlich im werdenden Kinde die Formentfaltung, die Gestaltentfaltung ganz wunderbarer Weltgeheimnisse.

Aber in ähnlicher Art sieht man dann, wenn das Kind gerade in das schulpflichtige Alter kommt, also wenn es den Zahnwechsel durchmacht, wie das, was unten steckte in den Wachstumskräften, nun frei wird, und sich als Seelenleben entfaltet. Wenn man es im Konkreten, im Einzelnen sieht, dann erwacht eben in uns der Erziehungsenthusiasmus. Und wir können dann überführen allmählich, wirklich in sachgemäßer Weise, das, was im Kinde lebte bis zum Zahnwechsel hin.

Das Kind ist ja bis zum Zahnwechsel hin Willenswesen, aber ein Willenswesen nicht wie der Mensch im späteren Lebensalter, sondern ein Willenswesen, das zugleich ganz Sinn ist. Natürlich ist das vergleichsweise gesprochen, aber das Kind ist eigentlich, wenn ich mich so ausdrücken darf, ein umfassend großes Sinnesorgan. Und wie in jedem Sinnesorgan nicht bloß das Wahrnehmungsvermögen lebt, sondern auch der Wille – er lebt nur in den ausgesprochenen Sinnesorganen in einer etwas verborgenen Weise –, so lebt eben in diesem Willensmäßigen des Kindes bis zum Zahnwechsel hin der Wille als Sinnesorgan. Und das Kind nimmt wahr alles, was in seiner Umgebung ist, in einer viel intimeren, zarteren Weise, aber zugleich in einer solchen Weise, daß es innerlich, bis ins innerste Wesen der organischen Bildung überall nachgeahmt wird. Das Kind ist ein feiner Nachahmer. Es ist sehr merkwürdig, aber das Kind reagiert nicht nur auf dasjenige, was es sieht in den Bewegungen der Gliedmaßen bei den Menschen seiner Umgebung – es lernt ja auch die Sprache, indem es nachahmt dasjenige, was es hört –, aber nicht bloß auf diese Dinge schaut es hin und ahmt sie in sich nach, sondern es ahmt sogar Stimmungen nach, ja Gedanken. Und man sollte schon auf die Imponderabilien des Lebens schauen können, auf die unwägbaren Dinge des Lebens. Man sollte sich in der Umgebung des Kindes eigentlich nicht einmal einen unlauteren Gedanken, den das Kind nicht haben soll, gestatten, denn die feinen Vibrationsvorgänge, die in uns geschehen bei einem unlauteren Gedanken, sie ahmen sich im kindlichen Organismus nach. Was alles zwischen Mensch und Mensch spielt, das wird ja gewöhnlich gar nicht berücksichtigt. Und in dieser Beziehung ist das Urteil auch der Wissenschaft heute wenig geschärft.

Gestatten Sie, daß ich wie in Parenthese etwas einfüge, das uns darauf hinweisen könnte, wie doch mancherlei spielt nicht nur zwischen Mensch und Mensch, sondern sogar zwischen dem Menschen und dem Tier, das sich nicht hineinzwängen läßt in dasjenige, was man durch die gewöhnlichen Sinnesorgane sieht, ohne daß es etwa schon zum Übersinnlichen gehört, von dem ich in diesen Tagen hier viel gesprochen habe. Es war eine Zeitlang sehr viel die Rede von den «rechnenden Pferden». Die hauptsächlichsten dieser rechnenden Pferde, die, soviel ich weiß, in Elberfeld waren, habe ich nicht gesehen, wohl aber ein besonderes Exemplar, das Pferd des Herrn von Osten in Berlin. Dieses konnte ich in seiner ganzen Entfaltung studieren. Man erlebte da, wenn man zunächst oberflächlich betrachtete, wie der Herr von Osten neben seinem Pferd stand und einfache Rechenaufgaben gab. Das Pferd stampfte das Resultat der Aufgabe mit dem Fuße, und es war das für die Leute ein großes Wunder. Aber nicht nur gewöhnliche Menschenkinder haben sich das angeschaut, sondern es ist sogar ein Buch von einem Privatdozenten, einem Professor, über dieses Pferd des Herrn von Osten geschrieben worden, ein Buch, das sogar ein stark negatives Interesse erregen kann. Die Urteilsfällung dieses betreffenden Professors ist nun eine ganz eigentümliche. Er kann sich gar nicht eine rechte Vorstellung machen, woher es denn kommt, daß dieses Pferd des Herrn von Osten, wenn der Herr von Osten sagt: Fünf und sechs ist? – just bei elf mit dem Fuße stampft. Daß das Pferd nicht in menschlicher Weise rechnen kann, das ist ja natürlich für jeden klar, der weiß, wie eng die Organisation zusammenhängt mit den Fähigkeiten. Also natürlich war es ein Unsinn, wenn die Leute meinten, daß die Pferde wirklich rechnen können. Sondern man müßte nachdenken darüber, was da eigentlich spielt, ohne daß das Pferd so rechnet, wie der Mensch rechnet; aber die Rechenprobleme löste das Pferd. Da hat sich der betreffende Privatdozent die Vorstellung gemacht: wenn der Herr von Osten ausspricht: Fünf und sechs ist? – dann weiterzählt bis zehn, elf, dann hat er ein feines Mienenspiel. Und dieses feine Mienenspiel, das zeigt, wenn der Herr von Osten angekommen ist bei elf, etwas Besonderes; dann vibriert bei ihm etwas ganz anders als bei zehn. Das bemerkt das Pferd und dann stampft es. – Also, es sind feine Vibrationen, die das Pferd bemerkt. So ist die Theorie. Aber da ist ein Einwand, den der betreffende Gelehrte sich ja auch natürlich selber machte: man müßte doch auch wohl beobachten können, wie das Mienenspiel des Herrn von Osten ist. Da sagt aber der Herr Privatdozent: Ja, das kann ich nicht beobachten, solch eine feine Beobachtung hat der Mensch nicht. – Also, es folgt daraus, daß ein Pferd eben eine bessere Beobachtung hat, als ein Privatdozent. – Nun, das geht doch ein wenig sehr weit, und es handelt sich ja tatsächlich um etwas ganz anderes.

Als ich dieses ganze Verhältnis des Herrn von Osten zu seinem Pferde studierte, da war mir das Allerwichtigste jenes merkwürdige Gefühls- und Empfindungsverhältnis, das Herr von Osten mit seinem Pferd fortwährend aufrechterhielt, indem er nämlich aus seiner Tasche fortwährend Zuckerstückchen herausnahm und sie dem Pferd gab, während es rechnete. Dadurch entspann sich eine animalische Zuneigung des Pferdes, die aufrechterhalten wurde durch die Zuckerstückchen; es lebte etwas von animalischer Dankbarkeit in dem Pferd. Das sind solche Imponderabilien des Lebens. Dadurch nahm das Pferd tatsächlich etwas wahr, und zwar nicht durch das Mienenspiel des Herrn von Osten, sondern auf den Wogen des animalischen Dankbarkeitsgefühls, das durch den Zucker bewirkt war, wurde hinübergetragen das Fühlen des Herrn von Osten, wenn er die Zahl elf aussprach, wenn das Pferd sechs und fünf ist elf anzeigen sollte. Also es handelte sich darum, daß ein intimes Verhältnis hergestellt wurde, so daß das Pferd sich einfühlen konnte in Herrn von Osten, und in dem lag eine Art von Gefühlsübertragung. Ich will das jetzt nicht weiter ausführen, wollte es hier nur erwähnen; es hat sich mir ergeben nach sorgfältigem Studium. Ich führe es an zum Beweise dafür, daß bei primitiveren Wesen tatsächlich ein Einfühlen in andere stattfindet.

Und so ist es in hohem Grade beim kleinen Kinde. Das Kind lebt eben das, was es auch nicht mit Augen sieht und mit Ohren hört, an den anderen Menschen mit, und lebt es in sich weiter. So daß wir uns tatsächlich einen unlauteren Gedanken in seiner Nähe nicht gestatten sollen, wenn sich dieser unlautere Gedanke auch nicht in Vibrationen nachweisen läßt. So ist das Kind ein feingestimmtes Sinnesorgan, ist ganz und gar ein Nachahmer. Aber denken Sie, was das bedeutet. Das bedeutet, daß dasjenige, was in der Umgebung des Kindes geschieht, sich bis in die physische Organisation des Kindes in einer, allerdings nicht mit äußeren, groben Instrumenten nachweisbaren, aber doch vorhandenen Weise fortpflanzt. Wenn also ein jähzorniger Vater in der Nähe des Kindes den Ausdruck seines Jähzorns in die Welt setzt, und so immer neben dem Kinde lebt, dann erlebt das Kind diese Äußerungen, diese Offenbarungen des Jähzorns mit bis in seine Blutzirkulation, bis in die Gestaltung seiner Säfte hinein. Und der ganze physische Organismus bildet sich nach dem, was das Kind in seiner Umgebung eben in geistig-seelischer Art beobachtet hat. So ist das Kind ein Nachahmer in seiner ersten Lebensepoche bis zum Zahnwechsel. Aber die Nachahmung lebt sich aus auf physische Weise in seinen physischen Organismus. Wir tragen durch das ganze Leben hindurch in der feineren Zusammensetzung unserer Gefäße, unseres Blutes, in der feinen Zusammensetzung des Nervensystems alles das in uns, was angestiftet worden ist in uns in der ersten Lebensepoche. Und so ist, man möchte sagen, in handgreiflicher Weise die allererste Erziehung, die im Elternhause oder sonst von der Umgebung in selbstverständlicher Weise ausgeübt wird, im eminentesten Sinne körperliche Erziehung. Auch alles Geistige, was mit dem Kinde geschieht, geht bis ins Körperliche hinein. Und was die zarte Organisation des Kindes aufnimmt im Körperlichen, das bleibt eben in seinen Wirkungen und Ergebnissen vorhanden im Erdenleben, bis der Mensch stirbt.

Wenn das Kind nun durch den Zahnwechsel gegangen ist, so tritt diese Sinnennatur zurück, und das Kind sondert das besondere Vorstellen von dem sinnlichen Wahrnehmen ab. Aber was beim sinnlichen Wahrnehmen das Wesentliche ist, was beim Kinde in der ersten Lebensepoche überhaupt das einzig Tonangebende ist – das Kind hat ja keine abstrakten Begriffe, und wenn wir ihm solche beibringen, ist es ein Unfug –, was das einzig Tonangebende ist, das ist die Anschaulichkeit, die Bildhaftigkeit. Die fordert jetzt bis zur Geschlechtsreife auch das ganze Vorstellungs- überhaupt das ganze Seelenleben des Kindes. Das Kind will bildhaft unterrichtet sein. Und Sünde wider die Entwickelung der menschlichen Natur ist jede intellektualistische Unterweisung bis zur Geschlechtsreife hin. Aus dem Bildhaften, aus dem künstlerisch Erfaßten heraus muß das Kind tatsächlich erzogen und unterrichtet werden. Da ist es aber so, daß auf das Verhältnis zwischen dem Erziehenden und Unterrichtenden und dem Kinde ungeheuer viel ankommt. Ich möchte das an einem Beispiel klarmachen.

Man kann nämlich sehen: Wenn man versucht, dem Kinde eine höhere Wahrheit beizubringen, sagen wir, die Wahrheit von der Unsterblichkeit der Seele, dann muß man diese Wahrheit in ein Bild bringen. Man kann dann etwa dem Kinde sagen, indem man es nach und nach dazu führt: Da ist die Raupe, die verpuppt sich. Man zeigt dem Kinde die Puppe, den Kokon; dann zeigt man ihm, wie der Schmetterling ausfliegt. Dann erklärt man dem Kinde, daß die menschliche Seele in dem menschlichen

Körper so ruht wie der Schmetterling im Kokon, daß die menschliche Seele eben nur unsichtbar ist und mit dem Tode ausfliegt. Natürlich will man dem Kinde damit nicht einen Beweis geben für die Unsterblichkeit der Seele; das würde selbstverständlich einen richtigen Einwand ergeben, den die Leute auch schon gemacht haben. Ich habe nur im Auge, wie man in anschaulicher Weise dem Kinde ein Bild gestalten kann von der Unsterblichkeit der Seele. Beweise dafür wird das Kind schon später kennenlernen. Das Kind soll eben in der Epoche vom Zahnwechsel bis zur Geschlechtsreife von allem Bilder empfangen; die beleben sein Seelenleben, die gestalten sein Seelenleben fruchtbar für das ganze menschliche Leben.

Nun kann ein Zweifaches eintreten. Einmal kann ein Lehrer da sein oder ein Erzieher, der sich denkt: Ich bin sehr gescheit, das Kind ist sehr dumm. – Das ist ja das Natürlichste, oder scheint es wenigstens zu sein, daß man das denkt. Wie soll man nicht als Lehrer sehr gescheit sein und das Kind sehr dumm! Also bildet man für das dumme Kind diese Vorstellung von dem auskriechenden Schmetterling und erzählt sie dem Kinde. Man wird nicht viel Erfolg sehen. Es greift die kindliche Seele nicht an.

Es kann aber auch etwas anderes eintreten. Es kann so sein, daß man sich gar nicht sagt: Ich bin als Lehrer sehr gescheit und das Kind ist sehr dumm. Ich will auch nicht gerade sagen, man soll sich das Gegenteil in die Seele setzen. Aber man kann etwas anderes tun. Man kann auf dem Standpunkte stehen, daß man selber in diesem Bilde ein von den Geistkräften der Welt in die Natur hineingesetztes Bild sieht, so daß man selber gläubig diesem Bilde gegenübersteht, daß man selber dieses Bild als etwas empfindet, was die schaffenden Kräfte der Natur vor einen hingestellt haben als ein Abbild dessen, was auf einer höheren Stufe als das Heraustreten der Seele aus der Leiblichkeit auftritt. Durchdringt man dieses Bild mit eigener Gläubigkeit, steht man selber in diesem Bilde voll darinnen und bringt man es dem Kinde aus jenem Enthusiasmus heraus bei, in dem man selber drinnensteht als ein an das Bild Gläubiger, dann wirkt es, dann wird es für das Kind fruchtbar.

An einem solchen Beispiel sieht man, daß man noch so gescheit sein kann als Lehrer und Erzieher, das hilft einem nicht viel. Es hilft für manche Dinge, gescheit zu sein, auch beim Lehrer ist es natürlich besser, gescheit zu sein als ein Tor; aber es ist nicht das, was ihn zum wirklichen Erziehungskünstler macht. Was ihn zum wirklichen Erzieherkünstler macht, das ist, daß er der ganzen Welt mit seinem eigenen Gemüte so gegenübersteht, daß ein lebendiges Verhältnis zum Kinde möglich ist, daß dasjenige, was in ihm lebt, sich fortsetzen kann in dem kindlichen Gemüt. Dann ist vorhanden nicht eine erzwungene Autorität, sondern eine selbstverständliche Autorität. Und diese selbstverständliche Autorität ist es, auf das aller Unterricht und alle Erziehung zwischen dem Zahnwechsel und der Geschlechtsreife aufgebaut werden muß. Daher müssen wir tatsächlich auf die Bildhaftigkeit des Unterrichts im Beginne des schulpflichtigen Alters den allergrößten Wert legen, alles in Bildhaftigkeit dem Kinde beizubringen. Und erst möglichst spät, womöglich erst, wenn die Geschlechtsreife heranrückt, also zwischen dem dreizehnten und vierzehnten Lebensjahre, kann man langsam beginnen mit denjenigen Schulgegenständen, die ein abstraktes Denken notwendig machen. Denn wir sollen das Kind möglichst spät herausreißen aus dem unmittelbaren Wirklichkeitserleben der Umgebung, sollen es drinnen stehenlassen in diesem Wirklichkeitserleben der Umgebung. Denn es ist so zwischen dem Zahnwechsel und der Geschlechtsreife, daß da noch etwas vorhanden ist, aber in leiserer Art, von dem, was im ersten zarten Kindesalter bis zum Zahnwechsel hin vorhanden ist: daß sich alles in die physische Leiblichkeit hinein fortsetzt.

Nun, so stark, daß eigentlich alles organisch wird, was das Kind wahrnimmt, was das Kind erlebt bis zum Zahnwechsel hin, ist es in der zweiten Lebensepoche nicht mehr. Aber noch immer ist ein ungeheurer Unterschied, wie das Geistige an das Kind herangebracht wird auch in bezug auf die physische Entwickelung des Kindes. Und da muß tatsächlich etwas von dem Lehrer erreicht werden, was man nicht durch Theorien erreichen kann, sondern nur durch das Künstlerische, das in der Erziehung webt und wirkt. Halten wir uns da wiederum an eine Einzelheit: Man kann noch so sehr theoretisch wettern, man solle das Kind nicht mit Gedächtnisstoff überladen. Das ist alles sehr schön, wenn es abstrakt gesagt wird, auch richtig. Aber darum handelt es sich dann doch schließlich, daß ja das Kind daraufhin organisiert ist, schon auch ein Gedächtnis zu entwickeln. Also Gedächtnisstoff muß schon dem Kinde zugemutet werden, nur muß man durch eine wirkliche Menschenerkenntnis fühlen und beobachten können, wieviel richtig ist an der Zumutung von Gedächtnisstoff, und wieviel falsch ist, denn davon hängt ungeheuer viel ab.

Derjenige, der ein erzieherischer Künstler ist, der wird an dem Aussehen des Kindes selbst etwas haben wie ein Barometer, wieviel er dem Kinde an Gedächtnisstoff zumuten darf und wieviel nicht. Denn die Sache ist so: Muten wir einem Kinde zuviel Gedächtnisstoff zu, was geschieht dann? Ja, wo wird denn die Kraft des Gedächtnisses hergeholt? Sehen Sie, was da geschieht im Zahnwechsel, daß die Wachstumskräfte, die Kräfte, die in der Ernährung wirken, frei werden und seelisch wirken, was da auf einmal im großen geschieht, das geschieht später auch fortwährend. Deshalb müssen wir uns Wachstumskräfte zuführen aus der Verarbeitung der Nahrung, weil das ganze Leben des Menschen ein Umsetzen der gesunden Wachstumskräfte, die in den Organbildungen, der Blutbildung wirken, eine Umsetzung der Kräfte in freie Seelenkraft ist.

Was nun da im Zahnwechsel auf einmal, in einem Ruck sozusagen geschieht, das geschieht fortwährend, wenn wir irgend etwas der Erinnerung einverleiben. Das was auf uns wirkt, wirkt ja wirklich auf den physischen Organismus mit, wenn wir es wahrnehmen, wenn es uns mitgeteilt wird in Worten und so weiter. Daß da der physische Organismus mitwirkt, das erfährt derjenige, dem zugemutet wird, daß er etwas der Erinnerung einverleiben soll, daß er etwa ein Gedicht auswendig lernen soll. Man schaue sich den an, der etwas auswendig lernen soll, was er da alles macht mit seinem physischen Organismus, um diesem physischen Organismus die Sache einzuverleiben. Was dann aber im physischen Organismus sitzt, das kann noch nicht erinnert werden; da muß das, was in den Wachstumskräften, in den Kräften der Ernährung zugrunde liegt, zunächst umgesetzt werden in seelische Kräfte, und in den seelischen Kräften bewirkt es die Erinnerung. Wenn ich dem Kinde zuviel zumute für die Erinnerung, dann entziehe ich ihm zuviel Lebenskräfte, vitale Kräfte, und die Folge davon ist, daß ich sehen kann, wenn ich den ganzen Zusammenhang durchschaue: das Kind wird blaß, das

Kind bekommt etwas, was aus entzogenen organischen Kräften herkommt, es wird ängstlich. Nun muß man ein Auge haben für dieses Blaßwerden, für dieses Ängstlichwerden. Denn wenn man fortwährend in der wüstesten Weise darauf loszielt, dem Kinde zuviel Gedächtnisstoff zuzumuten, dann bleibt es im Wachstum zurück. Dieses Zurückbleiben im Wachstum hat man verursacht durch falsche geistige Zumutung, durch einen falschen Gedächtnisstoff. Und was man da anrichtet im Organismus, das drückt sich im spätesten Alter noch aus in den mannigfaltigsten Stoffwechselkrankheiten, indem besonders eine Abladung von Harnsäure oder dergleichen im Organismus stattfindet.

Da haben Sie dasjenige, was außerordentlich wichtig ist: Man muß die geistige Führung des Kindes so leiten, daß sie in den Organismus in der richtigen Weise hineinwirkt, daß man zum Beispiel nicht so durch das Überladen mit Gedächtnisstoff bei dem Kinde wirkt, daß im späteren Alter Stoffwechselkrankheiten hervorkommen. Und wenn die Leute den Zusammenhang zwischen Gicht und Rheumatismus im späteren Alter und zwischen dem falschen Unterricht in bezug auf die Zumutung mit zu vielem Gedächtnisstoff kennen würden, dann würden sie erst auf einem wirklichkeitsgemäßen Boden in bezug auf die Erziehungskunst stehen. Dann würde man wissen, daß es nicht gilt: eine geistige Erziehung für sich, eine physische Erziehung für sich, weil alles, was man in der geistigen Erziehung tut, gerade beim Kinde hineinwirkt in die Physis, und alles was man für die physische Entwickelung tut, wiederum hereinwirkt ins Geistige. Wenn Sie bei einem Kinde wahrnehmen, es hat einen melancholischen Charakter, bei einem anderen, es hat einen mehr sanguinischen Charakter, so ist das ganz etwas anderes für die Behandlung des Kindes.

Wenn Sie zum Beispiel nun merken, der melancholische Charakter kann einmal gefährlich werden in physischer Beziehung, so ist es notwendig, sich mit den Eltern in Verbindung zu setzen. Und die Waldorfschule ist eine Schule, die ganz darauf aufgebaut ist, mit der Elternschaft in enger Verbindung zu stehen. In der Waldorfschule werden jeden Monat, zuweilen auch öfter, die Eltern der Kinder zu einer Elternversammlung gerufen. Da wird gesprochen über das, was eben notwendig ist im Zusammenwirken von Schule und Elternhaus. Und da ist sehr vieles notwendig. Man sieht also beispielsweise, ein Kind hat einen melancholischen Charakter, man weiß, daß das zusammenhängt mit der Absonderung in den Verdauungsdrüsen, besonders der Absonderung der Leber, man weiß ferner, daß das wiederum zusammenhängt mit dem Zuckergenuß. Man regelt nun im Zusammenwirken mit den Eltern die Diät in bezug auf den Zuckerzusatz zu den Speisen. Man steht also als Erzieher auf der einen Seite auf dem Boden, daß man überall das Physische berücksichtigt, insofern es die Unterlage des Geistigen sein kann, und daß man auf der anderen Seite das Kind so erzieht, daß man den möglichst gesunden Körperzustand hervorbringt mit Hilfe des Geistigen.

Nehmen Sie nun den umgekehrten Fall. Nicht Überladung mit Gedächtnisstoff, sondern das Gegenteil; ich meine also einen modernen Lehrer, der da sagt: Man darf nichts dem Gedächtnis zumuten, wir sehen ganz ab von Gedächtnis. – Ich möchte oftmals denjenigen Leuten, die immer wieder rufen: Anschauungsunterricht! Anschauungsunterricht! – sagen: Ja, wenn man zuwenig dem Erinnerungsvermögen zumutet, so wird man das auch am Kinde bemerken. Das Kind färbt sich dann in ungesunder Weise ins Rote hinein in seiner Hautfarbe. Es beginnt aber auch über allerlei inneren Druck zu klagen, und endlich merkt man: das Kind wächst in ungeheuerlicher Weise. Und geht man der Sache nach, so bemerkt man, daß durch ein Entziehen des notwendigen Gedächtnisstoffes der Körper ungeeignet wird, in der richtigen Weise die Nahrungsmittel, die aufgenommen werden, in seine Organe aufzusaugen. Bei zu geringem Gedächtnisstoff fängt schon der Magen an, nicht genug Säure abzusondern, oder die Säuren, die er absondert, sind nicht hinlänglich, um in der richtigen Weise die Verdauung zu befördern. Das geht über in den gesamten Organismus; er wird weniger resorptionsfähig, als er sein soll. Und man kann es erleben, wie ein solcher Organismus eines Menschen später, nach Jahren, wenn er so etwas durchgemacht hat in der Schule, immer hungrig ist, und trotzdem nicht ordentlich innerlich arbeitet. Der Mensch neigt dann leicht dazu, ganz besondere Formen von Lungenkrankheiten und dergleichen zu bekommen. Überall wird derjenige, der wirkliche Menschenerkenntnis übt, nicht im Wolkenkuckucksheime einer bloßen Geistigkeit verschweben, sondern er wird eben im Auge haben den ganzen Menschen nach Geist, Seele und Leib. Das aber ist ganz besonders für die Erziehungskunst notwendig.

Man muß ja in der Schule in der richtigen Weise abwechseln, das Kind einerseits intellektuell beschäftigen – wobei ich intellektuell nur anwende für die Dinge, die im Seelischen direkt beigebracht werden; das Intellektuelle als solches ist ja zunächst zu vermeiden bis in die Nähe der Geschlechtsreife –, und man hat das Kind physisch mit Gymnastik, Turnen und so weiter in der Eurythmie zu beschäftigen. Und wenn man da ein Abstraktling ist, und diese Dinge aus abstrakten Grundsätzen heraus einteilt – oftmals geschieht es sogar, damit der möglichst bequeme Stundenplan herauskommt –, dann heißt das alles nichts. Sondern das Folgende ist zu berücksichtigen: wenn man das Kind vor sich hat und man bringt ihm im Leseunterricht, im Schreibunterricht, im Rechenunterricht etwas bei, was vor allen Dingen auf seine Seele wirkt, dann geschieht im Organismus ein Vorgang, in dem sich klar und deutlich zeigt, wie alles das, was dem Kopfe zugemutet wird, polarisch entgegengesetzt wirkt dem gegenüber, was den Gliedmaßen, dem Bewegungssystem, dem motorischen System zugemutet wird. Es ist gar nicht wahr, daß man zum Beispiel weniger ermüdet im Turnen oder in der Gymnastik als beim Lesen- und Schreibenlernen. Das haben die äußerlichen Untersuchungen der experimentellen Psychologie ergeben. Wenn eine Turnstunde inmitten von anderen Stunden liegt, etwa von neun bis zehn Rechnen, von zehn bis elf Turnen, von elf bis zwölf Geschichte, dann ist das Kind nicht ausgeruht für die Geschichtsstunde, wenn es geturnt hat, sondern im Gegenteil.

Da handelt es sich dabei um etwas ganz anderes. Es handelt sich darum, daß derjenige, der wirkliche Menschenerkenntnis üben kann, weiß: es wirkt etwas im Organismus, wenn auch nur halbbewußt. – Und beim Kinde bleibt ja vieles halbbewußt, was dann überhaupt im Menschenleben nicht beobachtet wird, was später überhaupt nicht mehr ins Bewußtsein hinaufgenommen wird. Es wirkt da dasjenige, daß durch die mehr seelisch-geistige Betätigung das Begehrungsvermögen erregt wird, daß man dieses auch auswirken läßt, daß man also nicht in äußerlicher Weise bloß einteilt. Man muß eben den seelisch-geistigen Unterricht so einrichten, daß dadurch die innere körperliche Stimmung für die Gymnastik erregt wird. Wenn ich das Kind turnen lasse, wenn es kein innerliches organisches Verlangen darnach hat, dann wird das Turnen bei dem Kinde so wirken, daß das Kind sehr bald zeigt: es wird nicht mehr fertig mit der Fortleitung der Kräfte, die es nicht in den Leibesübungen nach innen fortsetzt. Es muß ja beim Menschen alles dasjenige, was in der körperlichen Bewegung sich entwickelt, nach innen fortgesetzt werden. Während wir unseren Leib in Bewegung haben, werden innerlich Stoffwechselvorgänge durchgeführt; etwas, was ein ins Leben umgesetzter Verbrennungsprozeß genannt werden kann, wird da ausgeführt. Und was da ausgeführt wird, das wirkt im ganzen Organismus weiter.

Wenn ich das Kind Gymnastik ausführen lasse, ohne daß es Begierde darnach hat, dann wird es mit diesem inneren Stoffwechselvorgang nicht fertig, und die Folge davon ist, daß ich merken werde: solch ein Kind wird durch die Gymnastik stark emotionell. Allerlei Leidenschaften entwickeln sich bei ihm. Ich kann das Kind sogar, wenn ich es ohne organische Begierde turnen lasse, dazu bringen, daß sich eine innere Stimmung in krankhafter Weise ausbildet, die bis zu Wutanfällen das Emotionelle treibt. Das ist etwas, was in den Charakter des Menschen für das ganze Leben übergehen kann. Das alles kann für eine wirkliche gesunde körperliche Entwickelung des Menschen nur vermieden werden, wenn man als Erziehungskünstler die richtigen seelischen Instinkte dafür hat, wie man die Gymnastikstunde legen muß im Verhältnis zu den anderen Stunden, wo Geistig-Seelisches getrieben wird, damit in dieser letzteren Stunde dann erwacht die Begierde nach Gymnastik. Dadurch aber kann dann diese Gymnastik im Organismus so weiterwirken, daß der Organismus in richtiger Weise verbrauchen kann, was in ihm sich entwickelt an Kräften durch die Gymnastik.

Es kommt also wirklich darauf an, daß man eine Art Künstler ist, der mit künstlerischer Anschauung, aber auch mit jener ungeheueren Verantwortlichkeit, die natürlich dem unlebendigen Kunstwerke gegenüber nicht vorhanden ist, dem werdenden Menschen im Kinde gegenübersteht. Dem werdenden Menschen, das heißt, diesem wunderbaren Spiel von tausenderlei ineinanderwirkenden Kräften. Das läßt sich nicht mit theoretischer Pädagogik durchschauen, ebensowenig wie man jemand anweisen könnte, mit theoretischer Physiologie seine Verdauung selber zu regeln. Das läßt sich eben nur mit intuitivem Anschauen machen.

Und so wird eben derjenige, der aus voller Menschenerkenntnis heraus erzieht, im Geistigen so erziehen und unterrichten, daß der gesunde Körper dabei zustande kommt. Und er wird das Körperliche in der Weise regeln, daß es die gesunde Grundlage für die allseitige Entfaltung des Geistigen bilden kann. Das kann aber nur dann geschehen, wenn ein solches Verhältnis intimen Zusammenempfindens zwischen dem Unterrichtenden und Erziehenden und dem Kinde vorhanden ist, wie ich es angedeutet habe an dem Beispiel von dem Bilde des auskriechenden Schmetterlings für das Faktum der menschlichen Unsterblichkeit. Ist dieses Verhältnis vorhanden, dann wird sich auch für das rein Geistige das selbstverständliche Autoritätsgefühl ausbilden, von dem ich im vorigen Vortrage gesprochen habe als von etwas Notwendigem in der allgemeinen Pädagogik. Es wird wirklich der Lehrende und Erziehende für das Kind sozusagen der Repräsentant von Wahrheit, Schönheit und Güte sein. Das Kind soll nicht in abstrakter Weise durch ein bloßes Urteil – das gehört in das spätere Lebensalter hinein – entscheiden, was wahr und was falsch ist, was schön und was häßlich ist, was gut und was böse ist. Sondern es soll das Kind etwas als wahr empfinden, wenn der selbstverständlich innig verehrte Lehrer oder Erzieher es als wahr empfindet. Dieser muß der Durchgangspunkt sein. Es muß das Kind als schön empfinden lernen, was der Lehrende und Erziehende als schön empfindet, und was da entsteht dadurch, daß das richtige Verhältnis zwischen Kind und Lehrer vorhanden ist. Ebenso ist es bei gut und böse.

Dadurch wird aber namentlich für die moralische Erziehung etwas in der kindlichen Entwickelung besorgt, wovon unbedingt notwendig ist, daß es in der richtigen Art besorgt wird. Sehen Sie, der Mensch wird innerlich geradezu verkrüppelt in moralischer Richtung, wenn ihm zu früh in moralischen Geboten: Du sollst, du sollst nicht! – Das darfst du tun, das darfst du nicht tun! – moralische Begriffe in abstrakter Weise beigebracht werden. Das Kind soll erleben an dem führenden Lehrer und Erzieher, was gut und was böse ist. Dazu muß aber das verbindende Glied da sein dadurch, daß der Lehrer auf das Kind so wirken muß, daß dem Kinde das Gute gefällt, daß es Wohlgefallen am Guten hat, daß es Abscheu vor dem Bösen hat. Wir müssen zunächst für das Moralische dahin wirken, daß wir nicht gebieten das Moralische und verbieten das Unmoralische – fassen Sie das, meine sehr verehrten Anwesenden, gut auf, es kommt auf diese Nuance sehr viel an –, sondern daß wir bei dem Kinde zwischen dem Zahnwechsel und der Geschlechtsreife im *Gefühle*, nicht in den Willensimpulsen, das Erleben des Guten und des Bösen entwickeln. Das Gute muß uns innerlich gefallen. Wir müssen Liebe, Sympathie für das Gute entwickeln, bevor wir es als verpflichtend für den Willen entwickeln. Was moralisch für den Willen sein soll, das muß erst herauswachsen aus dem, was moralisch für das Gefühl Wohlgefallen oder Verabscheuen war.

Und wiederum können wir am besten das, was da im Kinde sich entwickeln soll, dadurch zur Entfaltung bringen, daß wir im Bilde wirken. Wenn wir als Lehrende und Erziehende genug Phantasie haben, um hinzustellen historisch-moralische Vorbilder oder historisch-moralische Gestalten, denen man nicht folgen soll, wenn man versteht, das so recht anschaulich zu schildern, so daß im Kinde Wohlgefallen oder Mißfallen an den Taten erwächst, oder wenn wir solche Geschichten erfinden – das ist noch besser, dadurch sind wir als Erziehende mit dem, was wir hinstellen für das Wohlgefallen, noch mehr verbunden –, dann erwecken wir aus dem Gefühl heraus das moralische Erleben. Und dann geschieht das Merkwürdige, daß wenn das Kind geschlechtsreif wird, ebenso wie die Geschlechtsliebe sich aus dem Organischen herausentwickelt, sich aus einem richtig geleiteten moralischen Wohlgefallen oder Mißfallen die richtigen moralischen Impulse des Willens entwickeln. Und das ist das Größere des Erziehens, daß dasjenige, was sich erst durch inneres seelisches Wachstum aus einem keimhaft Veranlagten wirklich erst entwickeln soll, auch von selbst sich entwickelt. Das ist eine bessere Erziehung als diejenige, die alles hineinpfropfen will in das Kind. Wollen wir moralisch erziehen, so muß die Moral im Willen wachsen, aber sie wächst nur, wenn wir den Keim dazu in das Kind legen. Und das können wir in der Lebensepoche, wo das Kind auf die Liebe und Sympathie zum Lehrer angewiesen ist, indem wir das Gefühl entzünden des Wohlgefallens am Guten, des Mißfallens am Bösen.

Es kommt eben überall darauf an, daß wir in der richtigen Lebensepoche das Rechte an den Menschen heranbringen. Dann wirkt dieses Rechte im späteren Alter sich aus. Ebenso wie wenn wir den Keim der Eiche in den Boden versenkt haben, oben einmal die Zweige und die Blätter und die Früchte sich entwickeln, so entwickelt sich, wenn wir den richtigen Keim hineingelegt haben im Kinde im siebenten, achten Jahre zu dem moralischen Wohlgefallen oder Mißfallen, im siebzehnten, achtzehnten Jahre das entsprechende Pflichtgefühl.

Von ganz besonderer Bedeutung ist aber, daß wir in diesem Sinne auch wissen, die religiöse Entwickelung des Kindes zu leiten. Diese religiöse Entwickelung des Kindes, sie kann nicht eigentlich, wenn sie innerlich wahr sein soll – und eine religiöse Erziehung führt eigentlich nur wirklich zu etwas Religiösem, wenn diese religiöse Empfindung ganz tief innerlich aus der menschlichen Seele selbst hervorgeht –, sie kann überhaupt nicht dadurch erzielt werden, daß man den Inhalt irgendeiner religiösen Geschichte oder den Inhalt eines Bekenntnisses dem Kinde vermittelt. Sondern alle religiöse Erziehung muß eigentlich dadurch an die menschliche Seele herangebracht werden, daß der Lehrende und Erziehende imstande ist, die religiöse Stimmung im Kinde zu erregen. Ist sie nicht in ihm selbst, so kann er sie auch nicht im Kinde entwickeln. Ist die religiöse Stimmung aber in ihm, dann hat er nur nötig, das zu tun, was wir in der Waldorfschule für den sogenannten «Freien Religionsunterricht» ausüben.

Die Waldorfschule ist, das möchte ich hier auch ausdrücklich betonen, keine Weltanschauungsschule. Wir wollen nicht junge Anthroposophen in der Waldorfschule erziehen, sondern wir wollen die Anthroposophie dazu benützen, daß die Waldorfschule im rechten Sinne des Wortes eine Methodenschule sein kann. Das ist sie. Nur die richtige Erziehungsmethode wollen wir auf allen Gebieten gewinnen durch Anthroposophie. Es ist eine Verleumdung, wenn gesagt wird: in der Waldorfschule solle Anthroposophie gelehrt werden. Gerade um dieses Urteil nicht aufkommen zu lassen, weil es durchaus unrichtig ist, habe ich von Anfang an bestimmt für die Waldorfschule, daß der Religionsunterricht gegeben wird von den entsprechenden Religionsgemeinschaften. So daß die katholischen Kinder katholischen Religionsunterricht von katholischen

Geistlichen erhalten können, daß die evangelischen Kinder evangelischen Religionsunterricht vom evangelischen Religionslehrer erhalten können.

Nun waren durch die besonderen Verhältnisse, in denen die Waldorfschule gegründet worden ist, viele Dissidentenkinder in der Schule. Für diese wurde zunächst probeweise ein freier christlicher Religionsunterricht eingerichtet von uns. Und wir haben dabei die Befriedigung erlebt, daß Kinder von ganz atheistischen Eltern in diesen freien Religionsunterricht mit Zustimmung ihrer Eltern kamen. Man kann schon sagen, dieser freie Religionsunterricht ist außerordentlich gut besucht. Aber wir sind streng darauf bedacht, daß wir es nicht mit einer Weltanschauungsschule, sondern mit einer Methodenschule zu tun haben. Einer Methodenschule in weitestem Sinne, so daß das Richtige an das Kind in der richtigen Weise und im richtigen Zeitpunkte herangebracht wird. Also nur für die Kinder, die freiwillig dazukommen, ist der freie Religionsunterricht da. Allerdings sind das weitaus viel mehr Kinder als die, die vom katholischen oder evangelischen Religionslehrer Unterricht erhalten. Das ist etwas, wofür wir nichts können. Sie fühlen sich im freien Religionsunterricht außerordentlich angemutet, und er ist ein durch und durch christlicher; während sie sonst davonlaufen. Aber das erzähle ich nur als eine Tatsache, nicht um ein Urteil auszusprechen.

Ja, nun ist es aber so, daß dieser freie Religionsunterricht von folgendem Gesichtspunkte aus eingerichtet ist: Eigentlich kann religiös gewirkt werden in jeder Stunde, bei jedem Gegenstand. Und das geschieht auch bei uns. Wenn der Lehrer selbst dasjenige, was im sinnlich-physischen Leben da ist, durch die eigene Stimmung seiner Seele überall anknüpft an das Übersinnlich-Göttliche, so geht eigentlich alles, aber nicht in einer sentimentalen, mystisch-verschwommenen Weise, sondern in selbstverständlicher Weise aus dem Physischen ins Geistige über. Man muß dabei nur das nötige Taktgefühl haben. Dann aber kann das, was da durch die verschiedenen Unterrichtsgegenstände an das Kind herangebracht wird, in religiöser Stimmung zusammengefaßt werden. Dazu haben wir dann diese paar besonderen Religionsstunden, die wir extra in der Woche den Kindern geben lassen im freien Religionsunterricht. Da wird also einfach das, was sonst lebt im Unterricht und hinführt zum Göttlich-Geistigen, zusammengefaßt durch das, was sich erhebt als eine Hinlenkung zum Göttlich-Geistigen aus der Naturbetrachtung, aus der Beobachtung des geschichtlichen Erlebens des Menschen. So daß nach und nach bei richtiger Entwickelung der religiösen Stimmung ja in der Tat im Kinde die sittlichen Impulse als dasjenige gefühlt werden, wo der Gott in der Menschennatur, in der menschlichen Wesenheit selber spricht.

Dazu muß allerdings eines entwickelt werden, das für die moralische Erziehung und auch für die richtige Entwickelung der religiösen Stimmung von Bedeutung ist, und was heute oftmals viel zuwenig berücksichtigt wird: Man muß früh anfangen, im Kinde zu entwickeln ein ehrliches, aber auch ganz offenes Gefühl von Dankbarkeit. Gewiß, in dem naturgemäßen Verhältnis, in dem selbstverständlichen Verhältnis, das sein muß zwischen Unterrichtendem und Erziehendem und dem Kinde zwischen dem Zahnwechsel und der Geschlechtsreife, muß die Liebe heranwachsen, und auf diese Entfaltung der Liebe muß viel Sorgfalt verwandt werden. Aber die Dankbarkeit muß so entwickelt werden, daß das Kind das Empfangene spürt. Was es auch sei, das von dem anderen Empfangene fordert das Fühlen der Empfindung der Dankbarkeit heraus. In dem Aufleben der Dankbarkeit wird eine ungeheure Bereicherung der Seele entwickelt. Man sollte schon beim ganz kleinen Kinde darauf sehen, daß es in das Gefühl der Dankbarkeit hineinwächst. Sieht man beim kleinen Kinde schon darauf, dann modifiziert sich, metamorphosiert sich dieses Dankbarkeitsgefühl dann, wenn das Kind in die zweite Lebensepoche kommt, in Liebe. Die Liebe bekommt diese besondere Färbung in allen Lebensverhältnissen, daß sie durchsetzt ist von Dankbarkeit. Und wer ein wenig das soziale Leben der Menschen beobachten kann, der weiß, was für ein wichtiger Impuls gerade bei der Behandlung der großen sozialen Fragen das wäre, wenn wir die Menschen wiederum so erziehen könnten, daß Dankbarkeit in ihnen lebt. Denn diese Dankbarkeit ist eine Brücke, die sonst nicht geschlagen werden kann zwischen Menschengemüt und Menschengemüt, zwischen Menschenherz und Menschenherz.

Wenn die Menschen verstehen würden, einander in Dankbarkeit gegenüberzustehen, dann würde vieles von dem nicht da sein, was heute in einer grotesken Weise oftmals als sogenannte soziale Forderungen, sozialer Radikalismus und dergleichen auftritt, wobei ich mich nicht engagiere für diese oder jene Lösung des sozialen Problems. Was ich darüber zu sagen habe, können Sie in meinem Buche «Die Kernpunkte der sozialen Frage» nachlesen. Aber dann, wenn diese Dankbarkeit früh im Kinde als Keim gelegt wird, wenn sie sich hineinlebt in jene Liebe beim Kinde zwischen dem Zahnwechsel und der Geschlechtsreife, wenn sie dem Kinde anerzogen wird auch seelisch, so daß mit der Geschlechtsreife auch die Seele sich entfaltet in rechter Liebe zu den Menschen, zu der ganzen Natur, zu den göttlich-geistigen Wesenhaftigkeiten, wenn da überall die Dankbarkeit mitgeht, dann entfaltet sich hieraus in dem Menschen die religiöse Stimmung so, daß er etwas in sich haben kann, das ein ungeheurer Schutz der Seele sein kann: die Dankbarkeit gegenüber den göttlich-geistigen Mächten für das Leben überhaupt. Es ist wichtig für die innere Erwärmung des Lebens, für die innere Gestütztheit des Lebens, daß wir dieses Gefühl haben können: Wir sind dankbar für dieses Erdenleben den göttlich-geistigen Mächten. Das ist eine starke Lebenskraft, dieses Gefühl der Dankbarkeit für das Leben. Ich möchte sagen: was intensiviert im Blute die organischen Kräfte für den Leib, das liegt in ähnlicher Weise in dem, was geistig vitalisiert die Seele, wenn diese Seele dem ganzen Weltenall gegenüber in bezug auf das eigene Leben dankbare Liebe entwickeln kann.

In solcher Art kann man versuchen, durch die hier gemeinte Erziehungs- und Unterrichtskunst dasjenige in der Umgebung des Menschen zu tun, was diesen Menschen nicht einseitig körperlich und daneben einseitig seelisch erzieht, sondern dasjenige in der Umgebung des Menschen zu tun, was ineinanderströmen läßt in richtiger Art den im Körper lebenden Geist, und den, den schaffenden Geist tragenden Körper. Da unterrichtet man zu gleicher Zeit geistig und physisch. Das ist das einzig richtige; denn im Menschen ist auch die Einheit von Geistigem und Physischem da. Nur muß eben eine solche Erziehung nicht eine einseitige theoretisch-wissenschaftliche Erziehung sein, sondern sie muß sein eine wirkliche Kunst. Eine Kunst, die im Lehrenden und Unterrichtenden lebt, muß die Erziehung, muß aller Unterricht sein. Dann aber darf man schon den Glauben haben, daß die Natur selber mit den in ihr schaffenden göttlich-geistigen Mächten die große Künstlerin ist. Und wer nicht überführen kann die abstrakten Naturgesetze in das künstlerische Gestalten, der begreift im Grunde genommen nicht, was in der Natur webt und lebt.

Aber worauf läuft denn diese ganze Anschauung über Erziehung und Unterricht als auf ihren Grundnerv hinaus? – Ja, man spricht heute viel davon, das Kind solle so oder so erzogen werden. Man macht Vorschriften über einen mehr oder weniger intellektuellen Unterricht und Erziehung, über einen mehr oder weniger willensmäßigen Unterricht und Erziehung. Es ist alles sehr schön. Man spricht viel vom Kinde, das soll man auch. Auf das Kind soll alles Augenmerk der Erziehung gerichtet sein. Aber das kann eben nur dann der Fall sein, wenn der einzelne Lehrer und Unterrichter und Erzieher wirklich tief hineinschauen kann mit einem, das Ganze des Menschen erblickenden künstlerischen Auge auf das Kind. Daher muß alle wirkliche Erziehungsfrage hingelenkt werden auf eine Lehrerfrage, eine Erzieherfrage. Und dazu ist gerade die Waldorfschul-Pädagogik geworden, und alles das, was wir treiben in den Konferenzen, in den Verhandlungen der Lehrer untereinander. Denn schließlich ist ja das Lehrerkollegium die Seele einer solchen Erziehungskunst, aber es ist nur dann die Seele, wenn zusammenwirken die einzelnen Individualitäten.

Aber lassen Sie sich das zum Schlusse sagen: Wenn man in eine Schule hineingeht, die im Sinne dieser Erziehungskunst geführt wird, wenn man betrachtet die ganze Gesinnung des Lehrerkollegiums, von der doch ausstrahlt alles dasjenige, was in jeder Klasse, mit jedem einzelnen Kinde geschieht, dann muß es so sein, als ob über der Türe, wo sich die Lehrer für ihre intimsten Beratungen versammeln, ständen die immerdar mahnenden Worte: «Alle Erziehungskunst soll sein für Euch die Erstehung der Forderung Eurer eigenen Selbsterziehung. Eure Selbsterziehung, Ihr Lehrer, ist der Keim alles desjenigen, was Ihr als Erzieher der Kinder wirken könnt. Ja, Ihr werdet nichts anderes wirken für die Kinder, als was aus Eurer Selbsterziehung hervorgeht.» – Das muß aber nicht nur stehen wie ein Mahnwort von außen, sondern das muß tief eingeschrieben sein in das Herz, in die Seele, in das Gemüt jedes einzelnen Lehrenden und Erziehenden. Denn das, was in Wirklichkeit den Menschen so erzieht, daß er ein tüchtiges Mitglied der Weltenordnung sein kann, ist, daß er nützlich ist seinen Mitmenschen. Was in dieser Art für die Erziehung geleistet werden kann und geleistet werden muß, ganz besonders in unserer Zeit, wo das Leben so kompliziert geworden ist, wo das Leben anstelle der abbauenden Kräfte aufbauende Kräfte braucht, was da wirksam sein muß, das ist die Erkenntnis, daß die wahre, die wirkliche menschliche Erziehung, die Erziehung zur Liebe, diejenige ist, die zwar durch die hingebungsvolle Anstrengung des Kopfes als Mittel gefördert wird, die aber in ihrem Wesen hervorgeht aus Seele, Gemüt und Herz des Lehrers.

ÜBER ERZIEHUNGSFRAGEN

Erster Vortrag
London, 29. August 1924

Sehr verehrte Anwesende, meine sehr verehrten Damen und Herren! – Vorerst darf ich herzlich danken für die soeben von Mrs. Professorin Mackenzie gesprochenen freundlichen Begrüßungsworte und dafür, daß sich Mrs. Mackenzie, und diejenigen, die sich im Anschlusse an sie bemüht haben darum, daß Sie, meine sehr verehrten Anwesenden, heute wiederum zur Besprechung von Erziehungsfragen sich hier vereinigen.

Dasjenige, was aus der anthroposophisch fundierten Erziehungsmethode heraus gesagt werden kann in der kurzen Zeit, die uns hier zur Verfügung steht, kann ja eigentlich nicht sehr viel sein. Denn dasjenige, um was es sich dabei handelt, ist eigentlich eine Erziehungspraktik, etwas, was im Grunde genommen gar kein Programm, keine allgemeinen Begriffe hat, mit denen man es umfassen kann, sondern was darinnen bestehen soll, daß innerhalb alles Erziehens und Lehrens der Lehrende und Erziehende mit einer wahren, echten Menschenerkenntnis tief hineinschaut in das Wesen des Kindes und empfinden kann, daß jedes einzelne Menschendasein, das in den Bereich des irdischen Lebens hereintritt, ein wunderbares Rätsel ist, das der Erzieher bis zu einem gewissen Grade, die Welt niemals lösen kann.

Wie nun der Erzieher an die Lösung herantreten soll dieses, man möchte sagen, von der Gottheit den anderen Menschen aufgegebenen Rätsels von seiten eines jeden in die Menschenwelt hereintretenden menschlichen Wesens, das eben soll in praktischer Art durch die Handhabung der Erziehung und des Unterrichts von dem Lehrenden, Erziehenden praktisch wirklich ausgeübt werden, vom volksschulmäßigen Alter, also etwa von dem Kindesalter an, in dem das Kind die Zähne wechselt, um das siebente Jahr herum, bis zum achtzehnten, neunzehnten Jahre, wo der junge Mann oder die junge Dame entweder ins Leben hinaustreten, oder die Hochschule betreten.

Vor einer Reihe von Jahren, als in Deutschland aus den Ergebnissen, die der verwüstende Krieg gezeitigt hat, mancherlei an Idealen, gewiß auch mancherlei an Illusionen im Kleinen und im Großen auftauchte, da war es ein Stuttgarter Industrieller, *Emil Molt*, der zunächst nun auch etwas tun wollte für seine Arbeiterschaft. Er dachte zunächst daran, seine Industrie-Arbeiter dadurch in einer gewissen Weise auszusöhnen mit ihrem ganzen Schicksal und vor allen Dingen auch mit dem, was man damals ansah als soziale Forderungen der Gegenwart, indem er ihren Kindern eine Schule gründen wollte, eine Schule, in der diese Kinder, trotzdem sie Arbeiterkinder waren, die denkbar beste Erziehung bekommen sollten.

Sie sehen, dasjenige, was ich hier zu vertreten habe als eine Erziehungsaufgabe, ist nicht ausgedacht, ist nicht aus einer Reformbewegung hervorgegangen, sondern unmittelbar aus dem praktischen Leben. Emil Molt sagte: Meine Arbeiter haben hundertfünfzig Kinder; die sollen in der besten Weise erzogen werden.

Daß solche Dinge gerade im Zusammenhang mit der anthroposophischen Bewegung geschehen, das kommt davon her, weil wir Anthroposophen, so sonderbar es Ihnen klingen wird, keine Theoretiker und keine Schwärmer, sondern durchaus praktische Leute sind, die es mit dem praktischen Leben ernst nehmen, ja wir glauben sogar, daß die Praxis am allermeisten innerhalb der anthroposophischen Bewegung gewahrt wird. Es ging also unmittelbar eine erzieherische Idee aus einer praktischen Forderung hervor.

Nun waren in Stuttgart, wo das geschah, die Bedingungen bald geschaffen. Es war noch nicht ein demokratisches Schulgesetz in Stuttgart, sondern ein altes, konservatives Schulgesetz, das dauerte bis zur konstituierenden demokratischen Versammlung. Wir kamen gerade noch zurecht, daß wir die Schule begründen konnten, bevor das ganz gute «freie» Schulgesetz kam, das allem Erziehungswesen dann in Deutschland eine Art Nivellement aufgedrückt hat, und die Freiheit dadurch verehrt, daß es sie zum Zwang hinwendet. Nun kamen wir also gerade noch in die Zeit hinein, wo es ging, eine solche Schule zu begründen. Es sind uns die Behörden aber, nachdem die Schule einmal begründet war, immer mit außerordentlichem Verständnis entgegengekommen. Und die Schule, die dann als «Waldorfschule» begründet worden ist, weil sie sozusagen zunächst im Zusammenhange mit der

Waldorf-Astoria-Fabrik begründet worden ist, konnte in einer ganz freien Weise begründet werden.

Ich will ja nicht gerade behaupten, daß ein jeder gleich ein schlechter Mensch und vor allen Dingen ein schlechter Lehrer sein muß, wenn er ein Staatsexamen abgelegt hat, aber es wurde mir erlassen, bei der Aufnahme der Lehrer darauf zu sehen, ob sie ein Staatsexamen gemacht haben oder nicht, sondern ich konnte lediglich darauf sehen, ob sie in dem Sinne, wie ich mir das vorstelle, richtige, tüchtige Erzieher und Lehrer sein konnten oder nicht. So sind in der Tat die meisten Lehrer an der Waldorfschule, der die Erziehungsmethode zugrunde liegt, von der ich hier sprechen will, nicht staatlich geprüfte Lehrer.

Aber dabei blieb es nicht. Sehen Sie, die Schule wurde mit hundertfünfzig Kindern begründet. Gleich wollten die Anthroposophen, die in Stuttgart sind, nun auch ihre Kinder dorthin schicken, weil doch die Erziehung nun gut sein sollte! Und seit jener Zeit, es ist jetzt ein paar Jahre her, ist die Schule angelaufen auf mehr als achthundert Kinder. Wir haben manche Klassen, wie die fünfte und die sechste, in drei Parallelklassen: a, b, c; haben seither Kinder aus allen Ständen, von den untersten Ständen bis zu den höchsten hinauf; so daß also wirklich die Waldorfschule eine ganz allgemeine Schule geworden ist.

Ein weiteres, und vielleicht war das weniger praktisch, das möchte ich nicht selber beurteilen, ist, daß nun Emil Molt, nachdem er beschlossen hatte, diese Schule zu begründen, zu mir kam und sagte, ich sollte dieser Schule den Geist geben, die Methode. Dies konnte nur geschehen im Sinne derjenigen Geist-Erforschung, Menschenerforschung, Menschenerkenntnis, die derjenigen Geistesforschung zugrunde liegt, die ich zu vertreten habe. Da handelt es sich vor allen Dingen darum, den ganzen Menschen nach Leib, Seele und Geist, wie er heranwächst von Kindheit auf, wirklich zu erkennen und in der Seele des Kindes selber zu lesen, und aus dem, was man in der Seele des Kindes abliest von Woche zu Woche, von Monat zu Monat, von Jahr zu Jahr, dasjenige zu pflegen in Unterricht und Erziehung, was sozusagen aus der Wesenheit des Kindes heraus selber gefordert wird. So daß wir unsere Erziehungsmethode nennen können: eine rein auf Menschenerkenntnis begründete Erziehung und einen ebensolchen Unterricht.

Nun kann ich natürlich nur in ganz allgemeiner Weise skizzieren, was hier unter Menschenerkenntnis verstanden wird. Man spricht ja heute viel davon, wie körperlich erzogen werden soll, wie man nicht die körperliche Erziehung gegenüber der geistigen oder seelischen vernachlässigen soll. Beim Kinde gibt man sich von vornherein einer Illusion hin, wenn man Körperliches und Seelisch-Geistiges voneinander trennt. Denn beim Kinde ist durchaus Geist, Seele, Leib eine Einheit; da kann nichts voneinander getrennt werden! Nehmen wir an, wir haben ein Kind in der Schule sitzen: das Kind wird immer blasser und blasser. Nehmen wir das als Beispiel an: es ist eine körperliche Eigentümlichkeit, daß es immer blasser und blasser wird. Der Lehrer, der Erzieher hat auf diese körperliche Eigentümlichkeit zu sehen. Liegt bei einem Erwachsenen das vor, daß er immer blasser und blasser wird, so geht man zum Arzt, und der Arzt wird je nachdem, was er gerade versteht, an diese oder jene Therapie denken. Der Lehrende, der Erziehende, er muß sich vor allen Dingen darauf besinnen: Ist dieses Kind so blaß, wie es jetzt ist, zu mir in die Schule gekommen? Oder hat es da vielleicht eine andere Gesichtsfarbe gehabt? Und siehe da, der Lehrende, der Erziehende kann darauf kommen, wenn er nur überhaupt Menschenerkenntnis hat, sich zu sagen: Dieses Kind hast du selber blaß gemacht, denn du hast ihm zuviel an Gedächtnisarbeit zugemutet; du mußt die Gedächtnisarbeit vermindern. – Da handelt es sich darum, daß man in dem körperlichen Wesen unmittelbar darinnen sieht, was im Seelischen verfehlt worden ist; denn das Kind wird blaß von Überfütterung mit Gedächtnismaterial.

Oder der Lehrer hat ein anderes Kind vor sich sitzen: es wird nicht blaß, im Gegenteil, es bekommt eine auffallend rötere Farbe als früher, und es wird unwillig, es wird unruhig, es wird das, was man heute ein «nervöses» Kind nennt; es hält keine Disziplin, springt auf zur unrechten Zeit, kann also nicht leicht auf seinem Platze sitzen bleiben, will immerfort heraus- und hereinlaufen. Nun handelt es sich darum, daß man sich besinnen kann darauf, was diese moralischen Qualitäten bei diesem Kinde hervorgebracht hat. Und siehe da, man wird finden können – nicht in allen Fällen, es sind die Fälle eben sehr individuell, sie müssen eben auf individueller Menschenerkenntnis beruhen können, wenn man sie erkennen will, und das, was man über sie erkennen will, muß auf individueller Menschenerkenntnis beruhen –, da wird man sich überzeugen, wenn man sich auf das, was geschehen ist, besinnt: man hat dem Kinde zuwenig an Gedächtnisstoff zugemutet, das kann auch sein, denn das eine Kind braucht so viel, das andere nur so viel.

Nun haben wir auch Schulinspektionen. Die Behörden sehen schon darauf, daß sie wissen, wie es in unserer Schule zugeht. Nun gab es gerade in der Zeit, als der Sozialismus blühte, einen Ortsschuldirektor, der die Schulen revidieren wollte, und mit dem ich drei Tage lang in den verschiedenen Klassen herumging. Ich machte ihm solche Deklarationen, die ihm zeigen konnten, hier wird körperlich so erzogen, daß der Geist dabei gedeiht, und geistig so, daß der Körper dabei gedeiht; das bildet eine Einheit. Da sagte er: Ja, da müßten ja Ihre Lehrer alle Medizin kennen! Das ist doch nicht möglich! – So meinte er. Ich sagte: Ich glaube es ja nicht, aber wenn es notwendig wäre, so müßte es halt eben geschehen; denn es muß einfach die Lehrerbildung eine solche sein, daß der Lehrer tatsächlich restlos in das geistige und physische Wesen des heranwachsenden Kindes hineinschauen kann.

Und weiter: Wenn man solch ein Kind hat, wie das zuletzt erwähnte, das unruhig wird, das nicht blaß wird, sondern im Gegenteil etwas röter wird, so kann man an allerlei Maßregeln denken, aber man muß, wenn man dem Kinde helfen will, auf das Richtige kommen. Und das Richtige verbirgt sich hier sehr stark. Wer nämlich Menschenerkenntnis haben will, darf sie nicht nur haben für den Menschen vom siebenten bis vierzehnten Jahre, während er in die Volksschule geht, sondern gar manches, was zwischen dem siebenten und vierzehnten Jahre sich abspielt, das erfüllt sich erst in viel späterer Zeit. Und wer nicht in so bequemer Weise die Experimentalpsychologie treibt, daß er nur darauf sieht, wie das Kind jetzt ist, was man mit dem Kinde, weil es jetzt so ist, tun soll, sondern wer sich bemüht, das ganze Leben des Menschen von der Geburt bis zum Tode zu überschauen, der weiß: Dieses Kind, das du so erziehst, daß du ihm zuwenig Gedächtnismaterial gibst, das bereitest du dazu vor, daß es ungefähr im fünfundvierzigsten Jahr an einer Fettschicht, die über dem Herzen liegt, ungeheuer schwierige Krankheitszustände durchmacht. Und das muß man auch wissen, was geistig-seelische Erziehung erst nach Jahrzehnten am Menschen unter Umständen erzeugen kann. Menschenerkenntnis heißt nicht, am gegenwärtigen Menschen herumexperimentieren und wissen, wie er sich äußert, sondern Menschenerkenntnis heißt, daß man den ganzen Menschen nach Leib, Seele und Geist kennt, und außerdem den Menschen nach seinen Lebensaltern kenne.

Wenn man diese Dinge zugrunde legt, so merkt man auch, was so etwas im Moralischen für eine Bedeutung hat. Sie werden mir vielleicht auch zugeben: es gibt Menschen, die im hohen Lebensalter, wenn sie irgendwo in einer Gesellschaft erscheinen, etwas Segnendes haben können; sie brauchen gar nicht viel zu sprechen, dadurch, daß sie da sind, daß sie in einer gewissen Weise blicken, daß sie in einer gewissen Weise sich bewegen, die Arme bewegen, einiges Wenige sagen, aber dieses Wenige mit einer gewissen Betonung und mit einem gewissen Tempo sagen, aber das alles, was sie sagen, von Liebe durchdringen können, dadurch werden sie segnend für ihre Umwelt. Was sind das für Menschen? Wer Menschenerkenntnis hat, muß, um das zu erklären, zurückgehen bis ins Kindesalter: das sind diejenigen Menschen, die im Kindesalter in der richtigen Weise die geistige Welt verehren gelernt haben und in der richtigen Weise zur geistigen Welt beten gelernt haben. Denn niemand kann im Alter die Hände zum Segnen aufheben, der sie nicht zwischen dem siebenten und vierzehnten Jahre zum Gebet in der richtigen Weise verstand zu falten. Das Falten der Hände im Volksschulalter geht tief hinunter in die innere Organisation des Menschen und wird im Alter zum Segnen. So hängen die einzelnen Lebensalter des Menschen zusammen. Wer das Kind erziehen will, erzieht zu gleicher Zeit den Greis, das heißt, er macht dem Greis moralisch dies oder jenes möglich.

Das beeinträchtigt nicht die menschliche Freiheit. Die menschliche Freiheit wird am meisten beeinträchtigt, wenn man irgendwelche Widerstände hat, die sich gegen die freie Willensäußerung empören. Diese Dinge hängen einfach damit zusammen, daß man dem Menschen die Hemmnisse und Hindernisse wegschafft.

Damit ist zunächst eine kleine Einleitung gegeben.

Bemüht man sich, in einem solchen Sinne das Wesen des heranwachsenden Menschen intimer kennenzulernen, untersucht man dieses Wesen nicht nur mit der äußeren Anschauung, sondern mit dem auf Geistiges hin orientierten Blick, dann findet man im Kinde deutlich voneinander unterschiedene Lebensepochen.

Zunächst werden für die Erziehung die drei ersten Lebensepochen in Betracht kommen. Die erste zeigt sich ziemlich einheitlich konfiguriert von der Geburt bis zum siebenten Jahre, bis zum Zahnwechsel hin. Die zweite Lebensepoche: vom Zahnwechsel bis zur Geschlechtsreife um das vierzehnte Jahr herum. Die dritte Lebensepoche beginnt mit der Geschlechtsreife und geht in die Zwanzigerjahre hinein. Die äußeren körperlichen Veränderungen bemerkt man ja leicht. Daß aber jede Lebensepoche eigentlich uns den Menschen in einer deutlichen Verschiedenheit davon zeigt, wie er in den anderen Lebensepochen ist, das wird doch erst klar bei einem geschulten Anschauen der Entwickelung der menschlichen Wesenheit. Da zeigt sich, daß der Mensch in den ersten sieben Jahren seines Lebens, also ungefähr von der Geburt bis zum Zahnwechsel hin, Geist, Seele und Leib ungeteilt miteinander vermischt hat. Dasjenige, was an dem Kinde so sonderbar, wenn es in die Welt hereintritt, erscheint – das Kind ist ja tatsächlich das größte Weltenwunder, das man schauen kann –, da tritt es in die Welt herein, unkonfiguriert die Gesichtszüge, unorientiert die Bewegungen, unfähig, die reinst menschlichen Äußerungen zu vollbringen, Lachen und Weinen; Weinen kann das Kind, aber es ist noch nicht ein richtiges Weinen, denn das Weinen entringt sich noch nicht den Seelenuntergründen, denen es sich später entringt, weil die noch nicht selbständig hervorgetreten sind.

So schauen wir das Kind an von Woche zu Woche, von Monat zu Monat: aus der unbestimmten Physiognomie tritt einem allmählich etwas entgegen, wie von einem inneren Zentrum heraus erscheinend, in der körperlichen Konfiguration der Gestalt; das Seelische geht in Miene, Blick, Handbewegung, in die Armbewegungen hinein. Und wunderbar ist derjenige Augenblick, wo das Kind von der Bewegung auf allen vier Gliedmaßen übergeht zu der vertikalen Orientierung. Das ist für jeden, der so etwas beobachten kann, das wunderbarste Phänomen. Das alles so beobachtet, wie es sich für den geistigen Blick beobachten läßt, zeigt uns: Da in diesem Leibe ist trotz der ungeschickten, unorientierten Bewegung der Geist darinnen, eben der Geist, der noch nicht die Glieder beherrschen kann. Er beherrscht sie noch ungeschickt, aber es ist der Geist, der später im Menschen vielleicht sich zum Genie entwickelt, in der Armbewegung, in der Beinbewegung, in dem suchenden Blick, dem suchenden Geschmack drinnen.

Und da stellt sich heraus: Das Kind ist von seiner Geburt bis zum Zahnwechsel fast ganz Sinnesorgan. Was ist das Wesen eines Sinnesorgans? Es ist hingegeben an die Welt. Betrachten Sie das Auge. Im Auge spiegelt sich die ganze sichtbare Welt ab. Da ist sie drinnen. Das Auge ist ganz hingegeben der Welt. So ist das Kind, allerdings in veränderter Weise, aber ganz an die Umgebung hingegeben. Ja, wir Erwachsenen schmecken Süßes, Bittres, Saures auf der Zunge, in unserem Gaumen; es geht nicht bis in den ganzen Organismus hinunter. Man weiß es gewöhnlich nicht, aber wahr ist es: das Kind durchdringt seinen ganzen Organismus, indem es die Milch zu sich nimmt, mit dem Milchgeschmack: es schmeckt mit dem ganzen Organismus. Es lebt überhaupt wie ein Auge, wie ein Sinnesorgan. Die Differenzierung zwischen inneren und äußeren Sinnen tritt erst später ein. Und das Eigentümliche ist, wenn das Kind etwas wahrnimmt, sagen wir, wenn neben dem Kinde ein jähzorniger Vater ist, der die entsprechenden Taten und Gebärden und Attitüden macht, die den Jähzorn ausdrücken, dann nimmt das Kind im träumenden Bewußtsein, mit den Bewegungen des Vaters, mit den Gebärden, mit allen Taten des Vaters zugleich den Jähzorn wahr. Es sagt sich nicht zugleich innerlich: der ist jähzornig, aber den Sinn des Jähzornes nimmt es so wahr, daß diese Wahrnehmung bis in die feinsten Gefäßströmungen, bis in die Blutzirkulation, bis in das Atemleben hinein wirkt. Und der unmittelbar geistig empfangene Eindruck setzt sich fort in dem physisch-körperlichen Leben des Kindes. Wir mögen das Kind ermahnen, mögen zu dem Kinde dies oder jenes sagen, das ist für das Kind ohne Bedeutung bis zum siebenten Jahre. Was wir neben ihm tun, wie wir uns neben ihm verhalten, das ist von Bedeutung. Das Kind ist bis zum Zahnwechsel hin ein nachahmendes, ein imitierendes Wesen, und die Erziehung kann einzig und allein durch Vormachen erfolgen über das Nachahmen. Das geht auch ins Moralische hinein.

Man kann da seine besonderen Erfahrungen machen. Einstmals kam ein Vater eines Knaben zu mir. Er war außer sich, denn er sagte: Mein

Junge, der bisher immer ein ganz ordentlicher Junge war, hat gestohlen! Er war ganz verwirrt, denn er dachte schon, eine ganz besondere moralische Schlechtigkeit liege bei dem Kinde vor. Ich sagte: Nun wollen wir erst untersuchen, ob der Knabe wirklich gestohlen hat. Was hat er denn getan? – Ja, er hat Geld genommen; aus dem Schranke, aus dem die Mutter immer Geld nimmt, um damit Dinge zu bezahlen, hat er auch Geld genommen, hat damit allerlei Näschereien gekauft, Süßigkeiten, die er an andere Kinder ausgeteilt hat. – Ich konnte dem Vater sagen: Ihr Junge hat nicht gestohlen; er hat bloß das nachgeahmt, was er jeden Tag so und so viele Male von der Mutter sieht. Die Mutter ist dasjenige Wesen, das er instinktiv nachahmt. Er nimmt auch Geld aus dem Schrank, denn die Mutter tut es.

Nur dann, wenn wir alle Erziehung und allen Unterricht bis zum Zahnwechsel auf reiner Nachahmung aufbauen – durch Nachahmung lernt das Kind auch sprechen, durch Nachahmung lernt das Kind alles bis zum Zahnwechsel hin; wir brauchen keine andere Methode, als die: ein Mensch zu sein, den man nachahmen kann –, dann unterrichten wir das Kind, dann erziehen wir das Kind, ob es nun im Kindergarten oder zu Hause ist, am allerbesten. Das geht aber bis in die Gedanken hinein, und das Kind merkt es, wenn wir nur den Gedanken haben, der unmoralisch ist! Man glaubt nicht an diese Imponderabilien, aber sie sind da, sie sind vorhanden. Und wenn wir uns in der Umgebung des Kindes befinden, sollten wir uns keinen Gedanken gestatten, den das Kind nicht in sich aufnehmen kann.

Das sind die Dinge, die zunächst damit zusammenhängen, daß das Kind bis zum Zahnwechsel ein nachahmendes Wesen ist. Auf der Erkenntnis dieses Teiles seiner Wesenheit ruht alle Möglichkeit, in fruchtbarer Weise bis zum Zahnwechsel hin unterrichten und erziehen zu können. Wir brauchen gar nicht nachzudenken, ob wir diese oder jene Fröbelgartenarbeiten an das Kind heranbringen sollen, das ist alles aus dem materialistischen Zeitalter, was da ausgedacht worden ist. Auch wenn wir Fröbelarbeiten machen, so wirkt auf das Kind nicht der Inhalt der Fröbelarbeiten, sondern es wirkt, wie wir es tun, wie wir es ihm vormachen! Und alles, was wir das Kind machen lassen, ohne daß wir es ihm zuerst vormachen, ist überhaupt Ballast, den wir dem Kinde mitgeben.

Anders wird die Sache, wenn der Zahnwechsel eingetreten ist. In dem eigentlich primarschulmäßigen Alter handelt es sich darum, daß das Kind nun in sein Wesen aufnimmt das ihm ganz selbstverständliche Autoritätsprinzip. In den ersten sieben Lebensjahren tut das Kind, was wir ihm vormachen. In den zweiten sieben Lebensjahren, vom Zahnwechsel bis zur Geschlechtsreife, richtet, orientiert sich das Kind nach dem, was ich selber in meinem Sprechen, durch mein ganzes Verhalten als Autorität neben ihm entwickele.

Es soll hier gar nichts gesagt werden über die größere oder geringere Bedeutung der Freiheit im Leben der Menschen, im sozialen oder individuellen Leben, sondern bloß über die Bedeutung desjenigen, was im Wesen des Menschen liegt zwischen dem Zahnwechsel und der Geschlechtsreife. Und da gehört es einfach zur menschlichen Entwickelung, daß das Kind hinaufsehen kann in selbstverständlicher Hingabe zu einer geliebten Autorität, die für es die Quelle der Wahrheit enthält und gültig ist. Das Kind kann zwischen dem siebenten und vierzehnten Jahre noch nicht aus der Intelligenz heraus einsehen, was wahr, was gut, was schön ist, sondern nur einsehen auf dem Wege des Erlebens durch eine selbstverständlich geliebte Autorität. Wer den Autoritätsglauben aus der Schule für dieses Lebensalter heraustreiben will, treibt alle wirkliche und wahre Erziehung, allen wirklichen und wahren Unterricht heraus.

Warum ist für das Kind in diesem Lebensalter etwas wahr? Weil die Lehrer- und Erzieherautorität, die neben ihm steht, es für wahr offenbart. Das ist die Quelle der Wahrheit. Warum ist für das Kind in diesem Lebensalter etwas schön? Weil die Lehrer- und Erzieherautorität es für schön hält. Und ebenso in bezug auf die Güte. Wir müssen zu der abstrakten Auffassung von Wahrheit, Güte und Schönheit durch die konkrete Lehrer- und Erzieherautorität hinüberkommen. Und wie der Mensch ist, ob er eine selbstverständliche Autorität für das Kind zwischen dem siebenten und vierzehnten Lebensjahre ist, darauf kommt alles an.

Denn das Kind ist nun nicht mehr Sinnesorgan, aber es hat eine Seele, die alles im Bilde will; im Bilde, nicht im abstrakten Begriff, in der Anschauung, nicht im Denken. Und es kommt darauf an, daß wir in die

Möglichkeit uns versetzen, alles im Bilde, das heißt, künstlerisch in die Erziehung und den Unterricht des Kindes für dieses Lebensalter hineinzutragen. Dazu brauchen wir als Lehrer eben die Möglichkeit, bildlich, anschaulich vor dem Kinde die Dinge zu offenbaren.

Da handelt es sich darum, daß wir selber in Bildern leben können. Das geht so weit – ich kann nur Beispiele anführen –, nehmen Sie an, wir haben das Kind heranzubringen an das Lesen, ihm das Lesen zu zeigen. Bedenken Sie, was das heißt: das Kind soll lesen lernen. Das Kind soll Zeichen, die auf dem Papier stehen, entziffern lernen. Die sind ihm ganz fremd. Laute, Töne, die gefühlten, innerlich erlebten Buchstaben, die sind dem Kinde nicht fremd. Das Kind kennt die Verwunderung, wenn die Sonne aufgeht, A. Der Laut der Verwunderung: A, der Laut ist da. Aber was hat das Zeichen, das wir machen auf dem Papier, mit diesem Laut zu tun? Das Kind kennt die Furcht vor irgend etwas, was gruselig ist: U. Aber was hat das Zeichen, das wir auf dem Papier haben zum Lesen, mit diesem Laut zu tun? Das Kind hat kein Verhältnis zu dem, wie die Schrift heute ist.

Gehen wir zurück in frühere Kulturen, finden wir, daß die Schrift nicht so war. Der Mensch malte selbst dasjenige, was er ausdrücken wollte. Sehen Sie sich die ägyptische Bilderschrift an: Die hat Verhältnis zum Menschen. Wir müssen wieder dazu zurückkehren, dem Kinde zunächst dasjenige, was es auszudrücken hat, im Bilde auszudrücken. Das können wir nur, wenn wir nicht beim Schreiben beginnen, und auch nicht beim Lesen, sondern wenn wir beim Malen beginnen.

Und so unterrichten wir so, daß wenn das Kind in die Volksschule hereinkommt, wir es zunächst an die Farben heranbringen. Es ist unbequem, die Kinder machen alles schmierig, aber dem muß man sich fügen. Das Kind lernt die Farben behandeln, und man kann es über die Farbe hin zu den Formen bringen. Es kommen, wenn der Lehrer dazu die Fähigkeit hat, allmählich aus den Formen, die die Gegenstände bedeuten, allmählich die Formen der Buchstaben heraus. Dann bekommt das Kind dazu ein Verhältnis. Man kann das A, das U so entwickeln, daß, indem man zunächst die Verwunderung malt, zuletzt ein A draus wird! So wie auch aus der ersten bildlichen Darstellung der Verwunderung das A langsam geworden ist.

Künstlerisch, vom Bilde ausgehend muß der Unterricht sein. Zuerst muß der Mensch den ganzen Menschen anstrengen im Malen, das dann zum Schreiben übergeht; dann erst diejenige Fähigkeit entwickeln, die bloß mit dem Kopf an einen Teil des Menschen gebunden ist. Das Lesen kommt erst später. Zuerst kommt das malende Zeichnen, zeichnende Malen. Aus dem malenden Zeichnen, zeichnenden Malen wird das Schreiben hervorgeholt, aus dem Schreiben erst das Lesen.

Das liest man ab aus dem Wesen des Kindes, was man zu machen hat. Und so handelt es sich darum, aus der Menschenerkenntnis heraus die Methode zu finden. Unsere Waldorfschule ist eine Methodenschule. Sie geht überall darauf aus, das Kind zu enträtseln, dieses wunderbare Rätsel zu lösen, und dasjenige an das Kind heranzubringen, was die Natur des Kindes selber vorbringt.

Da wird man finden, daß man eben zwischen dem Zahnwechsel und der Geschlechtsreife den Unterricht ganz im Bilde wird halten müssen. Und man kann alles im Bilde haben. Aber man muß sich als Lehrer, um sich die selbstverständliche Autorität zu verschaffen, in richtiger Weise zum Bilde stellen können. Man kann – ich löse Ihnen hier nicht ein philosophisches Problem, sondern ich spreche von pädagogischer Praxis –, man kann zum Beispiel dem Kinde verhältnismäßig früh sprechen von der Unsterblichkeit der Menschenseele, wenn man ihm sagt: Sieh dir die Schmetterlingspuppe an: da hast du die Puppe in einer bestimmten Form. – Man zeige es ihm, je nachdem man es ihm eben zeigen kann. Du siehst, die Puppe öffnet sich, und der Schmetterling fliegt heraus! So ist es, wenn der Mensch stirbt: der Mensch ist wie eine Schmetterlingspuppe; die Seele fliegt aus, man sieht sie nur nicht. Aber geradeso wie der Schmetterling aus der Schmetterlingspuppe ausfliegt, so fliegt die Seele heraus, wenn der Mensch stirbt, in die geistige Welt hinein. – Man kann dies in zweifacher Weise an das Kind heranbringen, einmal so; einmal so, daß man sich als Lehrer sagt: Gott, wie gescheit bist du selbst und wie dumm ist das Kind! – So kann man aber nicht beibringen die Unsterblichkeit der Seele! Drum muß man ihm ein solches Bild machen, und man denkt sich ein Bild aus. Man denkt sich dabei: für das Kind veranschaulicht man halt die Sache, die es noch nicht versteht, man selber glaubt aber natürlich nicht an das Bild. Ja, sehen Sie, das Kind wird dann nichts davon haben, das sind eben die Imponderabilien, die da wirken, das Kind wird nichts davon haben, wenn der Lehrer nicht in derselben innerlichen, ich möchte sagen, Frömmigkeit zu der Sache steht, wie das Kind selber stehen soll. Aber derjenige, der die Welt geistig durchschaut, der glaubt eben selber an sein Bild, denn er weiß, die göttlich-geistigen Weltenmächte haben ein Bild der Unsterblichkeit in dem auskriechenden Schmetterling wirklich hingestellt in die Welt. Das ist Wahrheit. Das ist nicht etwas, das du dir ausdenkst. Steht man selber in alldem drinnen, glaubt man selber an all dasjenige, das man da ins Bild bringt, identifiziert man sich mit seinem Bilde selbst, dann steht man als eine selbstverständliche Autorität vor dem Kinde. Dann nimmt das Kind manches hin, was wiederum erst im späteren Leben in seiner Fruchtbarkeit sich zeigt.

Heute will man ja alles anschaulich machen, so daß das Kind schon es «verstehen» kann. Dadurch kommen furchtbare Trivialitäten heraus. Aber man beachtet dabei vor allen Dingen eines nicht. Nehmen wir an, ein Kind habe in seinem achten, neunten Jahre, wo eben der Lehrende, der Erziehende, die Quelle von Wahrheit, Schönheit, Güte für das Kind ist, irgend etwas aufgenommen, weil der Lehrer daran glaubt, weil der Lehrer es geoffenbart hat, auf Autorität hin aufgenommen. Es kann die Sache noch nicht verstehen, weil die Lebenserfahrung noch nicht da ist. Im fünfunddreißigsten Lebensjahre, lange darnach, bringt das Leben etwas an einen heran; dann sagt man sich: Ach, das hat mir der Lehrer damals gesagt; jetzt, nachdem ich das durchgemacht habe, verstehe ich die Sache!

Was so etwas an vitalisierender Kraft bedeutet, wenn man etwas, was man einst auf Autorität im Kindesalter aufgenommen hat im achten, neunten Lebensjahre, nun im fünfunddreißigsten, vierzigsten Jahre aus den Untergründen der Seele herausholt, so daß eine Brücke geschaffen wird zwischen diesem fünfunddreißigsten und achten, neunten Lebensjahre, was das an Vitalisierung, an Erhöhung der Lebenskraft bedeutet, das weiß wieder derjenige, der Menschenerkenntnis sucht. Und auf Menschenerkenntnis muß alle Pädagogik gebaut sein.

Und so versuchen wir in unserem Waldorfschul-Erziehungsprinzip aus der innersten Wesenheit des Kindes heraus die körperliche, seelische, geistige Erziehung und den Unterricht zu leiten. Da haben wir ein phlegmatisches Kind. Wir achten bei den Kindern ganz besonders darauf, welche Temperamente sie in die Welt hereinbringen. Wir machen sogar die Sitzordnung in der Klasse nach diesen Temperamenten: die phlegmatischen Kinder setzen wir zusammen. Das ist nicht nur ein Anhaltspunkt für den Lehrer, damit er weiß, wo er die kleinen Phlegmatiker hat, sondern auch für die Kinder selbst ist es sehr gut, sie nebeneinander zu setzen. Wenn sie so nebeneinander sitzen und sich mit ihrem Phlegma gegenseitig furchtbar langweilen, wird das ein wunderbares Korrektiv. Die gleichen sich aus, legen das Phlegma ab dabei. Und die Choleriker erst, wenn sie sich puffen und, indem sie zusammen sitzen, gegenseitig ihre Cholerik aneinander ausgleichen lassen, oh, es gibt das eine wunderbare Abklärung dieser Cholerik! Und so weiter, und so weiter. So kann man auch durchaus, wenn man die Sache beherrscht, das phlegmatische Kind so behandeln, daß man mit ihm selber zum Phlegmatiker wird, und daß man das Kind dazu bringt, daß es an seinem eigenen Phlegma Ekel bekommt.

Diese Dinge müssen natürlich in das ganze Leben übergehen, zur Kunst, zum Künstlerischen werden. Gerade in diesem Lebensalter kommt es darauf an. Da hat man zum Beispiel ein Kind in der Klasse, es ist ein kleiner Melancholiker; es sitzt da, man wird vielleicht, wenn man nicht, wie es hier gemeint ist, spirituelle Hintergründe sieht, sich etwas ausdenken wollen. Die Erziehung, wie sie hier gemeint ist, die geht von der Erkenntnis aus, daß in allem Physischen, Körperlichen Geist ist, überall Geist darinnen ist. Man übersieht das Materielle nicht, sondern lernt das Materielle dadurch erst kennen, daß man eben überall in dem Materiellen noch den Geist sieht, und dadurch die Materie entdeckt. Der Materialismus leidet gerade daran, daß er die Materie nicht kennt, weil er nicht den Geist darinnen erblickt.

Wir haben also etwa einen kleinen Melancholiker da sitzen. Dieser Melancholiker, der macht uns Sorge. Nun könnten wir ja die geistreichsten Methoden aussinnen wollen, um dem Kinde seine Melancholie abzugewöhnen; aber das führt oftmals gar nicht zum Ziele. Es kann der individuelle Fall ganz richtig betrachtet sein, aber es führt oft gar nicht zum Ziele. Dagegen führt es zum Ziele, wenn ich sehe, da liegt Entartung der Leber vor bei diesem kleinen Melancholiker; die Leber ist da auf dem Wege zur Entartung, ich muß etwas tun. Ich gehe zur Mutter, um herauszubekommen, wie das Kind genährt wird, bespreche mich mit der Mutter, um das herauszubekommen. Ich finde vielleicht heraus: das Kind braucht etwas mehr Zuckerzusatz zur Nahrung. Und siehe da, wenn ich mich mit der Mutter in dieser Weise ins Einvernehmen setzen kann, wenn ich weiß durch eine spirituelle Physiologie, daß durch Beifügung von Zucker Leberentartungen im Status nascendi, im Entstehungszustande ausgeglichen werden können, dann erziehe ich ein melancholisches Kind richtig. Aber ich muß erst durch spirituelle Erkenntnis wissen, daß der Zuckergenuß Leberleiden ausgleicht.

So muß man bis in das einzelne Organ hinein den werdenden Menschen richtig beurteilen können. Das ist dasjenige, was überall bei diesen Erziehungsgrundsätzen zugrunde gelegt wird. Wir suchen nicht besondere Orte auf, suchen nicht auf etwa Wald oder Heide, um da und dort Rücksicht zu nehmen, weil wir der Ansicht sind: man kann dasjenige, was eben wirklich fruchtbar erreicht werden muß für die Erziehung, eben erreichen, wenn man es aus unserer sozialen Ordnung heraus macht, aber da auch wirklich weiß, wie es um den Menschen bestellt ist, wie der Mensch sich entwickelt.

Das sind nur einzelne Anhaltspunkte, die ich heute geben kann, um zu zeigen, wie die Idee dieses Schulwesens, das auf eine geisteswissenschaftliche, auf eine spirituelle Grundlage gestellt ist, und die Methode von dieser Grundlage her nimmt, geartet ist.

Wenn man in dieser Weise auf das Kind einzugehen vermag, bekommt man tatsächlich schon die Kraft, das Kind in physischer, in moralischer Beziehung so zu entwickeln, daß auch die moralischen Grundkräfte zum Beispiel zum Vorschein kommen. Da wird sich ganz von selbst das einstellen, daß man nicht in irgendeiner Weise barbarisch zu strafen braucht, sondern die selbstverständliche Autorität wird sich geltend machen dadurch, daß man in dem richtigen inneren Kontakt mit dem Kinde steht.

So erlebt man dann dasjenige, was wir in unserer Waldorfschule alle Augenblicke erleben, Dinge von solcher Art: Es ist doch einmal ein Lehrer dagewesen, der noch allerlei Allüren aus der äußeren Pädagogik mitgebracht hat. Der denkt, weil ein paar Kinder ungezogen waren, er läßt sie nachsitzen. Er sagt: Ihr müßt hinter der Arbeitszeit dableiben, Rechnungen machen! – Da kommen alle Kinder, und sagen: Wir wollen auch dableiben, auch Rechnungen machen! Denn das ist ja das Schönste, was man tun kann. Was soll man denn Schöneres tun? Wir wollen auch mit Rechnungen machen, wollen dableiben! – Ja, sehen Sie, da haben die Kinder dadurch, daß man sie in der richtigen Weise anzufassen versteht, eine richtige Gesinnung gegenüber dem, was in der Schule geschieht, und man bekommt als Lehrer die Lehre: man soll nicht mit dem strafen, womit man eigentlich belohnen soll. Das ist nur ein Beispiel für viele. Und so ist es schon möglich, auf Menschenerkenntnis eine wirkliche Erziehungskunst zu bauen.

Ich bin Mrs. Mackenzie außerordentlich dankbar, daß ich wenigstens mit ein paar Strichen in der kurzen Zeit die Dinge andeuten konnte, die einer auf anthroposophischer Geisteswissenschaft begründeten Methodik pädagogischer Kunst zugrunde liegen. Denn nur Methodik will unsere Aufgabe sein, Methodik, nicht irgendein aus irgendeiner Phantasie heraus geborenes soziales Ideal oder dergleichen, sondern dasjenige, was die Menschennatur selber fordert, das wollen wir zum Gegenstand der Erziehung machen. Wir wollen uns nicht vorstellen als Menschen: so oder so muß der Mensch werden aus unserem eigenen Bedürfnis heraus, sondern wollen in richtiger Weise auf das werdende Kind hinschauen können und uns von dem Kinde, das die göttlichen Geistesmächte auf die Welt heruntergeschickt haben, sagen lassen können: so will ich werden. – So spricht der Gott in dem Kinde: so will ich werden.

Diese Frage wollen wir durch unsere Erziehungsmethode für das Kind nach der besten Weise, wie es der Mensch kann, für das kindliche Alter durch pädagogische Kunst lösen. Diese Frage wollen wir mit unserer pädagogischen Kunst beantworten können.

ÜBER ERZIEHUNGSFRAGEN

Zweiter Vortrag
London, 30. August 1924

Meine sehr verehrten Damen und Herren! Zuerst habe ich Mrs. *Macmillan* und Mrs. *Mackenzie* herzlich zu danken für die freundlichen, liebenswürdigen Worte, mit denen sie diesen Vortrag eingeleitet haben, für die schöne Art des Einleitens dessen, was ich hier auszuführen habe.

Dann habe ich Sie alle um Entschuldigung dafür zu bitten, daß ich in deutscher und nicht in englischer Sprache hier spreche. Es wird das ja natürlich die Verständigung etwas erschweren, allein es ist mir eben nicht anders möglich.

Dasjenige, was ich vorzubringen haben werde, ist nicht ein allgemeiner Reformgedanke, sind auch nicht einzelne Ideen über Erziehungs- und Unterrichtsziele, sondern es ist im wesentlichen die Schulpraxis, eine solche Schulpraxis, die eigentlich nur sich bewähren kann in der unmittelbaren Anwendung in der Schule mit den Kindern selbst. Aber diese Schulpraxis, die nun schon seit mehreren Jahren in der Waldorfschule ausgeübt wird und immerhin greifbare, merkbare Erfolge erzielt hat, die auch hier in England manche Anerkennung gefunden hat, durch die es möglich geworden ist zum Beispiel vor einiger Zeit unter der Protektorschaft von Mrs. Mackenzie in Oxford darüber Vorträge zu halten, diese Unterrichtsmethode ist durchaus herausgefunden aus demjenigen, was heute nicht bloß spirituelle Weltanschauung genannt werden muß, sondern spirituelle Forschungsmethode; eine spirituelle Forschungsmethode, welche zunächst zu einer Erkenntnis des Menschenwesens führt, dadurch zur Erkenntnis des werdenden Menschenwesens von der Kindheit bis zum Tode hin. Auf Grundlage einer spirituellen Forschung, die als Forschung allerdings nur möglich ist, wenn man zugibt, daß der Mensch imstande ist, in das Geistige, in das Spirituelle hineinzuschauen, nachdem er sich dafür seine Erkenntniskräfte ausgebildet hat. Es ist nicht möglich, in einer kurzen Betrachtung über Pädagogik dasjenige auseinanderzusetzen, was durch besondere Ausbildung der menschlichen Seele dazu führt, am Menschen und an der Natur nicht nur das Materielle mit den Sinnen zu schauen und mit dem Verstande zu begreifen, sondern auch das Geistige zu schauen, und es hereinzubekommen in die Seele, um es aufzunehmen in den Willen und um damit zu wirken. Aber man kann das. Geradeso wie man in der Lage ist, die Natur zu erforschen, wenn man sich für das äußere Experiment die Mittel verschafft, wenn man sich die Instrumente verschafft, Mikroskop, Teleskop, Spektroskop, durch die man sich das Sinnliche zubereitet, daß es mehr verrät, mehr ausdrückt, mehr offenbart, als es für die gewöhnlichen Sinne tut, ebenso kann man innerlich die Seelenkräfte erhöhen, intensiver machen. Dadurch kann man es dahin bringen, daß der ganze Mensch wahrnimmt durch dasjenige, was erst die Seele aus sich gemacht hat. Dann beginnt die Möglichkeit, das Geistige als solches wahrzunehmen. Dann aber entdeckt man auch am Menschen selber die volle Wesenheit dieses Menschen. Man entdeckt, daß dasjenige, was heute von dem allgemeinen Bewußtsein, von der sogenannten Wissenschaft am Menschen erkannt wird, daß das alles nur ein Teil ist, ein Glied an dem Menschen, und man entdeckt über dieses Physische hinausgehend zunächst dasjenige, was ich immer nenne – man braucht Namen, es kommt aber auf den Namen gar nicht an; man verwendet alte Namen, weil sie da und dort in der Literatur vorkommen, aber ich bitte, nicht an den Namen sich zu stoßen; sie entstammen keinem Aberglauben, sie entstammen durchaus exakter Forschung, ich könnte ebensogut einen anderen Namen geben –, das zweite also, was man an dem Menschen dann schaut, wenn man schon die Seele als vertieftes Erkenntniswerkzeug hat, so wie die äußeren Sinne hineinschauen, bewaffnet durch Mikroskop und Teleskop, es ist der ätherische Mensch, ein erster spiritueller Mensch, der sich als zweiter Mensch dem ersten eingliedert.

Wenn man den physischen Menschen studiert, so kann man ja, wenn man sich nur auf den Standpunkt der gewöhnlichen Wissenschaft stellt, eigentlich nicht begreifen, wie dieser Mensch sein ganzes Leben hindurch bestehen kann; denn in Wirklichkeit entfernen sich von unserem Leibe die meisten seiner Stoffe in einem Zeitraum von sieben bis acht Jahren. Sie sind alle nicht dieselben heute in Ihrem physischen Leibe, die sie waren vor sieben oder acht Jahren! Die Stoffe, die Sie dazumal in sich trugen, sind abgeworfen, andere haben sich angesetzt. Aber in dem ätherischen Leibe, in dem Ätherleibe haben wir das erste Reale, das einen beherrscht, durchdringt mit Wachstumskräften, Ernährungskräften.

In dem Ätherleib haben wir den ersten übersinnlichen Leib. Diesen ersten übersinnlichen Leib hat der Mensch gemeinschaftlich mit den Pflanzen, nicht aber mit den Mineralien. Mit den Mineralien haben wir bloß den physischen Leib gemeinsam. Aber wir kommen durch dieses in der Seele herangezogene Schauen, durch die inneren Sinne bewaffnet, dazu, das dritte Glied zu erkennen – stoßen Sie sich wieder nicht an dem Namen –, den astralischen Leib. Den hat der Mensch mit dem Tier gemeinsam. Durch ihn kann er empfinden. Niemals braucht ein Wesen, das nur wachsen und sich ernähren kann wie die Pflanze, auch Empfindung zu haben. Der Mensch und die Tiere können empfinden. Das ist nicht etwas, was man mit einem abstrakten Worte bezeichnen kann, sondern das ist eine reale Wesenheit, der astralische Leib.

Dann findet man etwas, was einen zum Träger macht seiner drei Leiber, was den physischen, den ätherischen, den astralischen Leib beherrscht: das ist die Ich-Organisation, das eigentliche innere Selbst des Menschen. Also: Erstens physischer Leib, zweitens ätherischer Leib, drittens astralischer Leib, viertens Ich-Organisation des Menschen.

Wer nicht rechnet mit diesen vier Gliedern des Menschen, wer sich auf den Standpunkt stellt, daß die äußere Anschauung in der Anatomie und Physiologie den ganzen Menschen umfassen könne, der mag eine Weltanschauung begründen! Ideen behaupten kann man in der mannigfaltigsten Weise; sie mögen gelten oder nicht in der Welt; da mag der eine Spiritualist, Idealist, Materialist sein, Realist der andere. Weltanschauungen kann man begründen, denn man braucht sie nur auszusprechen, man braucht nur zu sagen, man glaube dies oder jenes; aber mit Weltanschauungen, die nicht den Wirklichkeiten, nicht den wirklichen Anschauungen, den wirklichen Erfahrungen entstammen, kann man weder beim äußerlich physischen Menschen etwas anfangen, noch in der Erziehung. Wenn Sie in bezug auf die Mechanik eine falsche Anschauung haben und Brückenbauer, Ingenieur werden, so wird Ihnen der erste Eisenbahnzug, der darüberfährt, diese Brücke einwerfen. Da zeigt sich, ob die Sache der Wirklichkeit entspricht. Ebenso zeigt sich das, wenn man in der Lebenspraxis mit dem Menschen zu tun hat. In Verhandlungen oder auch sonst, in Büchern, lassen sich Weltanschauungen, die man ausgedacht hat, gut verdauen. Erziehen kann man nicht mit ihnen; erziehen kann man nur mit wirklicher Menschenerkenntnis. Von dieser Menschenerkenntnis möchte ich sprechen, denn sie ist eigentlich die Vorbereitung für den Pädagogen. Alles übrige, was man noch so geistreich ausdenkt, daß man tun soll in der einen, in der anderen Weise, ist viel weniger wichtig, als daß der Pädagoge in jedem Augenblick hineinzuschauen vermag in die menschliche Wesenheit, und aus dem, was ihm die Kindesnatur selber sagt, seine Methode im Augenblicke aus der Liebe zur Erziehung, aus der Kunst zu erziehen, finden kann.

Nun stellt sich aber für denjenigen, der mit dieser, durch das Übersinnliche bewaffneten Menschenerkenntnis an das Kind herantritt, dar, daß man für die ersten sieben Lebensjahre, von der Geburt bis zum Zahnwechsel, im Kinde nicht deutlich unterscheiden kann dasjenige, was ich Ihnen deutlich nebeneinander angeführt habe. Man kann dem Kinde gegenüber nicht in derselben Weise sagen: es besteht aus physischem Leib, Ätherleib, Astralleib und Ich, wie man das beim erwachsenen Menschen sagen kann. Warum?

Das Kind, indem es geboren wird, ist ja wirklich das größte Wunder, das es überhaupt innerhalb des Erdenlebens geben kann. Man muß es als solches größtes Wunder anerkennen, wenn man unbefangenes Verständnis dafür hat. Da tritt das Kind in die Welt mit noch unbestimmten Gesichtszügen, mit der fast noch nichtssagenden Physiognomie, mit den ungeschickten, unorientierten Bewegungen, und wir sagen uns wohl, indem wir das mit einiger Geringschätzung tun: der Mensch ist ja noch nicht von dieser Welt; er paßt noch nicht hinein in diese Welt. Er greift noch, wenn er irgend etwas ergreifen will, ungeschickt. Er kann sich mit seinen Augen noch nicht orientieren, kann noch nicht in seinen Gliedern dasjenige ausdrücken, was in seinem Willen liegt. Aber das ist ja das Wunderbarste, was der Mensch erleben kann, wenn aus dem Zentrum der menschlichen Natur nach und nach herauskommt aus den inneren Kräften dasjenige, was der Physiognomie ihre göttergleichen Züge gibt, was die Bewegungen sich der Welt gemäß orientieren läßt und so weiter. Wenn man mit übersinnlichem Auge an das Kind herantritt, so kann man dem Kinde gegenüber nicht sagen, das Kind besteht aus physischem

Leib, Ätherleib, Astralleib und Ich, so wie man dem Wasser gegenüber nicht sagen kann, so wie es ist, es bestehe aus Wasserstoff und Sauerstoff. Es besteht aus Wasserstoff und Sauerstoff, aber die beiden sind innig miteinander verbunden. So sind im kindlichen Organismus bis zum Zahnwechsel diese vier Glieder der menschlichen Wesenheit so innig miteinander verbunden, daß man sie zunächst nicht unterscheiden kann.

Erst mit dem Zahnwechsel, dem siebenten Jahre ungefähr, wenn die Kinder in die Primarschule hereinkommen, tritt deutlich aus der menschlichen Organisation der Ätherleib auf, den der Mensch als die Grundlage des Wachstums, der Ernährung und so weiter hat, und zugleich als die Grundlage für die Phantasie, für die Gemütskräfte, für die Liebekräfte. Es ist so beim Kinde, daß wenn man es im siebenten Jahr, mit dem Zahnwechsel, beobachtet, so ist es für den übersinnlichen Blick, als ob herausträte, ich möchte sagen, eine übersinnlich ätherische Wolke, welche dieselben Kräfte enthält, die bis zum Zahnwechsel noch tief eingetaucht waren in den physischen Leib und ungeschickt im Kinde wirkten, weil sie nicht gewöhnt sind, im physischen Leib zu wirken. Jetzt, mit dem Zahnwechsel, werden sie gewöhnt, für sich zu wirken und nur einen Teil herunterzusenden in den physischen Leib. Jetzt wirken sie auf der einen Seite in Wachstum, Ernährung und so weiter; aber auch frei wirken sie in der kindlichen Phantasie, noch nicht im Intellekt, noch nicht im Nachdenken, in Ideen, wollen aber in der Liebe zu den Dingen, zu den Menschen auf einer höheren Stufe hervortreten. Die Seele im Ätherleib ist frei geworden im Kinde. Das Kind ist im Grunde genommen ein anderes Wesen geworden, indem es den Zahnwechsel durchgemacht hat.

Und dann ist eine andere Epoche, vom Zahnwechsel bis zur Geschlechtsreife. Indem das Kind geschlechtsreif wird, tritt jetzt, was man bisher wenig unterscheiden konnte, der Astralleib heraus. Man merkt nun, wie das Kind ein anderes Verhältnis zur Außenwelt gewinnt. Das ist deshalb, weil, je mehr sein Astralleib erst geboren wird, es ein anderes wird. Vorher steckte er im Grunde genommen drinnen in der physischen und ätherischen Organisation.

So daß wir sprechen können: Erstens von der physischen Geburt, wo das Kind den physischen Leib der Mutter verläßt. Zweitens von der

Äthergeburt: da ringt sich los, richtig im Kinde geboren werdend, der ätherische Leib. Der macht, daß das Kind belehrt werden kann. Drittens, bei der Geschlechtsreife kommt heraus der astralische Leib. Der macht, daß es die Liebe nach außen tragen kann, daß es empfindet die Unterschiede von Menschen; denn es ist die Geschlechtsreife nicht bloß damit verknüpft, daß sie in die Geschlechtserkenntnis hineinführt, sondern in die Erkenntnis des Untertauchens in alle Dinge. Viertens, und die Ich-Erkenntnis wird eigentlich erst mit dem einundzwanzigsten, zweiundzwanzigsten Jahre geboren. Der Mensch wird nicht früher ein vollständig selbständiges Ich.

So kann man sprechen, wenn man spirituell vom Menschen spricht, von aufeinanderfolgenden Geburten. Und nur derjenige, der nun weiß, wie der Mensch ist unter dem Einflusse dieser aufeinanderfolgenden Verhältnisse seiner verschiedenen menschlichen Glieder, der kann Erziehung und Unterricht lenken. Denn, was bedeutet es denn, daß beim Kinde bis zum Zahnwechsel noch nicht unterschieden werden können physischer, ätherischer, astralischer Leib und Ich? Daß sie ineinanderstecken wie Wasserstoff und Sauerstoff, ununterschieden? Das bedeutet, daß das Kind eigentlich noch ganz Sinnesorgan ist. Für das Kind gibt es noch nichts, als daß es Sinnesorgan ist, und es nimmt alles, was es aufnimmt, so auf wie ein Sinnesorgan.

Betrachten Sie das wunderbar gestaltete menschliche Auge: die ganze Welt ist dadrinnen, das Bild der ganzen Welt. Wir können sagen: draußen ist die Welt, drinnen ist die Welt. Beim Kinde ist es ebenso: draußen ist die Welt, drinnen ist die Welt; das Kind ist ganz Sinnesorgan. Wir Erwachsenen haben den Geschmack von Zucker durch Mund, Zunge, Gaumen. Das Kind durchdringt sich ganz mit Geschmack. Man habe nur Sinn dafür, ein Kind zu beobachten, wie es durch und durch Sinn ist, Geschmacksorgan. Und insofern es schaut, nimmt es ja Teil mit seinem ganzen Wesen am Schauen, es geht ganz in seiner Umgebung auf. Daher ist etwas Eigentümliches im Kinde vorhanden: es hat eine naturhafte Religiosität. Die Eltern, die Erzieher sind um das Kind herum, das Kind gibt sich hin, wie das Auge sich selbst hingibt. Wenn das Auge sich selber sehen würde, würde es das andere nicht sehen. Das Kind lebt ganz in der Umgebung; aber es nimmt sie auch ganz körperlich auf. Nehmen wir einen Fall: den jähzornigen Vater neben dem Kinde. Der tut allerlei, die Wut drückt sich aus in seinen Gebärden. Ja, das Kind nimmt seine Gebärden ganz anders wahr, als der Mensch denkt. Das Kind sieht zugleich in den Gebärden die moralische Qualität des Vaters. Das was das Kind innerlich sieht, die Welt, wird moralisch durchleuchtet. So wird das Kind ganz innerlich durchsetzt von einem jähzornigen Vater, einer liebevollen Mutter, von irgend etwas bei irgend jemand anderem. Das breitet sich aus in dem Kinde bis in den physischen Körper hinein.

Wie wir in der Umgebung eines Kindes sind, das geht in das Kind hinein, geradeso wie das Kerzenlicht in das Auge hineingeht. Aber es breitet sich das, wie wir in der Umgebung eines Kindes sind, soweit aus, daß sein Blut in den Sinnen anders zirkuliert, in seinen Nerven, indem diese arbeiten, in seinen Muskeln, in den Gefäßsäften, mit denen die Sinne versorgt werden, daß das ganze Wesen des Kindes sich nach dem bildet, wie die äußeren Eindrücke sind. Und noch wenn der Mensch ein Greis ist, dann merkt er die Wirkung desjenigen, was die moralisch-religiöse Umgebung in der Verfassung des Kindes, in dem physischen Körper des Kindes bewirkt haben. Des ganzen menschlichen Erdenlebens Gesundheit und Krankheit hängt davon ab, ob wir imstande sind, richtig tief genug einzusehen, daß im Kinde sich alles spiegelt, was in der Umgebung vorgeht. Nicht nur das Physische, sondern auch das Moralische spiegelt sich. Das Moralische, das sich spiegelt, wird wirksam in bezug auf Gesundheit und Krankheit.

Das Kind ist in den ersten sieben Lebensjahren, bis zum Zahnwechsel, ein rein nachahmendes Wesen, ein imitierendes Wesen. Wir können es nur dadurch erziehen, daß wir alles dasjenige, wovon wir meinen, daß es in dem Kinde entwickelt werden muß, in seiner Umgebung tun. Wir sollen nicht ausdenken: Was soll das Kind tun? – sondern wir sollen uns vor allen Dingen klar sein darüber, daß wir selbst es ihm vormachen müssen. Denn nichts anderes ist gesund für das Kind, als was wir ihm vormachen. Und nichts nimmt das Kind wahrhaftig in seine Organe auf, als was wir ihm vormachen.

Darinnen kann man seine Erfahrungen machen! Es kam einmal ein Vater zu mir, der unglücklich war darüber, daß sein vier-, fünfjähriges Kind gestohlen haben sollte. Er sagte: Das wird doch ein schrecklicher

Mensch, denn er hat gestohlen. – Ich erwiderte: Wollen wir erst untersuchen, ob er wirklich gestohlen hat. Und was stellte sich heraus? Der Junge hatte Geld genommen aus der Kommode, an die die Mutter auch immer geht, wenn sie Geld braucht. Die Mutter ist dasjenige Wesen, das er am meisten nachahmt. Es ist ihm selbstverständlich, daß er das auch tut, was die Mutter tut. Er tut dasselbe, nimmt auch Geld aus der Kommode. Es ist gar keine Rede davon, daß er stiehlt, sondern er machte das, was naturgemäß ist dem Kinde bis zum Zahnwechsel: das Nachahmen. Er ahmte nur nach, was die Mutter auch getan hatte.

Gerade aber wenn man diese Dinge durchschaut, wird man wissen: es handelt sich darum, daß Imitation beim Kinde dasjenige ist, was es beherrscht bis hinein in seine leiblich-seelische Entwickelung, und daß wir nötig haben darauf zu sehen als Erzieher, daß wir in diesen ersten sieben Lebensjahren die Gestalter sind von Leib, Seele und Geist. Die Erziehung für die ersten sieben Lebensjahre muß eine gestaltende sein. Und derjenige, der das wirklich durchschauen kann, der kann selbst später, wenn er dem Menschen begegnet und seine Physiognomie, seinen ganzen Habitus sieht, sieht, wie er auftreten, gehen oder nicht gehen kann, er kann ablesen davon, ob Jähzorn oder ob Sanftmut, Besonnenheit in der Umgebung des Kindes war und bis in das Blut, in die Blutzirkulation, bis in die Muskeleigenheit hinein gestaltend auf das Kind gewirkt hat. Leib, Seele und Geist werden gestaltet in diesen Jahren, und wir müssen wissen als Lehrer, daß sie in diesen Jahren gestaltet werden. Aus diesem Wissen, aus diesem Impuls, und aus dem daraus entspringenden Enthusiasmus geht dasjenige hervor, was dem Lehrer die Methode gibt, die Gefühls-, die Willensimpulse; die hingebende, opferwillige Gesinnung ist vor allen Dingen dasjenige, was zugrunde liegen muß den pädagogischen Methoden. Die schönste pädagogische Methode hat keinen Wert, wenn nicht Kindeserkenntnis vorliegt, wenn nicht vorliegt dasjenige, wodurch der Lehrer mit dem Kinde so in eins zusammenwachsen kann, daß das Kind ihn nachahmen kann, daß das Kind das gestalten darf in seinen eigenen Qualitäten.

Ich möchte aus dem Grunde, den ich erörtert habe, die Erziehung des Kindes bis zum Zahnwechsel hin die gestaltende Erziehung nennen, denn da läuft alles hinaus auf die Gestaltung des Leibes, der Seele, des

Geistes des Kindes für das ganze Erdenleben. Man muß nur hineinschauen in diese Gestaltung. Ich habe das Beispiel vom jähzornigen Vater angeführt. Das Kind sieht in den Gebärden des Jähzorns noch die moralischen Qualitäten. Das wirkt auf das Kind so, daß die Dinge in die physische Konstitution übergehen. Wir erleben vielleicht, daß bei einem fünfzigjährigen Menschen die Starkrankheit beginnt, der graue Star, der dann operiert werden muß. Man nimmt solche Dinge hin im Leben, ja, eben in dem Sinne, wie man heute die Dinge ärztlich ansieht. Es gibt auch Starkrankheit, sagt man. Aber man schaut nicht auf das ganze Leben hin nach wirklich tieferer Menschenerkenntnis. Würde man das tun, so würde man oftmals erkennen, daß die Starkrankheit beim Menschen oft zurückführt zu jenen inneren Schocks, zu denen das Kind geführt worden ist durch den jähzornigen Vater. Es ist bei diesen Dingen so, daß bis in die Gefäße hinein dasjenige geht, was in der moralischen, religiösen Umgebung wirkt und Gesundheits- oder Krankheitsanlage wird. Das tritt oftmals im späteren Leben zutage. Der Arzt diagnostiziert nach dem heute im Leben eigentümlichen Standpunkt. In Wahrheit werden wir darauf zurückgeführt, daß zum Beispiel die Gicht, der Rheumatismus im fünfzigsten, sechzigsten Jahr davon herrührt, daß in der Umgebung des Kindes Nachlässigkeit, Ungeordnetheit, Disharmonie geherrscht haben, was das Kind aufgenommen hat. Es ist ganz in das Organische hineingegangen.

So schaut man hinein in die Gestaltung, die der Mensch für das ganze Leben erhält, wenn man darauf hinschaut, was er als imitierendes Wesen bis zum Zahnwechsel aufnimmt. Wir müssen das Gestalten des Menschen beherrschen lernen, sonst haben alle Kleinkinderschulen gar keinen Wert, wenn wir nicht dasjenige in dem Kinde keimen lassen können, was gestaltend wirkt und das gesunde und kranke Leben beherrscht für das ganze Erdendasein.

Nun, mit dem Zahnwechsel kommt der Ätherleib heraus, dasjenige, was enthält die Kräfte der Verdauung, der Ernährung, des Wachstums, aber was auch seelisch sich äußert, und jetzt beim Kinde sich zu äußern beginnt in dem Heraufkommen der Phantasie, des Gedächtnisses und so weiter. Hier müssen wir uns klar sein, was wir eigentlich erziehen zwischen dem Zahnwechsel und der Geschlechtsreife.

Ja, was erziehen wir denn? Wir erziehen dieselben Kräfte, welche die richtige Verdauung bewirken, dieselben Kräfte, die den Menschen wachsen lassen, die den Menschen von Kind auf zum großen Menschen heranwachsen lassen, die innerliches und äußerliches Wachstum ermöglichen. Und dasjenige, was wir in der Seele erziehen, ist nur das seelische Gegenbild der Wachstumskräfte. Was gibt denn die Natur, was gibt die geistige Welt dem Menschen durch die Wachstumskräfte des Ätherleibes? Das Leben, richtig das Leben! Was müßten wir dem Kinde geben, wenn wir jetzt nicht wie die Natur auf die Wachstumskräfte wirken können unmittelbar, naturhaft, wie das geschieht in den ersten sieben Lebensjahren, sondern wenn wir auf den freigewordenen Ätherleib in seelischer Weise wirken sollten? Was müssen wir denn da dem Kinde geben? Wir müssen Leben geben. Leben gibt man dem Kinde nicht, wenn man an das Kind Begriffe jetzt schon heranbringt. Das Kind ist noch nicht reif für den Verstand, für den Intellekt, es ist reif für das Bild, für die Phantasie, und auch für das Gedächtnis. Und wenn man es erkennen und die Erziehung in den ersten sieben Jahren eine gestaltende nennen kann, wenn da gestaltet werden muß, so muß jetzt geformt, belebt werden. Und alles muß belebt werden! Zwischen dem Zahnwechsel und der Geschlechtsreife ist das belebende Prinzip des Unterrichts das Richtige. Alles was ich als Lehrer tue, muß beleben. Aber man ertötet vieles leicht, gerade in diesem Lebensalter.

Sehen Sie, da müssen die Kinder ja, weil es in unserer Zivilisation selbstverständlich so berechtigt ist, herangebracht werden an das, was ja zum Lesen, zum Schreiben führt. Aber nun bedenken Sie: diese Buchstaben, die wir schreiben, die wir lesen, wie fremd sie eigentlich dem Menschen sind! Sie sind so fremd, daß, als die Europäer, diese «besseren Menschen» nach Amerika kamen – noch in den vierziger Jahren des 19. Jahrhunderts sind Beispiele davon vorhanden –, da sagten die Indianer: Die Europäer haben da solche merkwürdigen Dinge auf dem Papier stehen, und das schauen sie an, und dann sprechen sie aus dasjenige, was da auf dem Papier steht, das sind kleine Teufel! – sagten die Indianer, und die Europäer, «die Blaßgesichter» nennen sie sie ja, die bedienen sich dieser kleinen Teufel! – Für das Kind sind die Buchstaben genauso wie für die Indianer kleine Dämonen; denn das Kind hat keine Beziehung zu den Buchstaben. Und wir ertöten ungeheuer viel, wenn wir das Kind gleich zum Lesen führen.

Es hat gar keinen Sinn für denjenigen, der die Dinge überschaut. Darum sagt eine auf das Wirkliche der Menschenerkenntnis gehende Erziehungsmethode: Schaue dir einmal an, wie die Menschen im alten Ägypten geschrieben haben, wo sie noch notiert haben, was sie gesehen haben, das haben sie ins Bild gebracht; daraus sind die ersten unserer heutigen Buchstaben entstanden. – Er schrieb nicht Buchstaben auf, er malte Bilderschrift. Die Keilschrift hat eine ganz ähnliche Grundlage. Der Sanskritschrift sieht man es heute noch an, wie sie aus dem Bild hervorgegangen ist. Denken Sie sich: das ist der Weg, den die Menschheit gemacht hat, um zu den heutigen abstrakten Buchstaben zu kommen! Nun führen wir das Kind an die heutigen abstrakten Buchstaben heran, zu denen es gar kein Verhältnis hat! Was hat man zu tun? Das hat man zu tun, daß man das Kind zunächst gar nicht mit Schreiben und Lesen plagt, sondern malendes Zeichnen, zeichnendes Malen an das Kind heranbringt. Es betätigt dabei den ganzen Leib, wenn man es anfangen läßt zu malen, es an die Farben und Formen heranbringt. Man lasse es in den einzelnen Formen nachahmen dasjenige, was es schaut, was es sieht; dann führt man hinüber dasjenige, was im Bilde ist, in dem Laut.

Ein Beispiel. Sie haben ja auch das englische Wort «fish»: Fisch. Nehmen wir an, wir lassen das Kind dazu kommen, daß es den Fisch im malenden Zeichnen, im zeichnenden Malen, aus der Farbe heraus schafft (es wird gezeichnet): Fisch. Jetzt lasse ich das Kind das Wort «Fisch» ruhig aussprechen; «fange bloß an», sage ich dem Kinde: F. Es entsteht aus dem Bilde, das ich hingemalt habe für den Fisch, das F.

So kann ich es machen für alles, was konsonantisch ist. Für die Selbstlaute finde ich, wenn ich das innere Seelenleben zu Hilfe nehme, wie ich das Bild überführen kann in den Buchstaben.

Auf diese Weise lernen die Kinder vom siebenten, achten Lebensjahre ab malendes Zeichnen, zeichnendes Malen. Man muß allerdings mehr achtgeben; es ist nicht so bequem, man muß nachher aufräumen; die Kinder machen alles schmutzig mit den Farben, es muß gereinigt werden; aber diese Dinge werden eben hingenommen werden müssen. Und man lernt zuerst aus der Farbe und Form heraus Ähnlichkeiten schaffen mit den Dingen draußen. Dann geht man über auf das Schreiben. Zunächst lernt das Kind schreiben, weil es damit den ganzen Körper in Bewegung bringt, nicht einen Teil bloß. Und dann geht man über zu dem Lesen. Das Kind gelangt im neunten Jahre etwa dazu, aus dem Schreiben heraus, das es aus dem Malen gebildet hat, das Lesen zu lernen. Auf diese Weise schaut man der Natur des Kindes ab, wie man es zu führen hat, läßt es sich von dem Kinde selber diktieren. Dadurch aber ist man als Lehrer genötigt, selbst ein anderer Mensch zu sein, nicht bloß seine Lektionen zu lernen und dann in abstrakter Weise anzuwenden, sondern mit seinem ganzen Menschen vor der Klasse zu stehen und zu allem, was man zu treiben hat, das Bild zu finden, selber Phantasie zu haben. Dann geht in imponderabler Weise das von dem Lehrer auf das Kind über. Aber man muß selbst lebendig sein. Wenn man in dieser Weise nicht bloß Begriffe hat, sondern Bilder hat, dann kommt man an das Kind heran. Man kann selbst die moralisch-religiöse Erziehung ins Bild bringen. Ich will dem Kinde sprechen über die Unsterblichkeit der Seele. Ich spreche ihm von dem Schmetterling, der in der Schmetterlingspuppe zuerst drinnen ist. Die Puppe bekommt ein Loch: der Schmetterling fliegt heraus. Ich mache dem Kinde klar: so ist es mit der menschlichen Seele. Solange der Mensch auf Erden ist, ist der Mensch die Puppe, und der Schmetterling fliegt sozusagen heraus, wenn der Mensch stirbt, als die Seele. Den Schmetterling sieht man, wenn er aus der Puppe ausschlüpft; die Seele sieht man nicht, wenn sie ausfliegt beim Tode.

Aber es gibt einen Unterschied. Nur ein Lehrer kann etwas erreichen damit, der nicht sich sagt: Ich bin so gescheit, so furchtbar gescheit, und das Kind ist dumm, ich muß etwas aussinnen, um die Sache zu veranschaulichen; ich selber glaube ja nicht an den ganzen Humbug von Schmetterling und Raupe, aber dem Kinde muß ich das so sagen. – Das wirkt gar nicht auf das Kind! Denn da sind unterseelische Kräfte zwischen dem Lehrer und dem Kind, die da wirken auf das Kind. Glaube ich selber daran, daß die geistigen Mächte in der Natur auf der Stufe des aus der Puppe ausfliegenden Schmetterlings ein Bild liefern für die Unsterblichkeit der Seele, stehe ich selber so darinnen, weiß ich, daß in der Natur überall Geist lebt, und daß der Schmetterling da ist, um den Menschen zu zeigen, daß da überall Geist ist, dann, wenn ich selber dran glaube, wirkt es auf das Kind. Dann ist es in der richtigen Weise keimend, auf das Kind wirkend.

Und auf diese Weise muß ich meine Begriffe beweglich halten. Da macht man ja die größten Fehler, wenn man gleich mit dem steifen Intellektuellen an das Kind herankommt.

Wenn man einem dreijährigen Kind Schuhe kauft, wird man nicht verlangen, daß es dieselben Schuhe mit neun Jahren tragen soll; es muß mit neun Jahren andere Schuhe tragen, die Schuhe müssen anders gemacht sein. Aber mit unseren Dingen, die wir dem Kinde lehren, machen wir es so. Wir lehren dem Kinde etwas; das mag so bleiben, und womöglich, wenn das Kind vierzig-, fünfzigjährig geworden ist, soll es immer noch so sein; wir geben Definitionen, die immer so bleiben sollen, und das ist geradeso wie die Schuhe, die es mit drei Jahren getragen hat und die später immer noch passen sollen! Wir sollen dem Kinde aus der Phantasie herausgeholte Bilder geben, die wachsen mit dem Kinde. Und darauf kommt es an, daß wir eine Erziehung geben, die die Seele so wachsen läßt, wie die Natur das fordert, wie der Leib wächst. Nur wenn wir selber als Lehrer solche Lebendigkeit haben, die Phantasie überall hineinzubringen, dann bringen wir dem Kinde lebendige Begriffe bei.

Belebende Erziehung zwischen Zahnwechsel und Geschlechtsreife ist das, um was es sich handelt. Denn da wird der Ätherleib frei. Da müssen wir auch so recht lebendig alles gestalten. Zum Beispiel, nehmen Sie das Wort «Mund», das ja auch im Englischen «mouth» ist: ich spreche nur den Anfangsbuchstaben: M aus – ich komme auf das:

Mund, mouth. Und so werden Sie überall aus dem Lebendigen heraus die Möglichkeit finden, zu schaffen dasjenige, was dann im Schreiben auftreten soll. Dann wachsen die in der Phantasie gebildeten Begriffe heran, wenn der Intellekt, der erst kommen soll mit der Geschlechtsreife, nicht zwei Jahre früher angesprochen wird; Definitionen sind für das Kind Gift. Da möchte man sich immer erinnern an dasjenige, was einmal in einer griechischen Philosophenschule definiert worden ist: Was ist ein Mensch? – Ein Mensch ist ein Wesen, das zwei Beine und keine Federn hat. – Eine Definition, wie viele unserer wissenschaftlichen Definitionen sind. – Ich weiß, daß ich eine Ketzerei ausspreche! Am nächsten Tag brachte einer der Schüler eine Gans mit, der er die Federn ausgerissen hatte, mit der Behauptung: das sei ein Mensch, ein Wesen, das zwei Beine und keine Federn hat! – So ungefähr sind die armen, die intellektualistischen Begriffe, die wir dem Kinde so peinlich gern beibringen wollen. Reiche Begriffe brauchen wir, die wachsen, so wie das Kind selber, und im späteren Alter dem Menschen Wachstumskräfte lassen. Bringen wir dem Kinde nur abstrakte Begriffe in diesem Lebensalter bei: wir tragen früh die Spuren des Alterns an uns. Wir verlieren die Lebhaftigkeit, wir altern früh, wir können nicht mehr recht vorwärts. Es ist etwas, was wir, ich möchte sagen, furchtbar empfinden, wenn wir so erzogen sind, daß wir nicht mit der Phantasie, mit dem Bild aufgewachsen sind, das wächst und lebt und dem Ätherleib angepaßt ist, sondern mit dem, das eigentlich im Grunde ein Ertöten darstellt: dieses Abstrakte, Intellektuelle.

So kann man, wenn man weiß, daß dieser Ätherleib da ist, daß dieser Ätherleib lebendig ist, wenn er nicht bloß abstrakte Theorie bleibt, sondern wenn man das Kind in seiner lebendigen Entwickelung anschaut, so kann man darauf kommen, dieses zweite, ich möchte sagen, goldene Prinzip der Erziehung in sich einzuschreiben. Für die ersten sieben Lebensjahre das goldene Prinzip: Gestalte den Menschen menschenwürdig, gesund; und in den zweiten sieben Jahren, von dem Zahnwechsel bis zur Geschlechtsreife, heißt das goldene Erziehungsprinzip: Belebe den Menschen, denn dir ist sein Ätherleib übergeben!

Mit der Geschlechtsreife wird nun wie durch eine neue Geburt dasjenige herausgelöst, was ich astralischen Leib genannt habe. Alles dasjenige, was als die innersten menschlichen Kräfte zugrunde liegt der eigenen Empfindung bis zur Geschlechtsreife, also gerade im primarschulmäßigen Alter, hat das Kind noch unvermischt, ungeteilt mit seinem physischen Leib und Ätherleib eben in diesem astralischen Leib beisammen; daher ist es naturgemäß hingegeben an die Empfindungen, an die Gefühlsweise, an die Phantasieweise des Lehrenden, des Erziehenden. Indem der astralische Leib frei wird von der physischen Organisation und also seelisch frei wirkt, erscheint das Kind erst herausgelöst auch aus dem, was bei ihm selbstverständlicher Autoritätsglaube sein muß. Denn all das, was ich beschrieben habe als die richtige Erziehung zwischen dem Zahnwechsel und der Geschlechtsreife, das muß unter dem Zeichen der selbstverständlichen Autoriät stehen zwischen dem Kinde und dem Lehrenden, dem Erziehenden. Oh, es ist ein großes Glück für das Leben, wenn man gerade in diesem Kindesalter in selbstverständlicher Autorität zu dem Lehrenden, Erziehenden aufschauen kann, so aufschauen kann, daß einem das wahr ist, was wahr ist für den Lehrenden, den Erziehenden! Man unterscheidet noch nicht als Kind: Irgend etwas ist wahr, irgend etwas ist falsch; man verehrt die Wahrheit, weil etwas, was der Lehrer sagt, als wahr aufgefaßt wird; man verehrt die Güte, weil der Lehrer sie darstellt in dem, was er als die selbstverständliche Güte heranbringt; man verehrt die Schönheit, weil der Lehrer sie heranbringt. Die Wahrheit, die Güte, die Schönheit der Welt tritt in dem Erziehenden dem Kinde gegenüber.

Man wird mir, der ich vor vielen Jahren eine «Philosophie der Freiheit» schrieb, nicht zumuten, daß ich für das Autoritätsprinzip etwa im sozialen Leben eintrete. Dasjenige, was ich hier meine, ist, daß das Kind in selbstverständlicher Autorität stehen muß zwischen dem Zahnwechsel und der Geschlechtsreife, und in dieser Zeit alles, wie ich es dargestellt habe, lebendig empfangen muß. Also der Erzieher ist die eigentliche Autorität in diesem Alter, und der Mensch wird erst fähig zur Freiheit, wenn er die selbstverständliche Autorität des Erziehers verehren und achten gelernt hat.

Und ebenso wird er auch fähig, sich seines eigenen Urteils zu bedienen, nicht mehr des Urteils des Lehrers, des Erziehers, wenn er geschlechtsreif geworden ist und sein astralischer Leib der Träger des eigenen Urteils geworden ist.

Da tritt nun das auf, was das dritte Element in der Erziehung sein muß. Das erste nannte ich das gestaltende, das zweite das belebende. In diesem dritten Element der Erziehung, das eintritt mit der Geschlechtsreife, finden wir nur dasjenige berechtigt, was ich nennen kann: die erweckende Erziehung. Alles, was über die Geschlechtsreife hinausgeht, muß so wirken auf den jungen Menschen, auf den jungen Mann, das junge Mädchen, daß die Entstehung des eigenen Urteils, diese innere Selbständigkeit, wie ein fortwährendes Aufwachen erscheint. Wenn man über die Geschlechtsreife hinaus jemandem etwas von außen beibringen will, tyrannisiert man ihn, man versklavt ihn. Wenn man die ganze Erziehung so leitet, daß man von diesem Lebensalter ab, von der Geschlechtsreife ab, alles aufnimmt so, wie wenn jemand aus dem Schlaf erweckt wird – der Mensch hat bis dahin geschlafen in bezug auf die Beurteilung von dem oder jenem, es kommt ihm jetzt vor, als ob er sein eigenes Wesen aus sich herausruft – dieses Gefühl, daß es sein eigenes Wesen ist, das aus ihm herauskommt, daß der Lehrer ihm nur der Anreger, der Erwecker ist, das kann man entwickeln, wenn man so vorgeht, wie ich es ausgeführt habe für die zwei ersten Lebensalter; dann wächst man hinein in den Gebrauch seines eigenen Urteils, dann wird die spätere Erziehung, der Unterricht ein erweckender. Und wenn man als Lehrer, als Erziehender, seiner Gesinnung nach tief durchdrungen ist von diesem Erweckenden, dann weiß man auch im Stil, in der Haltung, im Vortrag alles so zu gestalten, daß dasjenige, was nun eigenes Urteil sein soll desjenigen, der belehrt, der erzogen wird, daß das wirklich aus dem Betreffenden herauskommt, daß es in einer gewissen dramatischen Steigerung geht bis dahin, wo er selber nun einsetzt mit dem inneren Betätigen, das gerade im astralischen Leib lebt.

Damit sprechen wir ja, indem wir in der richtigen Weise zum astralischen Leib sprechen, zu dem Unsterblichen des Menschen. Der physische Leib wird alle sieben Jahre ausgewechselt. Der ätherische Leib in seiner Kraft als dynamische Organisation geht von der Geburt bis zum Tode, beziehungsweise von der Konzeption bis zum Tode. Dasjenige, was unser astralischer Leib ist, der, wie gesagt, später herauskommt, ist der ewige Wesenskern des Menschen, der heruntersteigt, sich nur mit dem physischen und auch dem ätherischen Leib umkleidet und wieder durch die Pforte des Todes geht. Zu dem können wir in der richtigen Weise sprechen, wenn wir uns zuerst vor dem Zahnwechsel und der Geschlechtsreife in richtiger Weise hingestellt haben neben das, was der Mensch erst im Erdendasein empfängt: seinen Ätherleib, seinen physischen Leib. Erziehen wir da richtig in der Weise, wie es geschildert worden ist, dann entwickelt sich innerlich in wunderbarer Weise – nicht durch unsere Führung, sondern durch Führung der geistigen Welt selber – dasjenige, was dann mit der Geschlechtsreife als der ewige Wesenskern des Menschen erwachen darf.

Dann können wir uns sagen: Wir haben die rechte Erziehung befolgt, denn wir haben nichts hineingegossen, hineingetrichtert; wir haben nicht unser Wesen auf das Kind übertragen, sondern wir haben uns nur hingestellt und haben die Hindernisse hinweggeräumt, so daß sich der ewige Wesenskern unter der Leitung der göttlichen Welt selber entfalten kann. Jetzt, wo er offen und frei hervortritt mit der Geschlechtsreife, jetzt machen wir die Erziehung selber zu einer erweckenden. Dann können wir uns auch in dieser Weise in der Schule hinstellen und können sagen: Wir sind die Pfleger der göttlich-geistigen Weltordnung, wir sind die Mitarbeiter, die das Ewige im Menschen pflegen wollen. – Und das müssen wir uns sagen, sonst müssen wir uns schämen in jedem einzelnen Falle: Vielleicht sitzen ein oder zwei Genies unter deinen Schülern, die einmal viel mehr wissen werden als du selber wissen kannst. Und was du tun kannst, um mit demjenigen, was du in dir hast, dich selber für berechtigt zu erklären, diejenigen zu erziehen, die einmal dich vielleicht an Geist und Seele, vielleicht auch an Körperhaftem überragen werden, über dir stehen werden –, was du tun kannst, ist, daß du dir sagst: Nur wenn du Geist und Seele pflegst; nicht überwältigst, sondern nur durch deine Erziehung pflegst, also nur die Veranlassung gibst, daß das, was von dem Göttlich-Geistigen in dem Kinde gepflanzt ist, nun wirklich herauskommen kann, nur dann wirst du das Richtige tun. – Das kann es auf die geschilderte Weise; dazu führt die entsprechende Einsicht in die menschliche Wesenheit.

Nun können Sie noch sagen: Da wird nun diese Erziehungsmethode in der Waldorfschule geübt, ja, sind denn die Lehrer in der Waldorfschule alle so, daß man sagen kann, daß sie mit dem übersinnlichen Schauen ausgestattet sind, daß sie die Geburt des astralischen Leibes, des ätherischen Leibes, die Entfaltung der Kräfte in der menschlichen Wesenheit mit dem von der Seele aus bewaffneten Auge verfolgen können, wie man in der Experimentalpsychologie, wie man mit dem Mikroskop die Naturdinge schaut? Gewiß, nicht jeder der Lehrer in der Waldorfschule ist ein so hellsichtiger Mensch, daß er diese Dinge selber schaut; aber das braucht man nicht zu sein. Derjenige, der das kennt, was Geistesforschung liefert über den physischen, ätherischen und astralischen Menschen, über die Ich-Organisation, der braucht ja nur seine gesunde Menschenseele, seinen gesunden Menschenverstand anzuwenden, und dieses gibt ihm dasjenige, was es ihm möglich macht, nicht nur zu verstehen, was der Forscher auf geistigem Gebiet sagt, sondern es auch zu begreifen.

Nun, man findet da manchmal sehr merkwürdige Ansichten, gerade in der Gegenwart. Ich habe einmal einen Vortrag gehalten – nachher ist er öffentlich besprochen worden –, ich habe in diesem Vortrage behauptet, dasjenige, was der Hellseher – ich meine das wörtlich, nicht im abergläubischen Sinne, sondern in dem Sinne, daß man sieht das Übersinnliche in der Menschennatur wie das Sinnliche in der Natur –, was der Hellseher erforschen kann, kann jeder Mensch mit gesunder Seelenverfassung verstehen, wenn er unbefangen genug dazu ist. Da erwiderte man mir in einer Bemerkung: der Steiner hätte das gesagt, aber das ist ja doch offenbar nicht wahr, denn derjenige, der behauptet, es gibt ein Übersinnlich-Geistiges und man könne es erkennen, der ist sicher nicht gesund an Verstand, denn derjenige, der gesund an Verstand ist, der behauptet so etwas nicht.

Sie sehen, im materialistischen Zeitalter hat man nur diese Eventualität! Aber diese Eventualität muß überwunden werden.

Nicht jeder Waldorflehrer hat die Hellsichtigkeit, hineinzuschauen; aber jeder hat in sich aufgenommen mit vollem Verständnis, mit voller Seele dasjenige, was die Geistesforschung erforschen kann über den Menschen, und jeder Waldorflehrer wendet es mit voller Seele an, denn das Kind ist selber der größte Lehrer, indem man das Kind vor sich hat Tag für Tag, Woche für Woche, von Jahr zu Jahr diese wunderbare Entwickelung sieht, und durch nichts wird ihnen so geweckt wie durch das Kind, dasjenige, was notwendig ist. Und im täglichen Unterricht, in der Erziehung, im Umgang mit dem Kinde findet der Lehrer für die Lehrpraxis, für die Erziehungspraxis dasjenige, was ihm Geisteswissenschaft gibt, bewahrheitet, bekräftigt jeden Tag; er wächst jeden Tag in immer anschaulicherer Weise hinein. In dieser Art ist Erziehen und Unterrichten selber ein Leben. Die Schule ist ein Organismus, die Lehrerkonferenz die Seele, die aufstrahlt durch das fortwährende liebevolle Studium und Aufgehen in die einzelnen Schüler der einzelnen Klassen und so weiter.

Und wir sehen die Möglichkeit, durch diese drei Stufen des Unterrichts in die menschliche Zivilisation dasjenige hineinzubringen, was von der Menschennatur selber gefordert wird durch die drei Stufen, der gestaltenden Erziehung vor dem Zahnwechsel, der belebenden zwischen dem Zahnwechsel und der Geschlechtsreife, der erweckenden Erziehung nach der Geschlechtsreife, zum Entgegenführen dem vollen Leben, wo dann der Mensch sich immer vom Leben selber erwecken lassen muß.

Gestaltende Erziehung	=	vor dem Zahnwechsel;
belebende Erziehung	=	zwischen dem Zahnwechsel und der Geschlechtsreife;
erweckende Erziehung	=	nach der Geschlechtsreife.

Hinschauend auf das Kind in rechter Weise, können wir uns anregen lassen dadurch, daß wir uns sagen: eigentlich müssen wir im Lehren und Erziehen Priester werden. Denn dasjenige, was uns entgegentritt im Kinde, offenbart uns in äußerlicher Realität wohl am stärksten, großartigsten, intensivsten, was als göttlich-geistige Weltenordnung dem äußeren, physischen Materiellen zugrunde liegt; denn in der großartigsten Weise ist bei dem Kinde materiell ausgeführt, was die schöpferisch-geistigen Kräfte hinter der materiellen Weltordnung tragen. Wir aber sind hingestellt neben das Kind, um in der Materie den Geist zu seinem entsprechenden Keimen, Wachsen, Fruchten kommen zu lassen.

Diese Gesinnung muß zugrunde liegen jeder Methode. Ausgedachte Methoden haben nur einen Sinn, wenn sie im Lichte dieser Ergebnisse betrachtet sind; sind sie aber im Lichte dieser Ergebnisse gewonnen, dann wird Leben in den Kindern einer Klasse sein, wenn der Lehrer die Klasse betritt, unter die Kinder tritt. Dann wird Lehren und Erziehen dasjenige werden, was das wichtigste Ferment, der wichtigste Impuls der Entwickelung ist. Wer die Zivilisation der Gegenwart mit ihren vielen Untergangstendenzen ins Auge faßt, der weiß, wie sehr unsere Zivilisation ein belebendes Element braucht.

Nun, Schule und Erziehung kann das allerbelebendste Element sein. Daher sollte sie die Menschheit ergreifen in ihrer spirituellen Substantialität, in ihrer spirituellen Grundlage: beim Menschen. Beim Kinde angefangen, werden wir für den Menschen und die Menschheit dasjenige hervorbringen können, was die Zeichen der Zeit aus unserer Zivilisationsstufe heraus für die nächste Zukunft von uns fordern.

HINWEISE

Textunterlagen: Die Vorträge wurden von verschiedenen Zuhörern mitgeschrieben. Die vorhandenen Textunterlagen sind von unterschiedlicher Qualität und weisen teilweise erkennbare Lücken auf. Soweit die Originalstenogramme vorhanden sind, wurden diese zur Prüfung einzelner Stellen herangezogen. Siehe auch die Bemerkungen zu einigen Vorträgen in den nachstehenden Hinweisen.

Folgende Vorträge wurden in Zeitschriften veröffentlicht:

Stuttgart, 25. März 1923: «Zur Pädagogik Rudolf Steiners» 1927/28, 1. Jahrgang, Heft 4–6. – «Die Menschenschule» 1937, 11. Jahrgang, Heft 1/2. – «Erziehungskunst» 1948, 12. Jahrgang, Heft 1. – «Erziehungskunst» 1957, 21. Jahrgang, Heft 6–7.
Stuttgart, 26. März 1923: «Zur Pädagogik Rudolf Steiners» 1928/29, 2. Jahrgang, Heft 1–2. – «Die Menschenschule» 1937, 11. Jahrgang, Heft 3. – «Erziehungskunst» 1957, 21. Jahrgang, Heft 8–9.
Stuttgart, 27. März 1923: «Zur Pädagogik Rudolf Steiners» 1928/29, 2. Jahrgang, Heft 3. – «Die Menschenschule» 1937, 11. Jahrgang, Heft 1/2. – «Erziehungskunst» 1951, 15. Jahrgang, Heft 9/10.
Dornach, 30. Juni 1923: «Die Menschenschule» 1927, 1. Jahrgang, Heft 1–2, und 1962, 36. Jahrgang, Heft 3.
Dornach, 1. Juli 1923: «Die Menschenschule» 1927, 1. Jahrgang, Heft 3, und 1962, 36. Jahrgang, Heft 4.
Ilkley, 10. August 1923: «Das Goetheanum» 1939, 18. Jahrgang, Nr. 32. – «Die Menschenschule» 1963, 37. Jahrgang, Heft 1.
London, 29. August 1924: «Die Menschenschule» 1940, 14. Jahrgang, Heft 3.
London, 30. August 1924: «Die Menschenschule» 1940, 14. Jahrgang, Heft 4.

Werke Rudolf Steiners, welche in der Gesamtausgabe (GA) erschienen sind, werden in den Hinweisen mit Bibliographie-Nummer und Erscheinungsjahr der letzten Auflage angegeben. Siehe auch die Übersicht am Schluß des Bandes.

Zu Seite:

9 *Pädagogik und Kunst:* Der Text dieses Vortrages konnte nur mit der Nachschrift, nicht aber mit dem Stenogramm verglichen werden.

11 *Emil Du Bois-Reymond,* 1818–1896. Der zitierte Ausspruch «Ignorabimus» findet sich am Schluß der Rede «Über die Grenzen des Naturerkennens», Vortrag gehalten in der Sitzung der 45. Versammlung deutscher Naturforscher und Ärzte zu Leipzig am 14. August 1872.

24 *Friedrich Schiller,* 1759–1805.
in den . . . Briefen zur Förderung der ästhetischen Erziehung des Menschen: Wörtlich: «Denn, um es endlich auf einmal herauszusagen, der Mensch spielt nur, wo er in voller Bedeutung des Wortes Mensch ist, und er ist nur da ganz Mensch, wo er spielt.» In «Über die ästhetische Erziehung des Menschen» (1793/94), 15. Brief. Einzelausgabe in der Reihe «Denken, Schauen, Sinnen», Band 18/19, Stuttgart 1961.

29 *für die richtige Leibesentwickelung:* «für» ist ergänzt durch den Herausgeber; die Nachschrift hat «und».

32 *Jean Paul* (J. P. Friedrich Richter), 1763–1825. Siehe «Levana, oder Erziehlehre», 1807; «Wahrheit aus Jean Pauls Leben», 1826; «Leben des vergnügten Schulmeisterlein Maria Wuz», 1790.

51 *Für viele . . . habe ich es an verschiedenen Orten schon getan:* Siehe Rudolf Steiner, «Geistige Wirkenskräfte im Zusammenleben von alter und junger Generation. Pädagogischer Jugendkurs» (13 Vorträge Stuttgart 1922), Bibl.-Nr. 217, GA 1964.

53 *«Ein guter Mensch in seinem dunklen Drange . . .»:* «Faust» I. Teil, Prolog im Himmel.

60 *hier . . . über anthroposophische Pädagogik zu sprechen:* Siehe «Die pädagogische Praxis vom Gesichtspunkte geisteswissenschaftlicher Menschenerkenntnis» (8 Vorträge Dornach 1923), Bibl.-Nr. 306, GA 1975.

66 *in der Herbartschen Pädagogik:* Johann Friedrich Herbart (1776–1849). Siehe «Allgemeine Pädagogik», 1806.

68 *Ernst Mach,* 1838–1916, Physiker und Philosoph. «Die Analyse der Empfindungen und das Verhältnis des Physischen zum Psychischen», 1900.

83 *Fritz Mauthner,* 1849–1923. «Beiträge zu einer Kritik der Sprache», 3. Auflage 1921.

86 *So ihr nicht wisset, daß der Christus auferstanden ist . . .:* Freie Wiedergabe von 1. Kor. 15, 14.

94 *Die Waldorfschul-Pädagogik:* Dieser Vortrag wurde von Rudolf Steiner auf besondere Einladung für englische Lehrer und Lehrerinnen während des Pädagogischen Kurses in Ilkley gehalten. Vgl. «Gegenwärtiges Geistesleben und Erziehung» (14 Vorträge Ilkley 1923), Bibl.-Nr. 307, GA 1973.

Emil Molt, 1876–1936, Kommerzienrat, Inhaber der Waldorf-Astoria-Zigarettenfabrik in Stuttgart. Als solcher gründete er aus dem Impuls der Dreigliederungsbewegung die Freie Waldorfschule in Stuttgart, zunächst für die Kinder der Arbeiter und Angestellten seiner Fabrik. Auf seine Bitte hin übernahm Rudolf Steiner die Einrichtung und Leitung der Schule.

101 *drüben in Ilkley gezeigt wird:* Während des pädagogischen Kurses in Ilkley vom 5.–17. August 1923 fanden auch zwei Eurythmieaufführungen statt, eine von Schulkindern aus der Waldorfschule in Stuttgart und eine von der Künstlergruppe am Goetheanum in Dornach.

105 *Anthroposophie und Pädagogik:* Die Nachschrift dieses Vortrages weist viele Lücken und Hörfehler auf. Der Inhalt des Dargestellten ist aber in der menschenkundlichen Begründung so einmalig, daß der Vortrag trotz Mängeln in der Nachschrift in diesen Band aufgenommen wurde.

Emil Molt: Siehe Hinweis zu S. 94.

119 *Eurythmie:* Siehe hierzu Rudolf Steiner, «Eurythmie als sichtbarer Gesang. Ton-Eurythmie-Kurs» (8 Vorträge Dornach 1924), Bibl.-Nr. 278, GA 1975; «Eurythmie als sichtbare Sprache. Laut-Eurythmie-Kurs» (15 Vorträge Dornach 1924), Bibl.-Nr. 279, GA 1979; «Die Entstehung und Entwickelung der Eurythmie» (2 Kurse Bottmingen 1912 und Dornach 1915), Bibl.-Nr. 277a, GA 1965.

120 *eine Art Luftgebärde . . .:* Hier hat die Wiedergabe des Vortrages eine Lücke, die entstanden ist durch das zu späte Einschalten des elektrischen Lichtes im Vortragssaal. Der Vortrag fand am Spätnachmittag statt und während des Sprechens dämmerte das Tageslicht bereits so stark ab, daß an dieser Stelle ein Weiterschreiben nicht möglich war. Es fehlt der Inhalt von zwei bis drei Sprechminuten.

Zu Seite:

144 *«Die Kernpunkte der sozialen Frage* in den Lebensnotwendigkeiten der Gegenwart und Zukunft» (1919), Bibl.-Nr. 23, GA 1976.

147 *Mrs. Prof. Mackenzie:* Millicent Mackenzie war seit 1910 Professorin für Erziehung am University College in Cardiff/Wales. Auf ihre Veranlassung hielt Rudolf Steiner zu Weihnachten 1921/1922 einen pädagogischen Vortragskurs in Dornach für englische Lehrer, veröffentlicht unter dem Titel «Die gesunde Entwickelung des Leiblich-Physischen als Grundlage der freien Entfaltung des Seelisch-Geistigen», Bibl.-Nr. 303, GA 1978, und die Vorträge in Stratford-on-Avon 1922, enthalten im Band «Erziehungs- und Unterrichtsmethoden auf anthroposophischer Grundlage», Bibl.-Nr. 304, GA 1979, sowie diejenigen in Oxford 1922, veröffentlicht unter dem Titel «Die geistig-seelischen Grundkräfte der Erziehungskunst. Spirituelle Werte in Erziehung und sozialem Leben», Bibl.-Nr. 305, GA 1979.

148 *Emil Molt:* Siehe Hinweis zu S. 94. Zum Geschichtlichen der Begründung der Freien Waldorfschule in Stuttgart siehe Emil Molt, «Entwurf meiner Lebensbeschreibung», Kapitel «Die Waldorfschule», Stuttgart 1972.

163 *Mrs. Macmillan:* Margaret Macmillan (1860–1931), bekannte englische Pädagogin. Sie präsidierte die pädagogische Tagung in Ilkley/Yorkshire im August 1923, an der Rudolf Steiner vierzehn Vorträge hielt; veröffentlicht unter dem Titel «Gegenwärtiges Geistesleben und Erziehung», Bibl.-Nr. 307, GA 1973.

Mrs. Mackenzie: Siehe Hinweis zu S. 147.

in Oxford . . . Vorträge zu halten: Siehe Rudolf Steiner, «Die geistig-seelischen Grundkräfte der Erziehungskunst. Spirituelle Werte in Erziehung und sozialem Leben» (13 Vorträge Oxford 1922), Bibl.-Nr. 305, GA 1979.

RUDOLF STEINER GESAMTAUSGABE

Gliederung nach: Rudolf Steiner – Das literarische und künstlerische Werk. Eine bibliographische Übersicht (Bibliographie-Nrn. *kursiv* in Klammern)

A. SCHRIFTEN

I. Werke

Goethes Naturwissenschaftliche Schriften, eingeleitet und kommentiert von R. Steiner, 5 Bände, 1883/97, Neuausgabe 1975, *(1a–e)*; separate Ausgabe der Einleitungen, 1925 *(1)*

Grundlinien einer Erkenntnistheorie der Goetheschen Weltanschauung, 1886 *(2)*

Wahrheit und Wissenschaft. Vorspiel einer ‹Philosophie der Freiheit›, 1892 *(3)*

Die Philosophie der Freiheit. Grundzüge einer modernen Weltanschauung, 1894 *(4)*

Friedrich Nietzsche, ein Kämpfer gegen seine Zeit, 1895 *(5)*

Goethes Weltanschauung, 1897 *(6)*

Die Mystik im Aufgange des neuzeitlichen Geisteslebens und ihr Verhältnis zur modernen Weltanschauung, 1901 *(7)*

Das Christentum als mystische Tatsache und die Mysterien des Altertums, 1902 *(8)*

Theosophie. Einführung in übersinnliche Welterkenntnis und Menschenbestimmung, 1904 *(9)*

Wie erlangt man Erkenntnisse der höheren Welten? 1904/05 *(10)*

Aus der Akasha-Chronik, 1904/08 *(11)*

Die Stufen der höheren Erkenntnis, 1905/08 *(12)*

Die Geheimwissenschaft im Umriß, 1910 *(13)*

Vier Mysteriendramen: Die Pforte der Einweihung – Die Prüfung der Seele Der Hüter der Schwelle – Der Seelen Erwachen, 1910/13 *(14)*

Die geistige Führung des Menschen und der Menschheit, 1911 *(15)*

Anthroposophischer Seelenkalender, 1912 *(in 40)*

Ein Weg zur Selbsterkenntnis des Menschen, 1912 *(16)*

Die Schwelle der geistigen Welt, 1913 *(17)*

Die Rätsel der Philosophie in ihrer Geschichte als Umriß dargestellt, 1914 *(18)*

Vom Menschenrätsel, 1916 *(20)*

Von Seelenrätseln, 1917 *(21)*

Goethes Geistesart in ihrer Offenbarung durch seinen Faust und durch das Märchen von der Schlange und der Lilie, 1918 *(22)*

Die Kernpunkte der sozialen Frage in den Lebensnotwendigkeiten der Gegenwart und Zukunft, 1919 *(23)*

Aufsätze über die Dreigliederung des sozialen Organismus und zur Zeitlage 1915–1921 *(24)*

Kosmologie, Religion und Philosophie, 1922 *(25)*

Anthroposophische Leitsätze, 1924/25 *(26)*

Grundlegendes für eine Erweiterung der Heilkunst nach geisteswissenschaftlichen Erkenntnissen, 1925. Von Dr. R. Steiner und Dr. I. Wegman *(27)*

Mein Lebensgang, 1923/25 *(28)*

II. Gesammelte Aufsätze

Aufsätze zur Dramaturgie 1889–1901 *(29)* – Methodische Grundlagen der Anthroposophie 1884–1901 *(30)* – Aufsätze zur Kultur- und Zeitgeschichte 1887–1901 *(31)* – Aufsätze zur Literatur 1886–1902 *(32)* – Biographien und biographische Skizzen 1894–1905 *(33)* – Aufsätze aus «Lucifer-Gnosis» 1903–1908 *(34)* – Philosophie und Anthroposophie 1904–1918 *(35)* – Aufsätze aus «Das Goetheanum» 1921–1925 *(36)*

III. Veröffentlichungen aus dem Nachlaß

Briefe – Wahrspruchworte – Bühnenbearbeitungen – Entwürfe zu den Vier Mysteriendramen 1910–1913 – Anthroposophie. Ein Fragment aus dem Jahre 1910 – Gesammelte Skizzen und Fragmente – Aus Notizbüchern und -blättern – *(38–47)*

B. DAS VORTRAGSWERK

I. Öffentliche Vorträge

Die Berliner öffentlichen Vortragsreihen, 1903/04 bis 1917/18 *(51–67)* – Öffentliche Vorträge, Vortragsreihen und Hochschulkurse an anderen Orten Europas 1906–1924 – *(68–84)*

II. Vorträge vor Mitgliedern der Anthroposophischen Gesellschaft

Vorträge und Vortragszyklen allgemein-anthroposophischen Inhalts – Christologie und Evangelien-Betrachtungen – Geisteswissenschaftliche Menschenkunde – Kosmische und menschliche Geschichte – Die geistigen Hintergründe der sozialen Frage – Der Mensch in seinem Zusammenhang mit dem Kosmos – Karma-Betrachtungen – *(91–244)*
Vorträge und Schriften zur Geschichte der anthroposophischen Bewegung und der Anthroposophischen Gesellschaft *(251-263)*

III. Vorträge und Kurse zu einzelnen Lebensgebieten

Vorträge über Kunst: Allgemein-Künstlerisches – Eurythmie – Sprachgestaltung und Dramatische Kunst – Musik – Bildende Künste – Kunstgeschichte – *(271–292)* – Vorträge über Erziehung *(293–311)* – Vorträge über Medizin *(312–319)* – Vorträge über Naturwissenschaft *(320–327)* – Vorträge über das soziale Leben und die Dreigliederung des sozialen Organismus *(328–341)* – Vorträge für die Arbeiter am Goetheanumbau *(347–354)*

C. DAS KÜNSTLERISCHE WERK

Originalgetreue Wiedergaben von malerischen und graphischen Entwürfen und Skizzen Rudolf Steiners in Kunstmappen oder als Einzelblätter: Entwürfe für die Malerei des Ersten Goetheanum – Schulungsskizzen für Maler – Programmbilder für Eurythmie-Aufführungen – Eurythmieformen – Skizzen zu den Eurythmiefiguren, u. a.

Die Bände der Rudolf Steiner Gesamtausgabe
sind innerhalb einzelner Gruppen einheitlich ausgestattet
Jeder Band ist einzeln erhältlich